Inhalt

1 Entwicklung: Notwendigkeit in einer globalisierten Welt 5

1.1 Entwicklungspolitik – eine noble Aufgabe? 6
1.2 Entwicklung – ein erreichbares Ziel? 8
1.3 Unterentwicklung – ein Ressourcenproblem? 10
1.4 Entwicklungsländer – eine Definitionsfrage? 12
1.5 Europäisierung und Entwicklungsländer 22
1.6 Globalisierung – Chance des Südens? 26

2 Unterentwicklung: Globale Signale 39

2.1 Bevölkerung und Migration 40
2.2 Verstädterung 50
2.3 Verarmung 52
2.4 Frauenunterdrückung 54
2.5 Kinderarbeit 56
2.6 Krankheiten 58
2.7 Landwirtschaft 60
2.8 Umweltzerstörung 63
2.9 Überflüssige 64

3 Entwicklungsländer: Strukturelle Vielfalt 65

3.1 Unterschiede der Entwicklungsregionen 66
3.2 Afrika: Beharrende Stagnation? 70
3.3 Lateinamerika: Autonomer Entwicklungsweg? 86
3.4 Asien: Eigendynamischer Aufstieg? 100

4 Entwicklungsforschung: Immerwährende Ursachensuche 115

4.1 Unterentwicklung aus Mangel an Dynamik? 116
4.2 Unterentwicklung aus Fremdbestimmung? 117
4.3 Unterentwicklung durch Globalisierung? 118
4.4 Unterentwicklung aus Sicht der Praxis 120
4.5 Niger – ein konkreter Fall 121

5 Entwicklungspolitik: Ideen, Strategien und Akteure 125

5.1 Konzepte und Maßnahmen zur Entwicklung 126
5.2 Vielfalt der Entwicklungszusammenarbeit 138

6 Unterentwicklung und Entwicklung: Positionen 145

6.1 Unterentwicklung ohne Ende? 146
6.2 Wirkungsvolle Maßnahmen? 148
6.3 Entwicklung durch Globalisierung? 150
6.4 Persönliches Resümee: Jeder ist gefordert! 151

Anhang 154

Zur Einführung

Für einen Wissenschaftler, der sich seit Jahrzehnten mit Entwicklung, Entwicklungspolitik und Entwicklungsländern beschäftigt, sind deren Erfolge mehr als ernüchternd und unbefriedigend. Doch selbst für einen Schüler, der erst seit wenigen Jahren die Diskrepanz zwischen den hehren Zielen und der oft furchtbaren Realität zumeist nur in den Medien verfolgen kann, wird schnell klar, dass trotz vereinzelter Erfolge Armut, Hunger, Krankheit, Obdachlosigkeit, Analphabetismus, Gewalt, Korruption, Rechtlosigkeit und noch einiges mehr weiterhin den Lebensalltag der Bevölkerungsmehrheit in den Entwicklungsländern bestimmen.

Nach der Unabhängigkeit der ehemaligen Kolonien Ende des Zweiten Weltkrieges war die Hoffnung noch groß. Doch schon rasch wurde deutlich, dass Gesellschaft und Wirtschaft der neuen Staaten tiefgreifende, von innen und außen verursachte Widersprüche aufwiesen. Unübersehbar war, dass sie nur begrenzt ökonomisch überlebensfähig waren und auch die sozialen und politischen Herausforderungen kaum selbst lösen konnten. Der Weg der Länder des Südens war und ist dabei von der Überzeugung nachholender Entwicklung getragen, dass früher oder später alle Länder der Erde die Errungenschaften und den Wohlstand erreichen, der von den Industrieländern vorgelebt wird. Ein Ziel, um dass sich weltweit sowohl nationale wie internationale, öffentliche wie private Entwicklungsorganisationen bemühen.

Entwicklungspolitik stand aber schon immer nicht allein für humanitäre Hilfe. Sie ist ebenso von eminenter wirtschaftlicher Bedeutung und Instrument politischer und ökonomischer Einflusssicherung. Strukturell hat sich jedoch seit Beginn des Globalsierungszeitalters einiges gewandelt: Neben die bisherigen, eher „karitativ-humanitären" staatlichen und privaten Träger, treten jetzt in wachsendem Maße kommerzielle private Unternehmen. Sie haben – staatlicherseits angeregt und gestützt – die Entwicklungspolitik und die Länder des Südens als Mittel zur Realisierung ihrer wirtschaftlichen Ziele erkannt. Zudem verheißt Globalisierung Teilhabe für alle und verspricht all jene Unzulänglichkeiten zu überwinden, die die Länder des Südens auszeichnen. Doch Globalisierung steht auch für Fragmentierung: Wohlstand und Teilhabe für Wenige contra Armut, Ausgrenzung und Überflüssigsein für Viele.

Eine Beschäftigung mit Entwicklungsländern eröffnet Einsicht in globale Zusammenhänge, von denen das Alltagsleben jedes Einzelnen von uns beeinflusst wird. Daher ist es notwendig, sich mit Entwicklungspolitik, der lokalen und regionalen Wirklichkeit von Unterentwicklung und der Frage nach Chancen ihrer Überwindung insbesondere in der Ära der Globalisierung zu befassen. Hierzu bietet das vorliegende Buch eine geeignete Grundlage.

1 Entwicklung: Notwendigkeit in einer globalisierten Welt

Entwicklungspolitik und entwicklungspolitische Diskussionen schaffen es regelmäßig in die Schlagzeilen der Zeitungen und auf die Tagesordnung der großen Weltforen. Nicht nur dort fallen in letzter Zeit immer wieder zwei, auf den ersten Blick widersprüchliche Fakten auf: Die Fortdauer von Armut, Hunger und Krankheit in den Ländern des Südens auf der einen Seite und die ständig steigende Bedeutung dieser Länder als Produzenten von billigen Massenwaren bis hin zu Hightech-Erzeugnissen im globalen Welthandel auf der anderen Seite. In diesem Spannungsfeld alter Probleme und neuer Herausforderungen besteht die Notwendigkeit zu einer aufrichtigen Entwicklungspolitik weiter, wenn die elementaren Lebensbedingungen der Bevölkerungsmehrheit der Erde verbessert und eine friedvollere Welt gestaltet werden sollen.

1.1 Entwicklungspolitik – eine noble Aufgabe?

Angesichts von Armut, Hunger, Krankheiten und Krieg in den Ländern des Südens scheint Entwicklungspolitik für die Länder des Nordens allein eine humanitäre Aufgabe zu sein. Doch schon immer profitierten Industrieländer wie Deutschland direkt und indirekt von der Entwicklungszusammenarbeit.

M 1: *Bau einer Schule mit Unterstützung der GTZ im Norden von Sri Lanka*

Entwicklungspolitik, Entwicklungszusammenarbeit und Entwicklungshilfe sind viel benutzte, aber nicht immer eindeutig unterscheidbare Begriffe. Nicht allgemein bekannt. aber unumstritten sind ihre Anliegen und Ziele. **Entwicklungspolitik (EP)** gilt ganz allgemein als das politische Bemühen der Regierungen der Länder des Nordens und der von ihnen getragenen nationalen und internationalen Organisationen, in all jenen Ländern die Lebensbedingungen nachhaltig verbessern zu helfen, in denen die Grundbedürfnisse für die Bevölkerungsmehrheit nicht oder nur unzureichend befriedigt sind. Sie basiert auf solidarischer Verantwortung des Nordens für den Süden mit dem Ziel weltweiter Friedenssicherung und Verwirklichung von Demokratie, Rechtssicherheit und Gleichheit.

Für die indirekte und direkte praktische projekt- und politikbezogene Umsetzung dieser vielfältigen entwicklungspolitischen Ziele und Vorstellungen steht die **Entwicklungszusammenarbeit (EZ)**. Sie versucht, die Entwicklungsländer auf partnerschaftliche Weise zu unterstützen, wirtschaftliche und politische Eigenentfaltung im Sinne nachholender Entwicklung von Ländern als Ganzen zu bewirken, sie zu paritätischer Teilhabe am Weltmarkt zu befähigen sowie ihre sozioökonomische und kulturelle Eigenständigkeit zu fördern und zu sichern.

Im politischen Alltag und in den Medien werden Entwicklungspolitik und Entwicklungszusammenarbeit meist mit **Entwicklungshilfe (EH)** gleichgesetzt. In Deutschland stammt dieser Begriff aus der Anfangszeit finanzieller und technischer Maßnahmen, die die Bundesrepublik zur Überwindung von Unterentwicklung beziehungsweise zum Abbau von Rückständigkeit in Afrika, Asien und Lateinamerika unternahm. Die Bundesrepublik, nach dem zweiten Weltkrieg über das „Europäische Wiederaufbau-Programm" (Marshall-Plan) selbst Empfänger umfangreicher Wirtschaftshilfe, begann 1959 erste bilaterale technische Hilfe in Entwicklungsländern zu leisten.

Marshall-Plan
Wiederaufbauprogramm (offizieller Name: European Recovery Program) von 1948 bis 1952 für die durch den Zweiten Weltkrieg zerstörte westeuropäische Wirtschaft und Infrastruktur.

Seit dieser Zeit gilt Entwicklungspolitik in Deutschland als aktive Außenpolitik und als Zeichen für internationale Verantwortung und Solidarität. In den „Entwicklungspolitischen Grundlinien der Bundesregierung" von 1980 wurden die Bekämpfung der absoluten Armut und die Förderung der Grundbedürfnisbefriedigung neben der Wirtschaftsförderung als zentrale Ziele anerkannt. Damit stellte die Bundesregierung die Linderung massenhafter Not in den Mittelpunkt entwicklungspolitischer Maßnahmen. Im „Entwicklungspolitischen Bericht" von 1982 wurde dazu die „Strategie der Ländlichen Regionalentwicklung" (LRE) als ein Konzept ganzheitlicher raum-, mensch- und ressourcenbezogener Entwicklung eingeführt. Mit der „Armutsbekämpfung in der Dritten Welt durch Hilfe zur Selbsthilfe“ fand 1990 ein weiteres entwicklungspolitisches Konzept Zustimmung im Bundestag. Diese beiden Entscheidungen, die später noch durch die Forderungen nach Nachhaltigkeit und Umweltverträglichkeit der Entwicklungsmaßnahmen sowie um Terrorprävention und Friedenssicherung ergänzt wurden, bestimmen – trotz unterschiedlicher Vorstellungen der einzelnen Parteien und der verschiedenen Bundesregierungen im Detail – seit den 1980er-Jahren den Grundkonsens über Ziele, Grundsätze und Verteilungskriterien der deutschen Entwicklungspolitik.

Ziel der deutschen Entwicklungspolitik ist die Verbesserung der wirtschaftlichen und sozialen Lage der Menschen in den Entwicklungsländern und die Entfaltung ihrer schöpferischen Fähigkeiten. …

Deutsche Entwicklungspolitik ist vorrangig auf die armen Bevölkerungsschichten ausgerichtet. Wo Menschen in Hunger und Armut leben, leistet die Bundesregierung unmittelbar wirkende Hilfe zur Befriedigung der Grundbedürfnisse und stärkt Willen und Fähigkeit der Armen zur Selbsthilfe. ... Die Bundesregierung unterstützt besonders die Politik solcher Entwicklungsländer, die sich um eine wirtschaftlich leistungsfähige und sozial ausgeglichene Wirtschaftsordnung bemühen. …

Entwicklungspolitische Kriterien für die Aufteilung deutscher Leistungen an einzelne Regionen und Entwicklungsländer sind ihr Entwicklungsstand, ihr Entwicklungspotenzial sowie ihre Bereitschaft, die erforderlichen Rahmenbedingungen zu schaffen, daneben außenpolitische und außenwirtschaftliche Belange sowie geschichtliche und kulturelle Beziehungen: Die Bundesregierung wird ihre Hilfe vorrangig für Maßnahmen in ärmeren Entwicklungsländern einsetzen.

M 2: Quellentext zu den Zielen, Grundsätzen und Verteilungskriterien der deutschen Entwicklungspolitik
BMZ 1991

Entwicklungspolitik steht aber nicht einzig für humanitäre, karitative Hilfe. Die Verfolgung politischer Einflussnahme und die Sicherung wirtschaftlicher Interessen sind zweifellos oft weit bedeutsamer. Auch für Deutschland besaß die Entwicklungszusammenarbeit als Wirtschaftsfaktor stets eine bedeutende Rolle. Mehrere hunderttausend Arbeitsplätze im Inland und unzählige im Ausland hängen direkt davon ab. Jeder Euro, der in die Entwicklungsprojekte gesteckt wird, bringt laut BMZ einen Rückfluss in dreifacher Höhe. Auch bereitet die Entwicklungszusammenarbeit Kooperationen zwischen deutschen und Unternehmen in Entwicklungsländern vor. Sie trägt dazu bei, Zugang zu Aufträgen, Ressourcen, günstigen Produktionsstandorten, Absatzmärkten und Arbeitskräften zu schaffen.

Entwicklungspolitik wird aber auch zur Verfolgung politischer Einflussnahme und wirtschaftlicher Interessensicherung eingesetzt sowie nicht selten zu individueller Herrschaftsstabilisierung und persönlicher Bereicherung missbraucht. Durch all dies gerät die allgemein positiv belegte Entwicklungshilfe in Kritik und Verruf. Zweifel an ihrer Wirksamkeit und sogar Notwendigkeit entstehen auch dadurch, dass trotz jahrzehntelanger Hilfeleistungen und finanzieller Aufwendungen Armut, Hunger, Krankheiten, Analphabetismus, Gewalt und extreme Bevölkerungsvermehrung sich nicht verringert, zum Teil sogar zugenommen haben. Insbesondere durch die Effekte der Globalisierung, wozu an erster Stelle exzessiver Wettbewerb und Konsensverlust gehören, wurden die sozialen und infrastrukturellen Gegensätze sowohl auf lokaler als auch nationaler und internationaler Ebene verschärft.

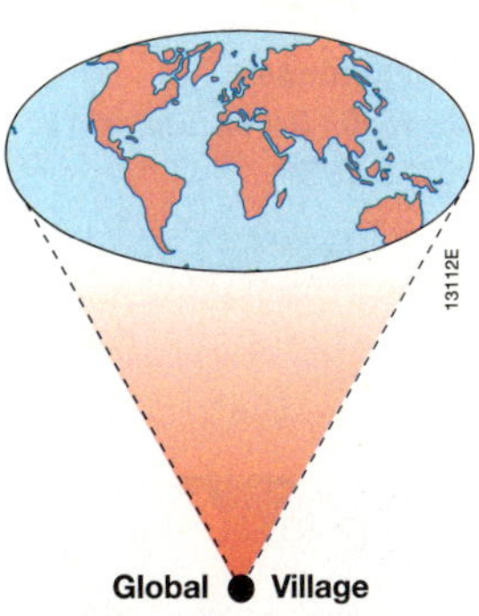

Die Weltbevölkerung reduziert auf ein Dorf mit 100 Einwohnern zeigt folgende Zusammensetzung:

57 Asiaten
21 Europäer
14 Nord- und Südamerikaner
8 Afrikaner

52 Frauen, 48 Männer
30 Weiße, 70 Nichtweiße
30 Christen, 70 Nichtchristen

59% des Reichtums für 6 Einwohner, sie kommen alle aus den USA

80 leben in Hütten
70 Analphabeten
50 Unterernährte

1 Sterbender
1 Neugeborener
1 Computereigentümer

M 3: *Das globale Dorf im statistischen Modell*

1.2 Entwicklung – ein erreichbares Ziel?

Über die Notwendigkeit von Entwicklung herrscht Einigkeit auf dieser Welt. Über die Frage, was Entwicklung überhaupt ist und welche genauen entwicklungspolitischen Ziele erstrebenswert sind, besteht jedoch keineswegs Konsens.

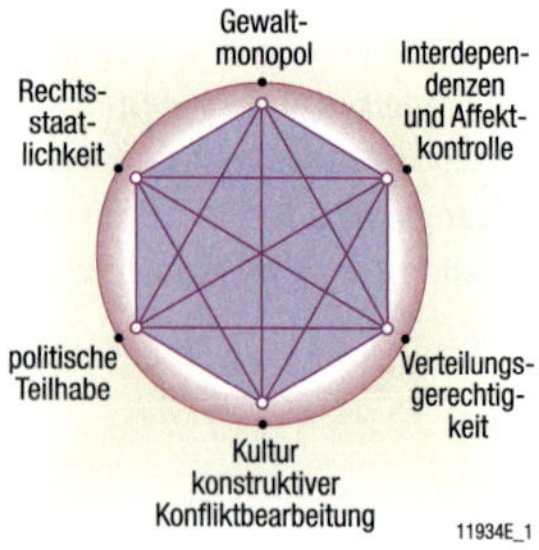

M 1: *Hexagon der Zivilität*

Literaturhinweis:
Senghaas, D.: Wohin driftet die Welt, 1994

Literaturhinweis:
Ribeiro, D.: Der zivilisatorische Prozess, 1971

Eine allgemein verbindliche und akzeptierte Definition von Entwicklung gibt es nicht. Zur Veranschaulichung der Meinungsvielfalt seien die unterschiedlichen Sichtweisen des deutschen Politikwissenschaftlers Dieter Senghaas und des brasilianischen Ethnologen Darcy Ribeiro angeführt:

Von dem Gedanken ausgehend, dass Zivilisierung und Frieden als identische Tatbestände Ausdruck für gelungene gesellschaftliche Entwicklung aufzufassen sind, leitet Senghaas ein Entwicklungsverständnis ab, das in dem „zivilisatorischen Hexagon" Ausdruck findet. Es basiert auf den Erfahrungen beim Prozess der Zivilisierung in Europa. Dieser vollzog sich über das Zusammenwirken von Gewaltmonopol (Entprivatisierung von Gewalt), Verfassungsstaat (Entstehung von Rechtsstaatlichkeit), Gewalt- und Affektkontrolle (Entwaffnung der Bürger), demokratische Partizipation (Bildung von Parteien und Entscheidungsbeteiligung der Massen), soziale Gerechtigkeit (Abbau von Privilegien) und Konfliktkultur (Entscheidungsfindung durch gesellschaftlichen Diskurs). Diese sechs Errungenschaften haben die Grundlage für eine Entwicklung geschaffen, wie sie sich im Europa der Neuzeit vollzogen hat. Als allgemein geltende Entwicklungsgrundlagen seien sie daher heute auch als Entwicklungsmodell für die Länder des Südens notwendig.

Nach dem eher evolutionistisch-idealistischen Verständnis von Ribeiro gilt Entwicklung ganz allgemein als ein Vorgang, der zu immer höherer wirtschaftlicher Nutzung der Natur- und Humanressourcen mit dem Ziel führen soll, die materiellen, gesellschaftlichen und rechtlichen Lebensbedingungen der Menschen und ihres Zusammenlebens zu verbessern, die soziale Mobilität zu fördern und die politische Partizipation zu ermöglichen.

M 2: *Bangladesch: Frau bei der Nahrungssuche im Abfallhaufen*

Dieses umfassende, universalistische Verständnis von Entwicklung, das sich ebenfalls aus der Geschichte Europas, insbesondere aus dem Werdegang der Industrieländer ableiten lässt, schwebte nach dem Zweiten Weltkrieg wohl jenen vor, die die nachholende oder aufholende Entwicklung für die allmählich unabhängig werdenden Kolonien propagierten und für realistisch hielten. Diese nachholende Entwicklung von Ländern als Ganzen nach dem Vorbild des Nordens bestimmt das entwicklungspolitische Denken und Handeln bis heute und erfährt durch Globalisierung wieder Belebung. Doch handelt es sich dabei, wie die Erfahrung aus fünf Entwicklungsdekaden lehrt, letztlich doch um ein Trugbild. Nirgendwo – von der Sondersituation der „Kleinen Tiger" einmal abgesehen – fand eine solche Entwicklung wirklich statt. Es fehlten nicht nur die geeigneten nationalen natürlichen, politischen und gesellschaftlichen Voraussetzungen. Es mangelte auch an den erforderlichen internationalen politischen und wirtschaftlichen Rahmenbedingungen und Interessen.

Diese Einsicht erfolgte spätestens Anfang der 1970er-Jahre, als nach zwei Entwicklungsdekaden Hunger und Armut bei den Bevölkerungsmassen in den Ländern des Südens nicht mehr zu übersehen waren und sogar von UN und Weltbank wahrgenommen wurden:

„Ein Drittel bis zur Hälfte der zwei Milliarden Menschen in den Entwicklungsländern hungert oder leidet an Unterernährung. 20 bis 25 Prozent der Kinder dort sterben vor dem fünften Geburtstag. ... Die absolute Armut ist durch derart katastrophale Lebensumstände gekennzeichnet, dass die Entfaltung der Gene ... unmöglich gemacht und die menschliche Würde beleidigt wird."

Robert Strange McNamara,
Präsident der Weltbank von 1968 bis 1981

In der Folgezeit rückten zwar die Forderung nach Befriedigung der elementaren Bedürfnisse (Nahrung, Unterkunft, Kleidung, Arbeit, Gesundheit, Bildung, politische Partizipation) sowie Berücksichtigung von Nachhaltigkeit, Umweltschutz und Friedenssicherung sowie Terrorprävention in den Focus des politischen Handelns. Doch ganz offensichtlich hat sich die Lebenssituation der Menschen des Südens bis heute kaum verbessert. Wie hätte sich die Weltgemeinschaft sonst im Jahre 2000 auf die Millenniums Development Goals einigen und für so dringlich erachten können, dass sie sich zu ihrer Einlösung bis 2015 verpflichtete:

Millennium Development Goals

– Halbierung des Anteils der in absoluter Armut lebenden Menschen weltweit bis zum Jahr 2015;
– Halbierung des Anteils der Hungernden an der Weltbevölkerung zwischen 1990 und 2015, vor allem des Anteils der unterernährten Kinder unter fünf Jahren;
– Grundschulbildung für alle Kinder der Welt, Mädchen wie Jungen;
– Beseitigung der Geschlechterdisparität auf allen Ebenen des Bildungssystems bis spätestens 2015;
– Reduzierung um zwei Drittel der Sterblichkeit bei Kindern unter fünf Jahren bis 2015;
– Reduzierung der Müttersterblichkeit bei Geburt auf ein Drittel des jetzigen Standes;
– Rückgang der Verbreitung von HIV/AIDS, Malaria und anderen Infektionskrankheiten bis 2015;
– Durchführung nationaler Strategien für nachhaltige Entwicklung bis 2015, um den Trend eines fortschreitenden Verlustes von Umweltressourcen bis 2015 umzukehren;
– Halbierung der Anzahl der Menschen bis 2015, die keinen Zugang zu sauberem Wasser haben.

Millennium Development Goals
Maßnahmenkatalog mit konkreten Ziel- und Zeitvorgaben zur Armutsbekämpfung, der auf dem „Millenniumgipfel" der UN im September 2000 verabschiedet wurde

Diese Entwicklungsziele sind keineswegs überzogen. Sie fordern lediglich elementare menschenwürdige Bedingungen ein und stellen das zentrale Ziel der entwicklungspolitischen Agenda 21, schonender Umgang mit der Umwelt und Nachhaltigkeit (Sustainable Development), in den Vordergrund. In ihrer existentiellen Elementarität und Schlichtheit zeigen sie aber auch die Kluft zu jenen eingangs zitierten Vorstellungen von Zivilität beziehungsweise nachholender Entwicklung auf.

Agenda 21
Aktionsprogramm zur Verwirklichung und Durchsetzung nachhaltiger Entwicklung, das auf dem „Erdgipfel" in Rio de Janeiro 1992 verabschiedet wurde. Insgesamt wird es von 170 Staaten getragen. Sie haben sich dazu verpflichtet, ihre Politik sozial verantwortlich, wirtschaftlich tragfähig und ökologisch angemessen (umweltgerecht) zu gestalten.

1.3 Unterentwicklung – ein Ressourcenproblem?

Unterentwicklung wird gemeinhin durch Beschreibung der erschreckenden realen Lebenssituation der Menschen des Südens zu fassen versucht. Dennoch gibt es auch normative Vorstellungen, die zur allgemeinen Orientierung dienen.

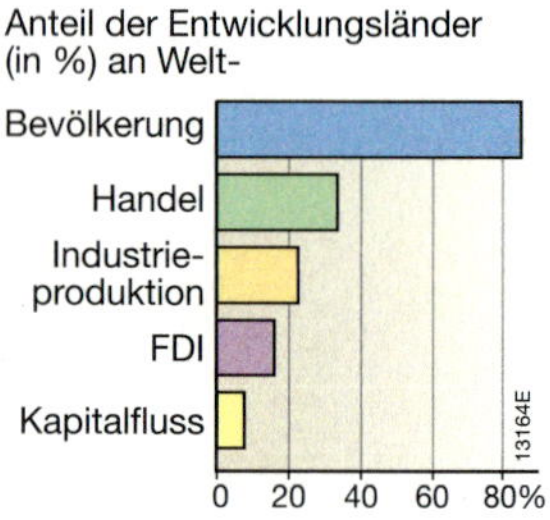

M 1: *Entwicklungsländer im statistischen Vergleich*

Alle Zahlen und Statistiken über die Länder des Südens beruhen auf Schätzungen oder Hochrechnungen. Sie stehen daher nicht für statistische Genauigkeit, sondern geben Größenordnungen und Trends an. Diese Feststellung gilt auch für alle Zahlenangaben in diesem Buch.

Um eine fassbare und zudem auch messbare Vorstellung von Unterentwicklung zu vermitteln, wird auf die statistischen Kennwerte für Unter- und Fehlernährung, Analphabetismus, Armut, Hunger, Trinkwasserzugang, Obdachlosigkeit, endemische Krankheiten, Kindersterblichkeit, Kinderarbeit, Frauendiskriminierung, Verstädterung, (Land-)Flucht, Massenmigration, Lebenserwartung, Bevölkerungsexplosion und anderes mehr verwiesen. Organisationen wie UN, WB, IMF, ILO und WTO veröffentlichen dazu alljährlich umfangreiche Statistiken und legen Indexwerte wie dem Human Development Index zu verschiedenen sozialen und ökonomischen Indikatoren vor. Sie sollen den Wandel aufzeigen und die Grundlage für entwicklungspolitische Entscheidungen bilden.

Ein typischer Bereich in den Ländern des Südens, der mit Hilfe von Indexwerten analysiert wird, ist die Bevölkerungsproblematik. Explosionsartige Bevölkerungszunahme, ungleiche räumliche und gesellschaftliche Verteilung, geringe Lebenserwartung, ungenügende Geburtenkontrolle oder auch niedriges Heiratsalter stellen umfassende entwicklungspolitische Herausforderungen dar. Extreme Bevölkerungszahlen stehen für die existentielle Gefährdung, das heißt für die Verwundbarkeit einer Gesellschaft. Sie wird mit dem Index „Globaler Bevölkerungsdruck" erfasst, der auf dem mittleren Bevölkerungswachstum und der Fertilität (Bevölkerungszuwachsrate) unter Einbezug der Pro-Kopf-Verfügbarkeit von natürlichen Ressourcen basiert. Unter extrem hoch und damit äußerst gefährdet wurden 1997 nach diesem Index 25 Länder des Südens eingestuft (unter hoch 38 Länder).

M 2: *Kinder in einem Dorf nahe Bamiyan, Afghanistan*

Derartige Indikatoren und Indexwerte spiegeln einzig statistische Ländermittelwerte wider und eignen sich damit zum Vergleich von Ländern und Regionen. So dienen sie zum Beispiel als Grundlage für so wichtige entwicklungspolitische Entscheidungen wie den Millennium Development Goals (MDG). Eine anschauliche Vorstellung von dem, was Unterentwicklung letztlich und für den Einzelnen bedeutet, vermögen sie jedoch nicht oder nur bedingt zu vermitteln (hierzu ausführlicher Kapitel 2).

Seit Ende des Kalten Krieges werden neben sozialen und infrastrukturellen Kennwerten verstärkt auch politische Kriterien als Ausdruck von Unterentwicklung herangezogen: Bad Governance, Klientelismus, Korruption, alltägliche Gewalt, Stammes-/Clan-/Bürgerkriege und Militarismus (extrem hohe Ausgaben für Waffen etc.). Im Hexagon der Entzivilisierung des Politologen Rainer Tetzlaff finden sie eine systematische Zusammenführung und entwicklungspolitische Interpretation:

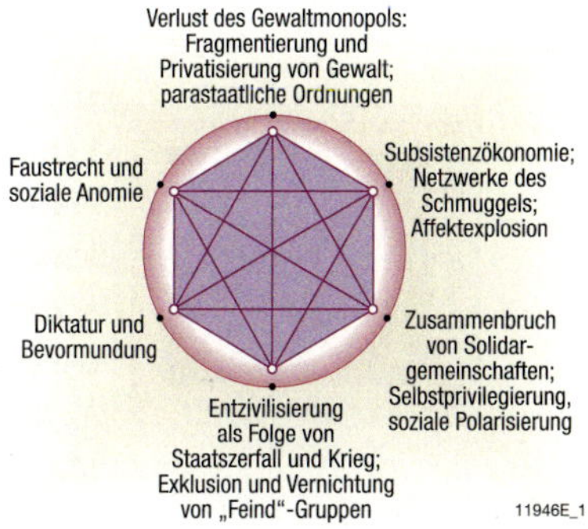

M 3: *Hexagon der Entzivilisierung*

1. In vielen Ländern des Südens sind an die Stelle des mit der Unabhängigkeit eingeführten oder einzuführen versuchten und durch Wahlen legitimierten staatlichen Gewaltmonopols (demokratische Regierung mit Exekutive, Legislative, Judikative) die Fragmentierung der Macht unter eigennützig agierenden „Warlords" und Banden getreten.
2. Rechtsstaatliche Regelungen werden und wurden durch Faustrecht und religiöse bis fundamentalistische Ansprüche ausgehöhlt und unterminiert.
3. Die Kontrolle emotionalen Handelns, Grundlage friedlichen Zusammenlebens, wurde durch die Explosion der Emotionen und ungezügelte Gewalt ersetzt.
4. Die demokratische Partizipation schwand und schwindet zu Gunsten in bevormundender Weise aufgesplitterter Vetternwirtschaft (Klientelismus) und zerstörerischem Bandenwesen.
5. Soziale Gerechtigkeit stellt keinen hehren Wert an sich dar. Selbstprivilegierung, Eigenbereicherung und Vetternwirtschaft entscheiden über den Ressourcenzugang und die Überlebenssicherung.
6. Nicht Konfliktbewältigung, sondern Kriege, Gewalt, brutale Ausgrenzung und Terror bestimmen den gesellschaftlichen Umgang, der ethnische Säuberungen und Genozid nicht ausschließt.

Staaten, die all diesen oder einigen dieser Prozesse unterliegen (z. B. Somalia, Kongo, Eritrea, Afghanistan), können die Bedürfnisse ihrer Bevölkerung und Wirtschaft nicht befriedigen. Unterentwicklung ist damit nicht einzig Armut, Hunger oder Ressourcenmangel. Sie bedeutet auch politische Unzulänglichkeit und Zerwürfnisse.

Nach diesen Ausführungen kann Unterentwicklung ganz allgemein als Zustand eines Landes (einer Gesellschaft) angesehen werden, in dem die vorhandenen Natur- und Humanressourcen zur Befriedigung der Grundbedürfnisse, wirtschaftlich-industriellen Entwicklung und Nahrungssicherung sowie zur gesellschaftlichen und kulturellen Entfaltung mangels rechtlicher Sicherheit, politischer Stabilität oder Souveränität und demokratischer Staatsführung (Demokratisierung) nicht oder nur unzureichend erschlossen und/oder einzig zur Eigenbereicherung genutzt werden.

1. *Nennen und bewerten Sie die verschiedenen Motive, mit denen die Länder des Nordens Entwicklungspolitik betreiben.*
2. *Begründen Sie, warum die fristgerechte Umsetzung der Millennium Development Goals elementar wichtig ist.*
3. *Erläutern Sie die Bedeutung von Demokratie und Rechtstaatlichkeit bei der Überwindung von Unterentwicklung.*

1.4 Entwicklungsländer – eine Definitionsfrage?

Unterentwickelte Länder weisen zwar entwicklungspolitisch gemeinsame Strukturen auf, doch letztlich gleicht keines dem anderen. So kursieren heute für Entwicklungsländer zahlreiche Begriffe ganz unterschiedlicher politischer Intention und Konnotation.

Gegenstand der Entwicklungspolitik sind gemeinhin Staaten. Für die neuen, unabhängig gewordenen Nationen kamen nach dem Zweiten Weltkrieg bald Bezeichnungen wie Agrar- oder Rohstoffländer sowie rückständige, un- oder unterentwickelte Länder auf. Der Begriff „Underdeveloped Areas" wurde erstmals vom US-Präsidenten Harry S. Truman 1949 verwendet. In der verschämten Diplomatensprache setzte sich der Begriff Entwicklungsländer durch. Sie wurden als Dritte Welt (Third World) zusammengefasst. Der Terminus stammt aus der Zeit des Kalten Krieges, als zwischen marktwirtschaftlich-kapitalistischem Westen (Erste Welt), planwirtschaftlich-kommunistischem Osten (Zweite Welt) und den neutralen, unabhängigen Staaten des Südens (Dritte Welt) unterschieden wurde, deren Zusammenschluss auf der Bandung-Konferenz begann.

Bandung-Konferenz

In der javanischen Stadt Bandung trafen sich im April 1955 sechs afrikanische und 23 asiatische Staaten, um die asiatisch-afrikanische Bewegung zu gründen. Später traten auch lateinamerikanische Staaten dieser Verbindung bei.

Die ärmsten dieser Länder fanden sich bald unter der Bezeichnung Vierte Welt wieder. Mit Ende der Ära des Kalten Krieges haben die Begriffe Dritte und Vierte Welt ihre Berechtigung verloren, wenn auch von Dritter Welt immer noch gesprochen wird. In jüngerer Zeit – mit Ende des Ost-West-Gegensatzes – ist der eher wert- und ideologiefreie Begriff „Länder des Südens" als Pendant zu „Länder des Nordens", den „klassischen" Industriestaaten, üblich geworden.

Daneben wurden aus diplomatischen und politischen Erwägungen sowie entwicklungspolitischer Zweckmäßigkeit immer wieder neue Bezeichnungen eingeführt. Auch von Seiten der Wissenschaft, insbesondere von der Geographie, schlug man wiederholt inhaltlich eindeutige Bezeichnungen vor. Nicht zuletzt entwickelte sie Methoden, um die regional- und länderspezifische Vielfalt der Probleme und Strukturen der Länder des Südens in informativen Übersichten zu fassen.

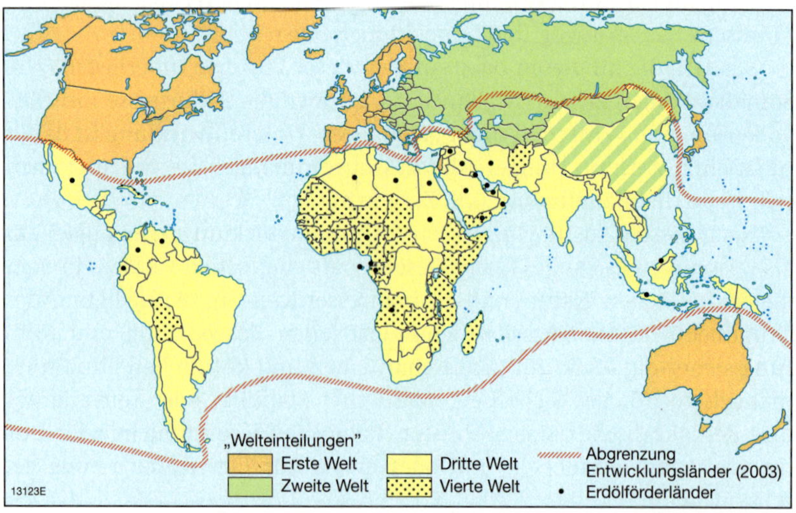

M 1: *Welteinteilung in der Zeit des Kalten Krieges*

1.4.1 Deutsche Begrifflichkeit

In Deutschland sind für die Unterscheidung und Kennzeichnung der Entwicklungsländer verschiedene Bezeichnungen gebräuchlich, die wie der Begriff Schwellenland in erster Linie wirtschaftlichen Erfolgen Rechnung tragen.

Im deutschen entwicklungspolitischen Sprachgebrauch werden Begriffe wie Schwellen-, Anker- und Transformationsländer (ehemalige Sowjet- und Ostblockrepubliken) sowie Erdölländer, Kleine Tiger und Drachen angewendet. Sie stehen für all jene Staaten, die sich ganz allgemein als ökonomisch interessant erweisen oder schon die „Schwelle" auf dem nachholenden Entwicklungsweg zum Niveau der beispielgebenden Industriestaaten überschritten haben oder zu überschreiten im Begriff sind. Kriterien für diesen Status sind verschiedene ökonomische Kennzahlen wie BNE-Wachstum, Pro-Kopf-Einkommen, Export von Industrieerzeugnissen sowie die Fähigkeit zu industrieller Kooperation und Sicherheit für Investitionen und Gewinne. Als typische Beispiele für Schwellenländer gelten (seit Jahrzehnten) Brasilien, Mexiko oder Südafrika, Mauritius, Indien und China.

In jüngster Zeit trägt auch die Differenzierung des BMZ in Schwerpunktpartner-, Partner- und potenzielle Partnerländer der unterschiedlichen ökonomischen Inwertsetzbarkeit der Länder des Südens Rechnung. Zu den Schwerpunktpartnerländern gehören neben Südafrika, Ägypten, Türkei oder Indien auch China und Mosambik. Sie zeichnen sich durch verheißungsvolle Entwicklungsergebnisse und Perspektiven für Kooperationen mit der deutschen Wirtschaft aus.

M 2: Quellentext zu den Schwerpunktpartnerländern China und Mosambik
Zwölfter Bericht zur Entwicklungspolitik der Bundesregierung 2005

Die Volksrepublik China ist ein Schwerpunktpartnerland und wegen ihrer riesigen Bevölkerungszahl sowie ihrer politischen, ökonomischen und ökologischen Bedeutung ein wichtiger Kooperationspartner der deutschen Entwicklungszusammenarbeit. ... Die deutsch-chinesische EZ setzt am Reformwillen der chinesischen Führung an und erfüllt durch die Verbindung von finanzieller Zusammenarbeit und sektoraler Beratung eine wichtige strukturbildende Funktion, um die erreichten Entwicklungsfortschritte zu konsolidieren und den weiteren Reformprozess zu fördern. ... Schwerpunkte der Zusammenarbeit sind: Umweltpolitik, Schutz und nachhaltige Nutzung natürlicher Ressourcen, ... Wirtschaftsreform und Aufbau der Marktwirtschaft, ... Trinkwasser-/Wassermanagement, Abwasser-/Abfallentsorgung ... Transport.

Mosambik im südlichen Afrika ist Schwerpunktpartnerland. ... Mehr als zwei Drittel der Bevölkerung leben unter der Armutsgrenze, die meisten davon in ländlicher Subsistenzwirtschaft. ... Mosambik hat ... in den letzten Jahren gute Fortschritte gemacht. Maßgeblich dafür sind der bemerkenswerte Friedens- und Demokratisierungsprozess, der von wirtschaftlichen Erfolgen begleitet wird, ... Schwerpunktsektoren der EZ sind: Grund- und Berufsbildung, Wirtschaftsreform und Aufbau der Marktwirtschaft sowie ländliche Entwicklung. Daneben kommen angesichts einer Prävalenzrate von 13 % der HIV/AIDS-Bekämpfung sowie der Gleichstellung der Geschlechter (Gender) besondere Bedeutung ... zu.

China erhielt seit 1981 circa 2,7 Mrd. Euro deutsche Entwicklungshilfe, Mosambik von 1987 bis 2004 713,5 Mio. Euro.

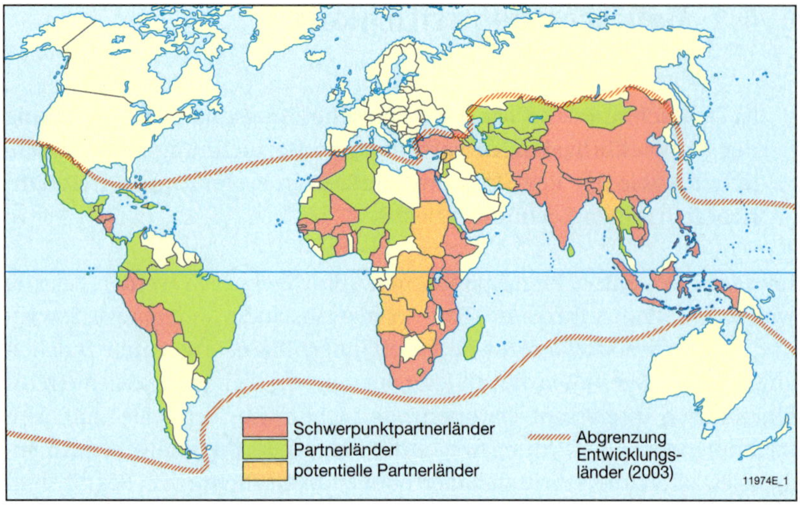

M 1: *Verteilung der deutschen Schwerpunktpartnerländer*

ODA

Official Development Assistence, öffentliche Entwicklungshilfe, die zu günstigen Bedingungen vergeben wird.

Bei einer kritischen Betrachtung der verschiedenen Klassifizierungs- und Gruppierungsversuche fällt die Tatsache auf, dass selbst Länder wie China oder Indien, dank boomender Wirtschaft vermeintlich die Nationen der Zukunft, zu den Empfängern deutscher öffentlicher Entwicklungshilfe (ODA) gehören. Auch die Erdölländer und die industriell erfolgreichen Tiger (-staaten) in Südost- und Ostasien sind – auch wenn sie keine oder nur geringe ODA-Mittel erhalten – Partner deutscher Entwicklungszusammenarbeit. Daher werden sie in diesem Buch zu den Ländern des Südens gezählt. Dafür spricht trotz ihrer Wohlhabenheit und erfolgreichen Wirtschaft aber auch die Tatsache, dass sie Strukturen zeigen, die gemeinhin als typisch für Entwicklungsländer gelten. Am Beispiel von zwei bewusst gewählten Extremen, der Republik Korea und dem Emirat Dubai, sei auf diesen Sachverhalt eingegangen:

Südkorea zählt mit einem Pro-Kopf-Einkommen von 9 930 US$ (2004) mit zu den wohlhabenden Staaten der Erde. Seine heute demokratische Regierung, als stabil und agil geltend, sieht Korea als „Industrial- and Leading IT-Country". Für diese Sichtweise spricht, dass die IT-Branche 2005 einen Anteil von 30 Prozent am Export und von 14 Prozent am Bruttosozialprodukt leistete. In der Chip-Herstellung führt sie mit einem Weltmarktanteil von 40,9 Prozent (1998) die Weltrangliste an. Damit hat Südkorea sogar Japan den Rang als führende Elektroniknation abgelaufen. Neben dem Pro-Kopf-Einkommen klingen auch die weiteren statistischen Zahlen wie Wirtschaftswachstum (6,3 %), Arbeitslosigkeit (3,1 %) oder Armut (< 2 %) positiv. Doch wirtschaftliches Wachstum bedeutet – insbesondere in Zeiten der Globalisierung – noch keineswegs landes- und gesellschaftsdurchdringende Entwicklung. In diesem Zusammenhang sind folgende Fakten relevant:

1. Die wirtschaftliche Entwicklung konzentriert sich auf drei räumliche Fragmente: Seoul-Suwon im Nordwesten, Chonju-Kunsan im Südwesten und das Pusan-Dreieck im Südosten des Landes. Ähnlich wie im Perl-Flussdelta Südchinas oder in der Region um Shanghai heben sich diese Wirtschaftsfragmente deutlich ausgeprägt vom Umland ab. Das bruchstückhafte Nebeneinander extrem sozialer und infrastruktureller Disparitäten bestimmt somit auch in Südkorea die Entwicklungs- und Lebenswirklichkeit.

Branche	1995	2001
Schiffsbau	2	1
TV-Produktion	3	2
Stahlerzeugung	6	6
Zementerzeugung	6	5
Autoherstellung	7	5
Elektrizitäts-verbrauch	11	11

M 2: *Südkoreas Rangplätze in der Weltwirtschaft*

2. Ungleichheit herrscht auch zwischen den staatlich geförderten Großunternehmen (Chaebols) und der vernachlässigten Klein- und Mittelindustrie sowie zwischen der Industrie allgemein und der benachteiligten Landwirtschaft. Folgen davon sind zum einen Landflucht (ca. 8,6 Mio. Migranten, entspricht etwa 20 Prozent der Bevölkerung) und extremes Stadtwachstum (z.B. Seoul: 1980 = 8,3, 2002 = 10,3; Pusan 2,4/3,7 Mio. Einwohner) und zum anderen eine extreme soziale Kluft zwischen Stadt und Land.
3. Die Asien-Krise (1997) zeigte deutlich, wie fragil die Entwicklung Südkoreas einzuschätzen ist. Ohne radikale Strukturveränderungen (z.B. Niedriglohnpolitik, Exportindustrialisierung) und ohne externe (US-amerikanische) Unterstützung wären die Probleme nicht gelöst worden. Ein riesiger Schuldenberg war die Folge. So stiegen die Auslandsschulden, die 1965 bei 206 Mio. US$ lagen, bis 1996 auf 163 489 Mio. US$ an und betragen heute noch immer über 129 000 Mio. US$. Damit war die wirtschaftliche Außenabhängigkeit festgeschrieben.
4. Die zunehmende einseitige Orientierung auf die IT-Branche macht das Land anfällig durch die Konkurrenz. Sie besteht nicht nur schon in China. Sie wächst rasant schnell auch in den aufstrebenden kleinen ASEAN-Staaten heran, die bald über den Billiglohnstatus hinausgewachsen sein dürften.

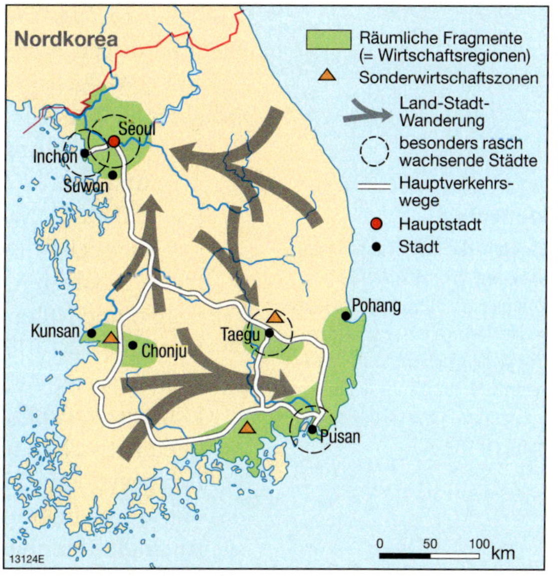

M 3: *Südkorea: Räumliche Zentren wirtschaftlicher Aktivitäten*

ASEAN
Association of Southeast Asian Nations, Regionalbündnis von zehn südöstasiatischen Staaten mit politischer, wirtschaftlicher und kultureller Zielsetzung

Das Emirat Dubai, eines der sieben Scheichtümer, die die Vereinigten Arabischen Emirate (VAE) bilden, ist ein autokratisch geführter Stadtstaat mit circa einer Mio. Einwohnern (davon ca. 80 % Ausländer). Es gehört mit einem Pro-Kopf-Einkommen von 21 600 US$ (2004) zu den wohlhabendsten Staaten der Erde und setzt augenblicklich ganz extrem auf die Verheißungen der Globalisierung. Mit seinen Einnahmen aus Erdöl und Handel finanziert das Emirat eindrucksvolle Siedlungsprojekte, luxuriöse Appartement- und Hotelkomplexe sowie IT-Zentren für Kommunikation, Werbung, Vermarktung und Chip-Produktion. Es veranstaltet jährlich „Global-Village"-Verkaufswochen, wirbt weltweit für Sport-, Musik- und Vergnügungs-Ereignisse und bietet mit Super-Hotels geradezu unbegrenztes Urlaubsvergnügen (z. B. halten deutsche Bundesliga-Mannschaften hier das Wintertraining ab). Dubai garantiert Sicherheit und Gewinne für Investitionen und Immobilien. Es werden persönliche und materielle Freizügigkeit und Entfaltung sowie rechtliche Unantastbarkeit geboten und eingehalten. Investoren lockt Dubai mit einem überregionalen Markt von annähernd einer Mrd. Menschen

M 4: *Vor der Küste Dubais ist eine gigantische Palmeninsel mit Luxushotels und -villen errichtet worden.*

und eine perfekte IT-Infrastruktur für globale Geschäfte. Die Nachfrage nach all diesen Angeboten ist gegeben. Die Interessenten stammen aus fast allen Weltgegenden. Doch dürfen dabei folgende Tatsachen nicht unbeachtet bleiben:

1. Diese Entwicklung basiert in erster Linie einzig auf den Erdöleinnahmen und wird letztlich noch immer daraus alimentiert.
2. Die einheimische Bevölkerung bezieht im rentierstaatlichen Sinne mehrheitlich unverdiente Einkommen, lebt rechtlich und ökonomisch privilegiert. Ihre Funktion erschöpft und befriedigt sich im Verwalten und Nutznießen.
3. Denn die eigentliche materielle Arbeit wird einzig von einem Heer ausländischer Arbeiter geleistet. Die einfachen, extrem gering entlohnten und völlig rechtlosen Arbeiter schuften nicht nur auf unzähligen Baustellen in schwindelnder Höhe bei Lebensgefahr. Mehrheitlich vegetieren sie in dürftigen Unterkünften und unter inhumanen Existenzbedingungen.
4. Auch die Hauptlast in Handel, Gewerbe, Verwaltung, medizinischer und schulischer Versorgung wird von ausländischen Angestellten getragen. Selbst ihnen als die kompetenten Akteure in Hotels und Universitäten sowie im Immobilienhandel, in IT-, Bank- und Geschäftszentralen fehlt sowohl die rechtliche als auch finanzielle Gleichstellung mit den mehrheitlich nicht angemessen qualifizierten „Locals".

Rentierstaat
Staaten, die ihre Staatseinnahmen aus unverdienten Einkommen (Renten) wie beispielsweise Bodenschätze beziehen. Es handelt sich um autokratische Staaten, die diese Einnahmen zur Herrschaftssicherung einsetzen.

Dubais Erfolg hängt somit von vier Faktoren ab, auf die das Emirat nur geringen Einfluss auszuüben vermag: Erdöleinnahmen, ausländische (Billig-)Arbeitskräfte, politische Stabilität innerhalb der VAE und der Region und Fortbestand des globalen Wirtschaftsfiebers. Nur ihr positives Zusammenwirken kann den eingeschlagenen Entwicklungsweg verstetigen. Doch Skepsis ist angesagt: Dubais Erdölreserven sind gering. Konkurren-ten für die IT-, Immobilien- und Tourismus-Branche schießen in der Region geradezu aus dem Boden. Politische Instabilität kennzeichnet die arabisch-islamische Welt und insbesondere die Golfregion. Schließlich stehen den Erdölförderländern soziale Verteilungskämpfe und politische Emanzipationsbewegungen noch bevor.

Auf der Erscheinungsebene anders geartet, strukturell jedoch ähnlich problematisch stellt sich die Entwicklungssituation in den Tiger- und Drachenstaaten Südost- und Ostasiens sowie in den anderen Erdölförderländern Asiens, Afrikas und Lateinamerikas dar. Ihre Zuordnung zu der Gruppe der Entwicklungsländer ist daher nachvollziehbar.

1. *Vergleichen Sie die wirtschaftliche Situation in Südkorea und den VAE.*
2. *Erläutern Sie, warum man beide Länder weiterhin als Entwicklungsländer bezeichnen kann.*

M 1: *Ausländische Arbeitskräfte auf der Baustelle einer Luxushotelanlage in Dubai*

1.4.2 Internationale Entwicklungsbegriffe

Maßgeblich für die Benennung und Differenzierung der Entwicklungsländer sind die Weltorganisationen UN, Weltbank (WB) und Internationaler Währungsfonds (IMF).

In den internationalen Entwicklungsagenturen wie UN, WB und IMF sind nach praktischen Erwägungen (z.B. Mittelverteilung, Hilfsbedürftigkeit) oder politischem Kalkül zahlreiche Bezeichnungen für Entwicklungsländer gebräuchlich. Dabei wird vor allem nach dem materiellen Entwicklungsniveau kategorisiert. So unterschied die UN seit den 1970er-Jahren zwischen LDC (Less Developed Countries) und LLDC (Least Developed Countries). Seit einiger Zeit existiert im UN-Sprachgebrauch nur noch die Kategorie LDC (jetzt Least Developed Countries!). Um zu dieser Gruppe der Ärmsten der Armen zu gehören, müssen verschiedene Vorraussetzungen erfüllt sein, zu denen ein Pro-Kopf-Einkommen unter 750 US$ pro Jahr sowie bestimmte Werte auf einem wirtschaftlichen Verwundbarkeits- und einem Lebensqualitätsindex gehören. Die Zugehörigkeit zu den LDC (2007: 50 Länder) kann für Länder durchaus erstrebenswert sein, da sie so leichter und zu besseren Konditionen an Kredite kommen. Neben den LDC weist die UN auch noch die durch ihre Binnenlage benachteiligten LLDC (diesmal Landlocked Developing Countries, 31 Länder) wie Afghanistan, Uganda oder Paraguay und kleine, vom Anstieg des Meeresspiegels bedrohte Inselstaaten SIDS (Small Island Developing Countries, 37 Länder) wie Jamaika, Tonga und Mauritius gesondert aus.

Auch die WB teilt die Länder nach Förderwürdigkeit in verschiedene Kategorien, wobei sie sich noch stärker an wirtschaftlichen Kriterien wie dem Pro-Kopf-Einkommen richtet. Sie differenziert zwischen LIC (Low-Income-Countries, 2004: 61 Länder, Obergrenze 875 US$ BNE pro Kopf) und MIC (Middle-Income-Countries, nochmals zweigeteilt, 93 Länder, Obergrenze 10 000 US$). Zudem hat die WB Länder mit hoher Auslandsverschuldung in SIMIC (Severely Indebted Middle Income Countries) und SILIC (Severely Indebted Low Income Countries) eingeteilt.

Die Kombination arm und hoch verschuldet fasst auch die Kategorie HIPC (High Indebted Poor-Countries) zusammen, die von WB und IWF im Zuge einer Entschuldungskampagne Mitte der 1990er-Jahre eingeführt wurde.

Um die Situation der Bevölkerungsmehrheit in den Ländern des Südens besser nachvollziehbar zu gestalten, wurden von der UN Indexwerte eingeführt, die die Lebenswirklichkeit direkter widerspiegeln als rein ökonomische Indikatoren wie das Pro-Kopf-Einkommen. Dazu zählen vor allem der jährlich veröffentlichte Human Development Index (HDI) des Entwicklungsprogramm der UN (UNDP), bei dem neben Einkommen auch Lebenserwartung und Bildungsniveau in einem Land berücksichtigt werden. Weitere Indizes sind der GDI (Gender-Related Development Index) und der GEM (Gender Empowerment Measure), die die Benachteiligung beziehungsweise Partizipation der Frauen hinterfragen,

Index	HDI Human Development Index, seit 1990	HPI Human Poverty Index, seit 1997
Indikatoren	1) Lebenserwartung bei Geburt 2a) Alphabetenquote bei Erwachsenen 2b) Brutto-Schuleinschreibungsquote 3) Reale Kaufkraft pro Einwohner	1. Anteil der Menschen mit einer Lebenserwartung unter 40 2. Analphabetenquote bei Erwachsenen 3. Lebensstandard (Zugang zu Trinkwasser, Anteil untergewichtiger Kinder)

M 2: *Indikatoren des HDI und HPI*

sowie der HPI (Human Poverty Index), einem Armutsindex, dessen Indikatoren über die reine Einkommensarmut hinausgehen.

Nach den HDI-Werten, die zwischen 0 und 1 liegen, werden Länder in die Gruppen High (> 0,8), Medium (0,5 – 0,8) und Low Human Developed Countries (< 0,5) eingeteilt. Spitzenreiter seit vielen Jahren ist Norwegen (HDI = 0,965), während die afrikanischen Staaten Niger (0,311), Sierra Leone (0,335) und Mali (0,338) auf dem letzten Plätzen der Rangliste stehen. Da der HDI jährlich festgestellt wird, können Erfolg und Misserfolg bei der Entwicklung grundlegender Lebensbedingungen über längere Zeiträume beobachtet und gegebenenfalls gezielt Maßnahmen zur Gegensteuerung eingeleitet werden. Bei der Verfolgung der HDI-Entwicklung lässt sich allgemein ein Anstieg der Indexwerte feststellen und daraus Verbesserung der Lebensverhältnisse ableiten. So gehören in Asien seit jeher nur Afghanistan und Jemen zur untersten HDI-Kategorie. Auch in Lateinamerika zählt, von einigen karibischen Inselstaaten abgesehen, heute kein Land mehr dazu. Brasilien machte in der HDI-Liste im letzten Jahrzehnt einen großen Sprung nach oben, der hauptsächlich auf seine Bemühungen im Bildungsbereich zurückzuführen ist.

In Afrika hingegen zeichnet sich die Mehrzahl der Staaten südlich der Sahara seit Jahrzehnten durch das Verharren auf niedersten Indexwerten (< 0.5) aus. In Ländern wie Südafrika und Botswana fiel der HDI in den 1990er-Jahren sogar, vor allem aufgrund der Senkung der Lebenserwartung durch die AIDS-Epedimie. Auch viele Nachfolgestaaten der Sowjetunion verzeichnen Rückschritte in den HDI-Werten, weshalb sich für sie schon die Bezeichnung NDC (Newly Declining Countries) durchgesetzt hat. Auch die wirtschaftlich boomenden Länder China und Indien zeichnen sich lediglich durch mittlere Index-Werte aus. Auch sei darauf hingewiesen, dass mit Ausnahme von Singapur und Südkorea kein Land bisher wirklich zum Niveau der Länder des Nordens aufgeschlossen hat.

1. Erklären Sie die Vielfalt an Bezeichnungen für unterentwickelte Länder.

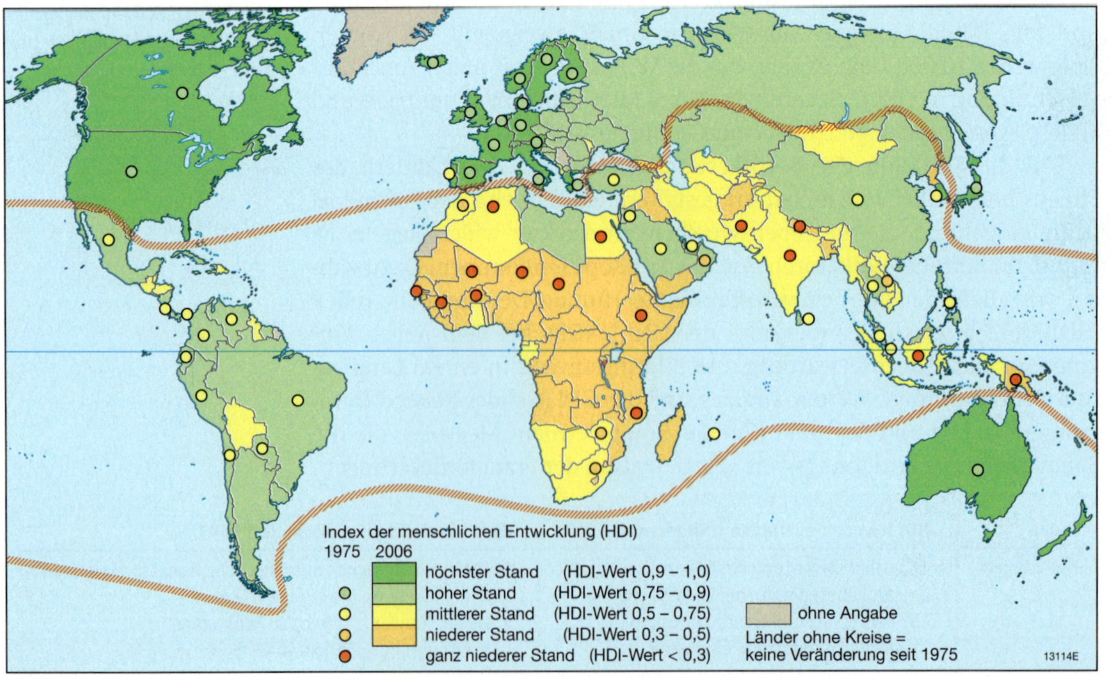

M 1: *Stand der „Menschlichen Entwicklung“ (HD) 1975 und 2006*

1.4.3 Entwicklungsbegriffe in der Geographie

Die international verwendeten Bezeichnungen der Entwicklungsländer entspringen meist politischen Überlegungen. Daher ist es verständlich, dass von Seiten der Wissenschaft auch andere Konzepte verfolgt werden.

Um die Entwicklungswirklichkeit in globaler Übersicht landes- und auch regionsspezifisch zu erfassen und zu veranschaulichen, wurden von geographischer Seite verschiedene, detaillierte Konzepte vorgelegt. Mittels komplexer Rangkorrelationen und Clusteranalysen entstanden zum Beispiel differenzierte Klassifikationen nach Ländergruppen. Sie sind geeignet, unter Einsatz statistischer Daten die möglichen Veränderungen quantitativ „objektiv" nachvollziehbar zu gestalten. Auch wurden Karten entwickelt, die zur räumlichen Verteilung der Tragfähigkeit oder Schadensgefährdung dienen. So geben die so genannten „Schadenskarten" räumlich differenziert die Gefährdung der Menschen wieder, die durch Hunger, Brennholz- oder Nahrungsknappheit sowie durch Dürren, Heuschreckeneinfälle, Erdbeben, Vulkanausbrüche, Taifune oder den Anstieg des Meeresspiegels infolge globaler Erwärmung entstehen können.

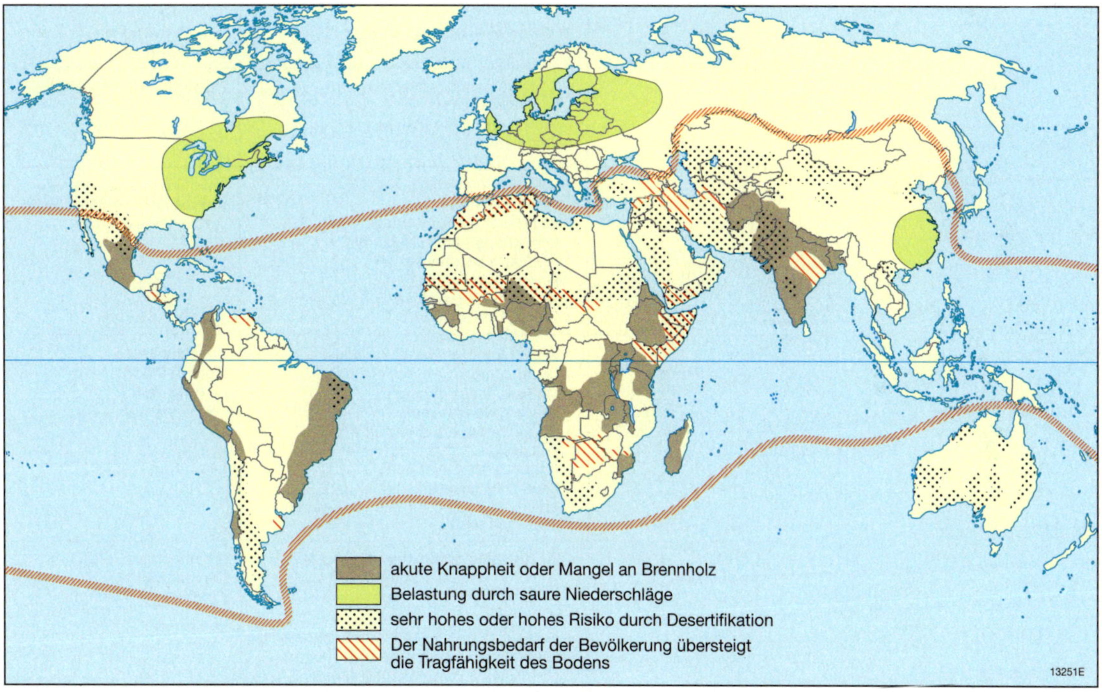

M 2: *Verbreitung verschiedener natürlicher Gefahren für Entwicklung*

Mit dem Verwundbarkeitsansatz (Vulnarability) wurde ein Instrumentarium entwickelt, mit dem die Bedrohung einer Gesellschaft durch einmalige oder wiederkehrende natürliche, soziale, ökonomische oder politische Ereignisse erfasst und sogar Gefährdungsprognosen erstellt werden können (z.B. bei Ernte-, Nahrungs- und Hungerkrisen oder Bevölkerungswachstum). Dieses „Frühwarnsystem" hat Eingang in den „World Vulnarability Report" der UNDP gefunden. Es ist auf unterschiedliche Bedrohungen anwendbar und daher entwicklungspolitisch relevant. Folgende

Schritte mögen die methodischen Überlegungen beim Verwundbarkeitsansatz nachvollziehbar machen und seine Übertragbarkeit auf konkrete Fälle veranschaulichen:

1. Jede Gesellschaft ist einer gegebenen Grundanfälligkeit ausgesetzt. Auf eine Bedrohung reagiert sie gemäß der ihr eigenen Bewältigungs- und Handlungsstrategien, die von deren internen sozialen, politischen und ökonomischen Strukturen und Zwängen abhängen.
2. Kann mit den ergriffenen Bewältigungsstrategien im konkreten Fall nicht ausreichend gegengesteuert werden, erhöht sich die Anfälligkeit bei einem erneuten Krisenereignis (leichte/mäßige Verwundbarkeit).
3. Reichen die nun ergriffenen Strategien auch nicht aus, kann es zur akuten Notlage kommen (hohe/extreme Verwundbarkeit; Existenzkrise).
4. Diese Krisensituation kann sich noch weiter bis zur Katastrophe steigern (höchste/extremste Verwundbarkeit; Lebensgefahr).
5. Gelingt es jedoch bei jedem kritischen Ereignis, eigene wirkungsvolle Bewältigungsstrategien zu ergreifen, kann nicht nur die Krise bewältigt oder wenigstens gemindert, sondern auch die Grundanfälligkeit verringert werden.
6. Reichen die einer Gesellschaft zur Verfügung stehenden oder von ihr entwickelten Strategien nicht aus, können externe Interventionen zur Bewältigung eingesetzt werden (z.B. Not-, Katastrophenhilfe).

Literaturhinweis:
Bohle, H.-G.; Krüger, F.: Perspektiven geographischer Nahrungskrisenforschung. In: Die Erde, 1992

Grad der Verwundbarkeit	Typische Bewältigungsstrategien	Mögliche externe Interventionen
Leichte Verwundbarkeit	- Bewahren oder Vermehren von Vermögenswerten - Beibehaltung der üblichen Produktionsstrategien	Entwicklungsprogramme
Mäßige Verwundbarkeit	- Veräußerung weniger wichtiger Vermögenswerte - Reduzierung des Nahrungsverbrauches - Geringfügige Änderungen der Produktionsstrategien - Kleine Veränderungen der Einkommensstrategien (z.B. Borgen von Geld bei Verwandten)	Unterstützungsprogramme (Preisstabilisierung; Anlegen von Nahrungsvorräten)
Hohe Verwundbarkeit	- Veräußerung wichtiger Vermögenswerte (keine produktiven Ressourcen) - Stärkere Reduzierung des Nahrungsverbrauches - Starke Veränderung des üblichen Produktionssystems (z.T. mit ökologischer Schädigung) - Neue Einkommensstrategien (z.B. Arbeitsmigration; Borgen von Geld bei Geldverleihern)	Hilfsprogramme (Food-for-Work; Cash-for-Work)
Extreme Verwundbarkeit	- Veräußerung produktiver Ressourcen (Land; Ackergerät; Saatgut; ganze Herden) - Hungern - Aufgabe des üblichen Produktionssystems - Völlig neue Einkommensstrategien (permanente Abwanderung ganzer Familien)	Nothilfeprogramme (Nahrungshilfe; Verteilung von Saatgut)
Katastrophe (Hungersnot)	- Bewältigungsstrategien völlig erschöpft - Flucht in Hungerlager	Katastrophenhilfe Unterkunft; Nahrungsmittel; med. Versorgung

13121E

M 1: *Verwundbarkeitsindex für Frühwarnsysteme*

Mit dem Modell der räumlichen globalen Fragmentierung wird dem durch Globalisierung ausgelösten Ende nachholender Entwicklung von Ländern als Ganzen Rechnung getragen. Entwicklung findet heute einzig in Teilräumen (Fragmenten) statt, die wiederum in schärfster Standortkonkurrenz mit unzähligen anderen Fragmenten rund um die Welt stehen. Auch ist nie die in diesen räumlichen Fragmenten lebende Bevölkerung als Ganze an Entwicklung beteiligt. Immer sind es nur jene Einzelpersonen oder Gruppen, die sich dem globalen Wettbewerb stellen.

Die führende Position nehmen in diesem Modell die „Globalen Orte und Regionen" ein, die als „Acting Global Cities" und „Acting Global Regions" bezeichnet werden. Sie fungieren als Zentren weltweiter ökonomischer und politischer Entscheidungsprozesse und sind vornehmlich in den Ländern des Nordens konzentriert. Die von ihnen abhängigen und gesteuerten „Globalisierten Orte und Regionen", die „Affected Global Cities" und „Affected Global Regions", befinden sich mehrheitlich in den Ländern des Südens. Ihnen bietet sich potenziell die Möglichkeit zu globaler Teilhabe und dadurch zu Bedeutungsgewinn und Aufstieg in die Kategorie der „Globalen Orte". Mehrheitlich müssen sie jedoch um Statuserhalt ringen. Denn infolge ihrer abhängigen wirtschaftlichen Situation und des herrschenden Wettbewerbszwanges sind viele dieser globalisierten Orte wiederkehrend von der Gefahr des Abstieges in Bedeutungslosigkeit bedroht. Sie finden sich dann in der „Neuen Peripherie" wieder, in der heute weltweit und flächenhaft Ausgrenzung und Überflüssigsein dominieren und jene Verhältnisse und Strukturen herrschen, die bislang einzig mit den bisherigen Entwicklungsländern assoziiert wurden. Im übertragenen Sinne wird dabei vom „Neuen Süden" oder bildhafter vom „Meer der Armut" gesprochen.

Die „Globalen und Globalisierten Orte und Regionen", nur punkthaft über die Erde verteilt und durch (virtuelle) Netzwerke verbunden, stellen somit räumlich Knoten dar, an denen in Zeiten der Globalisierung Entwicklung nachhaltig oder nur vorübergehend stattfindet und auf die sie – Folge des Konkurrenzdruckes – auch beschränkt bleibt.

1. Beurteilen Sie, welche Einsichten der fachspezifische Beitrag der Geographie zur Begrifflichkeit und Kennzeichnung der Entwicklungsländer ermöglichen kann.

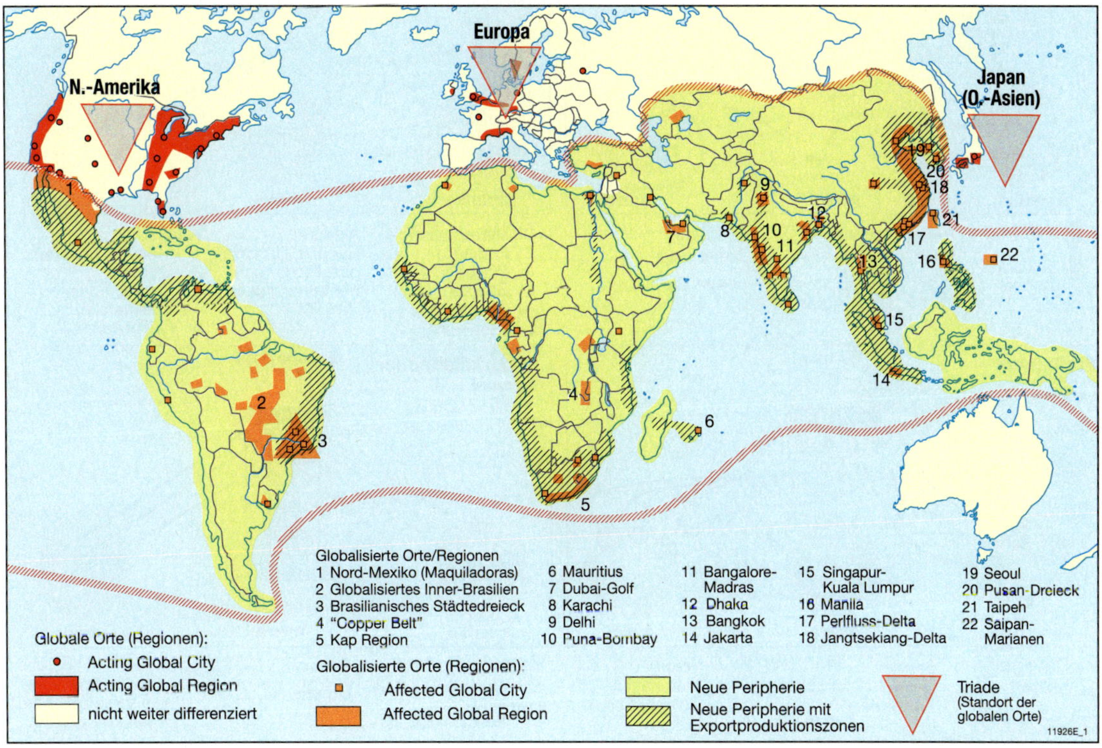

M 2: *Globale Fragmentierung*

1.5 Europäisierung und Entwicklungsländer

Die Europäisierung der Erde hat Kolonialismus und Welthandel hervorgebracht, die über mehrere Jahrhunderte die Entwicklung in Europa und insbesondere in Übersee bestimmt haben. Am Ende standen die heutigen Entwicklungsländer.

Über den Welthandel, der sich mit den Entdeckungsfahrten seit Ende des 15. Jahrhunderts herauszubilden begann, sind die Länder der Erde wirtschaftlich verbunden. Die Überlegenheit Europas – später des gesamten Nordens – bestimmte die Spielregeln und damit die Ressourcennutzung, den Warenfluss sowie letztlich selbst die Entfaltung von Gesellschaft, Infrastruktur und Politik. Zwar fällt vor allem den natürlichen Grundlagen sowie den lokal und gesellschaftlich typischen Formen ihrer Nutzung eine grundlegende Bedeutung zu. Doch weit wichtiger sind in einer kommerziell vernetzten Welt die Chancen, die sich den Teilnehmern bieten, und die Art und Weise, wie sie diese in Wert zu setzen vermögen. Das heute weltumspannende Handelssystem ist das Ergebnis einer Jahrhunderte langen Entwicklung. Sie vollzog sich in mehreren Phasen, die sich durch die jeweils geltenden Formen und Notwendigkeiten der Kapitalverwertung in den Ländern des Nordens unterschieden und die für die Länder des Südens unterschiedliche Konsequenzen besaßen.

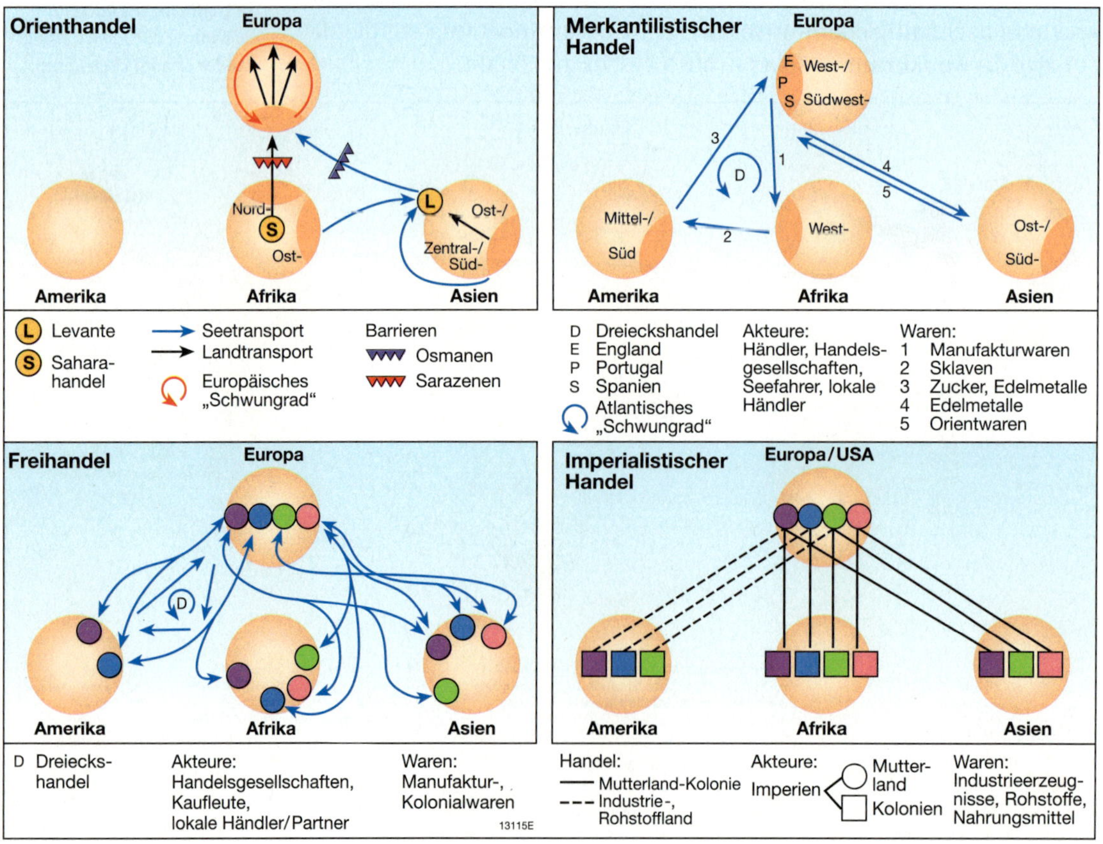

M 1: *Kolonialer, Merkantiler, Freier und Imperialistischer Handel*

Die Entdeckung und Erschließung der Erde (seit Ende des 15. Jahrhunderts), wurde unter anderem durch die Behinderung und Gefährdung des seit dem frühen Mittelalter florierenden **Orienthandels** im Mittelmeer ausgelöst. Anfangs erfolgte die europäische Einflussnahme in Asien und Afrika über Handel sowie in Südamerika über Ressourcenraub. Niederlassungen und Handelsfaktoreien entlang der Küsten sowie erste Plantagen entstanden. Sie leiteten die später folgende großflächige Landnahme ein.

Durch den Waren- und Kapitalbedarf im merkantilistisch-absolutistischen Europa (16. bis 18 Jahrhundert) verstärkt, begann bald die Inwertsetzung der überseeischen Gebiete als Produzenten und Lieferanten agrarischer und mineralischer Rohstoffe (**Merkantilistischer Handel**). Zu deren Gewinnung wurden Arbeitskräfte in Afrika (Sklaven) geraubt oder gegen billige europäische Manufakturerzeugnisse getauscht und nach Amerika transportiert. Die von ihnen dort fast kostenfrei erzeugten Rohstoffe (Bergwerke: Edelmetalle; Plantagen: Zucker, später Baumwolle) gelangten nach Europa, wo sie – anfangs nur in England – ab etwa 1770 in der aufkommenden industriellen Fertigung veredelt und gewinnbringend abgesetzt wurden (Dreieckshandel). Süd- und Ostasien, insbesondere Indien mit seinem Gewürzreichtum und seiner hochwertigen Textilherstellung, fungierten in dieser Zeit in erster Linie als Lieferant von Spezereien, Duft-, Seiden- und Baumwollstoffen.

In dem Maße wie Industrialisierung, **Freihandel** und Nationalstaatenbildung in Europa (gegen Ende des 18. Jahrhundert) Platz griffen und sich Konkurrenz einstellte, verstärkten sich die kolonialistischen Aktivitäten mit dem Ziel der Ressourcen-, Absatzmarkt- und Siedlungsraumsicherung. So wurden zum Beispiel die Pampa in Argentinien, das Punjab in NW-Indien sowie Australien, Nordamerika, der Süden Afrikas sowie Mittelasien und Sibirien als Siedlungs- und Wirtschaftsräume für Europa erschlossen und es wurde begonnen, sie in Wert zu setzen.

Als die Industrialisierung alle wichtigen Staaten Europas erfasst hatte und sie sich infolge des Freihandels zunehmend Konkurrenz bereiteten, boten die heimischen Märkte keine Gewinnchancen mehr. Wirtschaft und Kaufkraft stagnierten und Anreize für Investitionen und Kapital fehlten. Es grassierten Arbeitslosigkeit, Arbeiterunruhen und Firmenschließungen. In dieser Situation boten sich die überseeischen Gebiete als Lösung an. Durch territoriale Eroberung und Schaffung von Imperien, das heißt überseeischen Territorien mit völliger Kontrolle durch das jeweilige Mutterland, eröffneten sich neue Chancen zur Kapitalverwertung. Frankreich leitete mit der Eroberung Algeriens 1838 diesen Prozess ein. England folgte in NW-Indien seit 1840 nach. Die Berliner Kongo-Konferenz (1885/86) führte dann zur Aufteilung der Welt unter den Mächten Europas am Grünen Tisch. Mit Ausnahme von Lateinamerika, das in der ersten Hälfte des 19. Jahrhunderts seine Unabhängigkeit von Spanien und Portugal errungen hatte, spielte sich jetzt der einträgliche Handel und Kapitalverkehr weitgehend nur noch innerhalb der Imperien und damit gesichert und konkurrenzfrei ab (**Imperialistischer Handel**). Die Kolonien lieferten Rohstoffe und Arbeitskräfte. Ferner dienten sie zur Kapitalanlage, als Ventil für den wachsenden Bevölkerungsdruck (europäische Auswanderung) und als Absatzmärkte für die industriellen Fertig- und Massenprodukte der Industrieländer. Damit hatte sich die Weltarbeitsteilung zwischen Agrar- und Rohstoffländern einerseits und Industrieländern andererseits herausgebildet.

M 2: *Schema der Europäisierung und Globalisierung der Wirtschaft und des Handels: zeitliche, qualitative und räumliche Elemente*

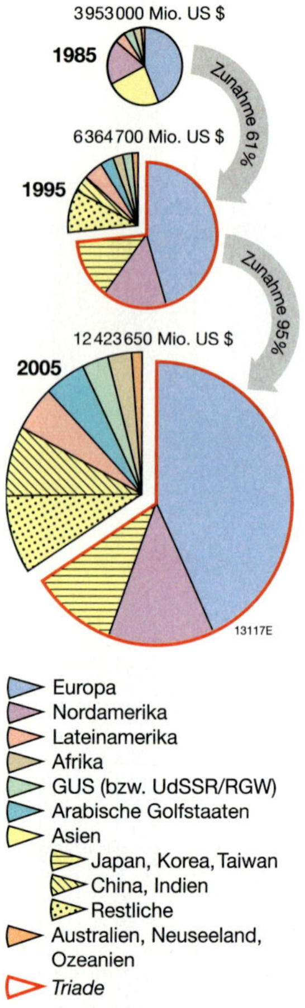

M 1: *Welthandel nach Regionen*

Devisen
Zahlungsmittel (z.B. Dollar, Euro, Yen, Pfund), mit denen auf ausländischen und internationalen Märkten bezahlt werden kann.

Die Phase riesiger Imperien und ausgedehnter Kolonien währte quasi bis Ende des Zweiten Weltkrieges, als die überseeischen Gebiete nach und nach formal in die Unabhängigkeit entlassen wurden (Dekolonisation) oder sie sich diese erkämpften (z. B. Algerien, Angola, Indochina, Vietnam). Ausnahmslos waren sie wirtschaftlich und politisch jedoch nicht in der Lage und zum Teil auch nicht willens, die Chancen, die sich jetzt boten, zu nutzen. Die marktwirtschaftlichen Industriestaaten des Westens und die planwirtschaftlichen des Ostens begannen um ihre Märkte und politisch-ideologische Orientierung zu buhlen. Diese Konkurrenz bestimmte hinfort das weltwirtschaftliche und weltpolitische Geschehen (Kalter Krieg) und brachte das Instrument der Entwicklungshilfe hervor. Die Entwicklungsländer waren geboren.

Die Länder des Südens waren zwar de jure unabhängig. Tatsächlich blieben die bisherigen Abhängigkeiten jedoch bestehen oder es bildeten sich neue heraus: Zu ihrer kolonialzeitlichen Rolle als Rohstofflieferanten, Absatzmärkte (jetzt für Neu- und Gebrauchtwaren aller Art) und Touriszmusziele traten die des Bittstellers und des Empfängers von öffentlicher Entwicklungshilfe (ODA) in Form von Krediten, Spenden, technischer und personeller Hilfe. Auch für die Privatwirtschaft gewannen die Entwicklungsländer allmählich durch kostengünstige Produktions- und gewinnträchtige Investitionsbedingungen sowie als Absatzmärkte an Bedeutung. Damit blieb auch die koloniale Weltarbeitsteilung im Prinzip bestehen. Doch zeichnete sie sich jetzt strukturell durch vielfältige und meist einseitige ökonomische Abhängigkeiten und Ungleichheiten aus. Die zeigten sich zum Beispiel im massiven Anstieg der Auslandsschulden aller Entwicklungsländer von 658 Mrd. US$ im Jahr 1980 auf über 2 500 Mrd. US$ im Jahr 2001.

Aber auch durch die ungerechten Austauschbedingungen im Handel von Rohstoffen gegen Industrieerzeugnisse (Terms of Trade) entstehen den Ländern des Südens finanzielle Verluste. So gehen ihnen die selbst erwirtschafteten Mittel (Devisen) verloren, die sie für ihre Entwicklung dringend benötigen. Die Landeswährungen der Entwicklungsländer sind als internationale Zahlungsmittel nicht anerkannt und können somit außerhalb des Landes als Zahlungsmittel nicht eingesetzt werden. Daher ist Devisenerwerb über den Export wichtig, um im Ausland Güter und Waren kaufen zu können.

Die Terms of Trade, 1959 durch Raúl Prebisch in die entwicklungstheoretische Diskussion eingeführt, sind ein Ausdruck für ungleiche Austauschbeziehungen im Welthandel. Für Entwicklungsländer ist dabei die Frage wichtig, welche Gütermenge (mineralische, agrarische Rohstoffe) sie exportieren müssen, um bestimmte Mengen an Importgütern (industrielle Fertigwaren) erwerben zu können. Dieses Verhältnis verschlechtert sich ständig zu Ungunsten der Entwicklungsländer, das heißt sie müssen immer mehr exportieren, um die gleiche Menge importieren zu können, beziehungsweise für die gleiche Gütermenge können sie immer weniger einkaufen.

Als Beispiel dafür sei folgende Tauschrelation angeführt: Im Jahr 1975 konnten mit einer Tonne Kaffee 289 Barrels Erdöl, 1985 noch 100 Barrels und 2005 nur noch 37 Barrels bezahlt werden. Hinzu kommt, dass die Preise für agrarische Rohstoffe jährlichen Schwankungen unterliegen. So erzielte zum Beispiel Kakao pro Tonne 1997 1.600 und 2005 nur noch knapp 800 US$. Ähnlich schwankende Weltmarktpreise gelten für Kaffee, Zucker oder Baumwolle.

Außerdem sei angemerkt, dass die Entwicklungsländer nach Bevölkerungszahl und Fläche zwar dominieren, an dem seit den 1980er-Jahren explosionsartig ansteigenden Welthandel jedoch – trotz leichten Zuwachses (1985 = 23,8%; 1995 = 26,4%; 2005 = 32,5%) – in ihrer Mehrzahl eine nachgeordnete Rolle einnehmen (M1). So fielen ganz Afrika 2005 gerade einmal 2,9 Prozent, den Erdölförderländern der Golfregion 5,0 Prozent und Lateinamerika 5,3 Prozent zu. An dem wichtigen, weil Devisen bringenden Export, hatten 90 Länder des Südens zusammen gerade einmal einen Anteil von 1,4 Prozent; während fünf Staaten (der Triade) allein 36,9 Prozent kontrollierten. An erster Stelle rangierte dabei Deutschland (9,7%) gefolgt von den USA (9,0%), China (7,6%), Japan (5,9%) und Frankreich (4,7%).

Triade
Die drei größten Volkswirtschaften der Welt: EU, NAFTA und das industrialisierte Ostasien (Japan, Südkorea, Taiwan).

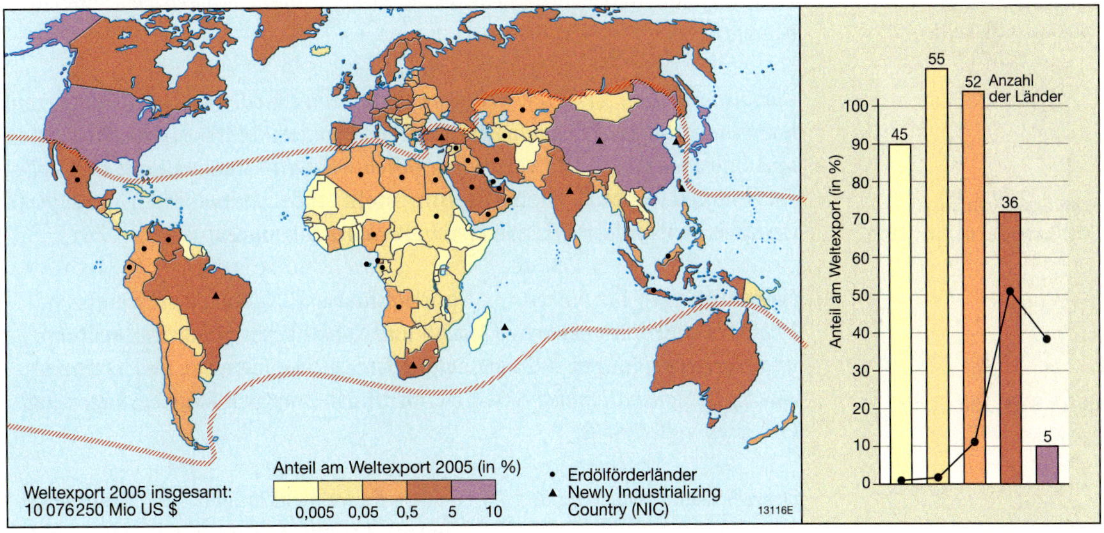

M 2: *Weltexport nach Ländern*

Der rasante Zuwachs des Welthandels der vergangenen zwei Jahrzehnte ist zweifellos Folge der Liberalisierung des Weltmarktes und damit der Öffnung der zahlreichen selbst kleinsten Märkte. Der gestiegene Anteil des Südens daran resultiert in erster Linie aus den Einnahmen der Erdölförderländer (dank erhöhter Rohölpreise) und der Exportoffensive der NIC, allen voran China, Südkorea, Indien, Taiwan, Türkei, Südafrika, Mexiko und Brasilien. Im Jahr 2005 nahmen diese Länder am Weltexport zusammen zwar nur einen Anteil von 17,8 Prozent ein. Am gesamten Export der Länder des Südens jedoch fielen ihnen fast 75 Prozent zu.

Die überwiegende Mehrzahl der Länder des Südens spielt – wie diese Zahlen veranschaulichen – im Welthandel somit eine völlig nachgeordnete Rolle. Damit entfällt für sie der Zugang zu den existenzwichtigen Devisen und dadurch wiederum entgehen ihnen die materiellen Voraussetzungen für Entwicklung. So heißt Entwicklung für die Mehrzahl dieser Länder seit Jahrzehnten unverändert in erster Linie Befriedigung der Grundbedürfnisse und Reduzierung der Armut – und dies trotz der Verheißungen der Globalisierung.

1. *Skizzieren Sie die wesentlichen Merkmale der Europäisierung der Welt.*
2. *Vergleichen Sie den Welthandel in den verschiedenen Phasen (S. 22 M 1).*
3. *Erläutern Sie den Zusammenhang zwischen den Terms of Trade und der nachgeordneten Rolle der Entwicklungsländer im Welthandel.*

1.6 Globalisierung – Chance des Südens?

Globalisierung wird heute als ein quasi allumfassender Prozess interpretiert, in den selbst die Länder des Südens nachhaltig eingebunden sind.

Über den Begriff Globalisierung und seinen Inhalt herrschen recht unterschiedliche Auffassungen:

Globalisierung als Gesellschaftstransformation löst *„die Form des Nationalstaats als Subjekt des internationalen politischen Systems infolge von Deregulierung und Souveränitätsverlust auf. ... Dies ist eine Konsequenz der über alle Grenzen strebenden ökonomischen Beziehungen, der Ausweitung des Welthandels, der Zunahme von grenzüberschreitenden Direktinvestitionen, der Entwicklung von globalen Kapitalmärkten und von Migrationsbewegungen. So entsteht ein ökonomischer Raum, der nicht mehr durch nationalstaatliche Grenzen ... umschrieben wird.*

Elmar Altvater und Birgit Mahnkopf, *Berliner Politikwissenschaftler, 1999*

Globalisierung ... ist ... die weltweite Verbreitung moderner Herstellungs- und Kommunikationstechniken in den Bereichen Handel, Kapitalverkehr, Produktion und Information. ... Alle Volkswirtschaften weltweit“ sind *„mit anderen Volkswirtschaften vernetzt“.* Globalisierung steht *„für ... kulturellen Wandel, wenn Gesellschaften mit den Weltmärkten in Berührung kommen.*

John Gray, *Britischer Politikwissenschaftler, 1999*

Globalität heißt: Die Einheit von Nationalstaat und Nationalgesellschaft zerbricht; es bilden sich neuartige Macht- und Konkurrenzverhältnisse, Konflikte und Überschneidungen zwischen nationalstaatlichen Einheiten und Akteuren einerseits, transnationalen Akteuren, Identitäten, sozialen Räumen, Lagen und Prozessen andererseits.

Ulrich Beck, *Münchener Soziologe, 1997*

Der wirtschaftliche Kreislauf der Güter ... findet nicht länger ... auf dem Gebiet der... zu staatlichen Einheiten zusammengefassten Gemeinschaften statt, sondern greift in den unterschiedlichsten Formen über deren Grenzen hinaus. Die Bevölkerung keines ... Staatsgebiets ist imstande, ihre Bedürfnisse ausschließlich mit den Erzeugnissen des eigenen Produktionsgebiets zu decken. ... Sie ist an der Erzeugung wie an dem Konsum des Auslands im höchsten Maße interessiert und in ihrem eigenen Wohlergehen abhängig von Ereignissen in fremden Volkswirtschaften.

Elmar Rieger, *Bremer Soziologe, 2001*

Im Globalisierungsprozess sind zu unterscheiden: *„Globalisierung der Finanzen, ... der Märkte und Marktsysteme, besonders des Wettbewerbs, ... der Technologie und des mit ihr verbundenen Wissens sowie der Forschung und Entwicklung, ... von Lebensformen und des Konsumverhaltens, ... von Regulierungs- und Steuerungsmöglichkeiten, ... als politisches Zusammenwachsen der Welt, ... der Wahrnehmung und des Bewusstseins. ... Wettbewerb ist nicht länger Mittel zum Zweck, sondern ist zu einem universellen Credo, einer Ideologie geworden.“* Und es gilt: *„Wenn das Ziel der Sieg ist, kann es nur wenige Gewinner geben.“*

Die Gruppe von Lissabon, *1997*

1.6.1 Inhalt, Anwendung und Effekte

Die schwindenden Gewinne in den 1980er-Jahren zwangen die Unternehmen des Nordens zur Suche nach neuen Formen von Produktion und deren Organisation. Dadurch wurde eine strukturell völlig neue Phase der Weltwirtschaft eingeleitet.

Globalisierung wird bei aller Unterschiedlichkeit der Auffassungen allgemein als Entstehung einer globalen Welt verstanden. Sie zeichnet sich aus

a) durch ungehinderte Bewegung und entgrenzte Übertragung von Kapital, Waren, Ressourcen, Wissen und Arbeitskräften,
b) durch Überwinden sozialer, kultureller, ethnischer, konfessioneller und nationaler Grenzen sowie
c) durch Initiieren, Beeinflussen und wechselseitiges Steuern völlig entfernt voneinander ablaufender sozialer, ökonomischer, kultureller, politischer und ökologischer Prozesse.

Globalisierung ist danach ein allumfassendes Phänomen, das vor allem wirtschaftlich begründet ist. Sie wird mehrheitlich – wie einst Freihandel oder Imperialismus – als Ausdruck für die heutige Form des kapitalistischen Systems (globaler Kapitalismus) angesehen, an dem nicht mehr wie bisher nur Europa, sondern auch Asien, Amerika und Afrika aktiv beteiligt sind. Sie ist weltweit wirksam und bestimmt durch exzessiven Wettbewerb das Wirtschaftsgeschehen und damit auch Gesellschaft, Politik und Umwelt weltweit. Globalisierung mit der Europäisierung der Erde gleichzusetzen und somit mit der Neuzeit beginnen zu lassen, ist danach nicht sinnvoll. Dies gilt umso mehr, als in den wirtschaftlichen Bewegungen der vergangenen fünf Jahrhunderte schon mehrere Phasen abliefen, die sich jeweils durch strukturell spezifische, wirtschaftliche Kriterien unterschieden (vgl. S. 23 M 2). Globalisierung schließt zwar zeitlich daran an, stellt aber eben doch eine weitere, neue Phase dar. In diesem Sinne wird „Globalisierung" hier verstanden und verwendet.

Fassbare Kennzeichen der Globalisierung in diesem ökonomischen Verständnis sind die Entgrenzung der Finanzströme, der Märkte und Marktsysteme sowie des Wettbewerbs und der Regulierungsmechanismen. Globalisierung schlägt sich nieder in weltweiter Verbreitung von Informations-, Technologie- und Produktionssystemen, im politischen Zusammenspiel der Nationen in Organisationen und Verbänden sowie bei Konferenzen, Militäreinsätzen und Terrorbekämpfung. In ihrer materiellen Dominanz und Durchdringung führt sie zu weltweiter Angleichung von Konsumverhalten, Lebensstilen, Wohnweisen und kulturellem Leben. Sie wird begleitet von der Schrumpfung des Raumes und der Distanzen. Nicht zuletzt dadurch werden Umweltprobleme – im Norden verursacht und im Süden von verheerender Auswirkung – ins Weltbewusstsein gerückt.

Technische und infrastrukturelle Voraussetzungen für die Globalisierung schufen die Satellitentechnologie, die IT-Forschung und Elektronikindustrie mit leistungsfähigen Computern und Programmen, Internet, E-Mail, Mobil- und Satellitentelefon. Nicht weniger bedeutsam waren die Perfektionierung von Container- und Luftfracht, die Entstofflichung des Handels und der Produktion, die Expansion des Dienstleistungssektors sowie das leicht zugängliche Angebot von (billigen) Arbeitskräften.

M 1: *Containerhafen von Tianjin, Nordchina*

Container
Großraumbehälter zur Lagerung und zum Transport von Gütern, der eine Revolution des Transportwesens einleitete. Erste Container 1957, heute täglich ca. 15 Mio. im Einsatz.

1.6.2 Ursachen und ökonomische Folgen

Der Komplexität des Phänomens Globalisierung entsprechend sind die Hintergründe ihrer Herausbildung vielfältig und nur ansatzweise zu fassen. Konkreter jedoch sind die sie kennzeichnenden neuen Wirtschaftsstrukturen.

Die ökonomischen Ursachen der Globalisierung haben ganz unterschiedliche Wurzeln. Ohne Vollständigkeit anstreben zu können, sei zum einen das Ende des klassischen Systems stabiler Wechselkurse und damit die Einführung flexiblerer Wechselkurse und zum anderen die Wirtschaftstheorie der New Economy genannt. Ersteres hat seinen Ursprung auf der Konferenz von Bretton Woods 1944, auf der WB, IMF und GATT gegründet wurden (vgl. 6). Danach fungierte der IMF als Hüter nationaler Währungen und des US-Dollars als internationaler Leitwährung. Diese Funktion lief Anfang der 1970er-Jahre aus und die Voraussetzungen für entgrenzten Kapitalverkehr waren geschaffen. In diesem Sinne wirkten sich auch die von WB und IMF eingesetzten Strukturanpassungsmaßnahmen aus; denn überall dort, wo sie Anwendung fanden, setzten sie die Öffnung der Märkte sowie den Abbau von Bürokratismus, Schutzzöllen und Vorzugsabkommen durch.

Zudem sei auf die gedankliche Vorbereitung durch liberale Ökonomen wie Friedrich August von Hayek (1899 – 1992), Berater der britischen Premierministerin Maggie Thatcher, und Milton Friedman (1912 – 2006), Berater von US-Präsident Reagan, verwiesen. Angesichts der Wirtschaftskrise in den USA und Großbritannien (Erdölschock, Inflexibilität des Fordismus) lehnten sie in den 1970er-Jahren das Modell der Vollbeschäftigung durch staatliche Investitionen, für den vor allem der englische Wirtschaftswissenschaftler Lord John Maynard Keynes (1883 – 1946) steht, als überholt ab. Stattdessen forderten sie Rücknahme jeglicher staatlicher Intervention, so dass dem Staat einzig die Rolle eines „Ordnungshüters" zukommt. Damit propagierten sie mit anderen neoliberalen Ökonomen den freien Wettbewerb weltweit im Sinne der so genannten New Economy. Mit dem Washington Consensus schufen sie 1990 Grundregeln des internationalen Kapitalverkehrs, die von den Entwicklungsländern eine Reihe von Maßnahmen verlangen.

Deregulierung:	Rücknahme staatlicher Vorhaben und interventionistischer Regelungen, Rücknahme von Eingriffen in das Finanz- und Wirtschaftsgeschehen, in Sozialstandards, Lohnautonomie und sogar in die Stadtplanung.
Liberalisierung:	Öffnung des Kapitalverkehrs und der Märkte weltweit bei Gültigkeit unbegrenzten Wettbewerbs im Sinne des Grundgesetzes der „reinen Marktwirtschaft": Angebot und Nachfrage regeln den Preis.
Privatisierung:	Primat der privaten Verfügbarkeit über Produktionsmittel, Kapital, Standorte und Infrastruktur.

M 1: *Maßnahmen des Washington Consensus*

Die ersten Zeichen eines Wandels kündeten sich in Ostasien an, wo sich der Übergang von der fordistischen Massenproduktion (Fließbandarbeit) zur Flexibilisierung von Produktion und Angebot (Toyotaismus) vollzog. Im Westen leiteten die britische Premierministerin Maggie Thatcher (Thatcherismus) und der US-amerikanische Präsident Ronald Reagan (Reaganismus)

M 2: *Autoproduktion von Volkswagen in Peking*

mit Privatisierungen, Niedrigsteuern, Einschränkung staatlicher Sozialleistungen und Beschränkung der Macht der Gewerkschaften diesen Wandel ein. Er wurde durch das Ende des Ost-West-Gegensatzes beschleunigt. Für den Westen fiel damit die früher bestehende Notwendigkeit weg, sich sozial betätigen oder beweisen zu müssen. Damit begann die Erosion der sozialen Marktwirtschaft als breitenwirksame Wohlstandssicherung. Gleichzeitig ging die Bedeutung des nationalen Territoriums als strategischer Wirtschafts- und sozialer Verantwortungsraum zurück. Tiefgreifende wirtschaftliche Veränderungen setzten ein. Insbesondere nahmen die Vermarktung und die Produktionsorganisation neue Strukturen an:

1) So wurden **Globale Märkte** geschaffen, die die regionalen und lokalen Märkte weltweit mit Waren gleichen Standards und Designs (Stichwort: Weltauto, Weltgetränk, Weltfastfood; Weltsportschuh usw.) mit dem Ziel transnationaler Ausbreitung standardisierter sozialer, kultureller, ökologischer und politischer Normen zur Absatz- und Marktförderung zusammengefasst haben.

2) Mit der Einrichtung von Produktionsstätten in bislang unerschlossenen Ländern mit massenhaft billigen Arbeitskräften, machtlosen Gewerkschaften und geringen staatlichen Auflagen wurden **Globale Produktionsnetze** aufgebaut. Dazu gehört auch die Strategie der raschen Verlagerung der Produktion zwischen verschiedenen Standorten (Flexifactory), wodurch man eine optimale Kapazitätsausnutzung und die Einhaltung von Lieferterminen erreicht, aber auch Arbeitskonflikte oder Umweltauflagen zu umgehen versucht.

Bei der Organisation dieser Produktionsnetze lassen sich drei Unternehmensmodelle differenzieren, die sich räumlich-strukturell und hinsichtlich ihrer Entstehungszeit unterscheiden:

Literaturhinweis:
Gad, G.: Unternehmensethik, Transnationale Unternehmen, Entwicklungsländer, 2004

Modell A: Dominant-Head-Office Unternehmen = Internationale Konzerne. In der Zeit vor Einsetzen der Globalisierung herrschten internationale Unternehmensverflechtungen in der Art vor, dass das national verortete Mutterunternehmen eigene und stets weisungsgebundene, abhängige Produktionsstätten in anderen Staaten unterhielt. Als Beispiele seien Volkswagen, BMW und Siemens genannt, die inzwischen ihre Strukturen aber auch im Sinne des Modells B verändert haben.

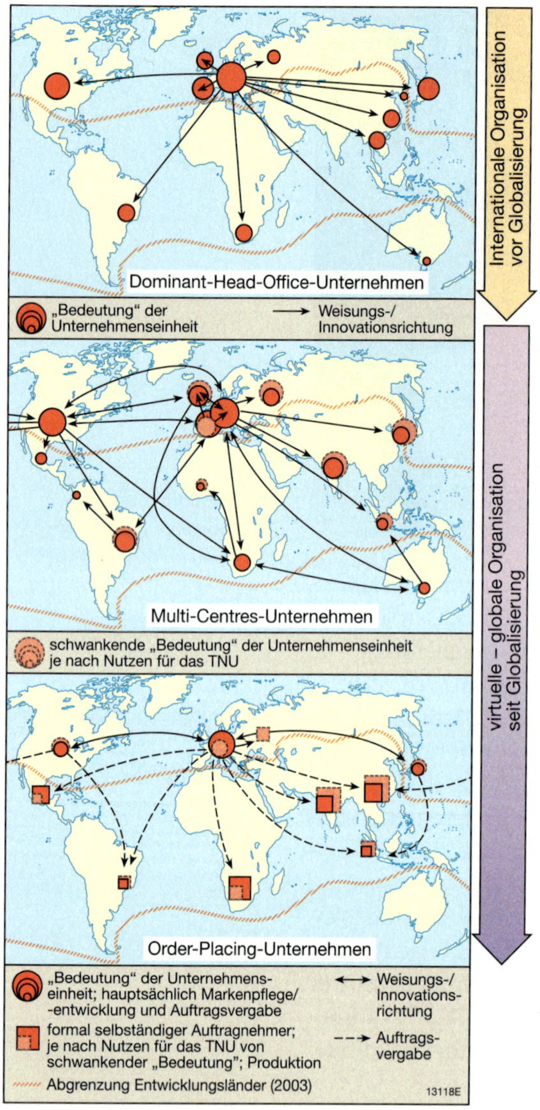

M 1: *Globale Produktionsnetze inter- und transnational agierender Unternehmen (Modell bezogen auf Deutschland)*

Modell B: Multi-Centres = Transnationale Konzerne. Mit Einsetzen der Liberalisierung von Waren- und Finanzmärkten sowie der Öffnung von immer mehr Ländern verlagern die Unternehmen ihre Produktion oder Teile davon immer stärker ins Ausland. Die dort befindlichen eigenen oder mit lokalen Partnern aufgebauten Produktionsstätten (Joint Venture) dienen als Zulieferer oder wirken sogar als eigenständige Entwickler und Endfertiger (Subcontractors) mit dem Ziel, die lokalen und regionalen Märkte zu öffnen und zu beliefern. Es entsteht ein netzwerkartiges Unternehmensmodell, bei dem es mehrere Zentren geben kann, das Stammhaus nicht mehr länger die operative Verantwortung tragen muss und die ausländischen Betriebe direkt und nicht mehr über die Mutter miteinander agieren können. Dabei lassen sich Kosteneinsparungen über kurzfristige Um- und Verlagerungen der Produktion leichter vornehmen. Selbst Lohnforderungen der Arbeitskräfte und Gewerkschaften können dadurch einfacher umgangen werden. Über die Nachhaltigkeit, das heißt die Existenzdauer, der auf diese Weise global eingebundenen Betriebe entscheidet einzig der unternehmerische Erfolg. Für dieses Modell stehen die Handelsketten Carrefour und Wal Mart als Beispiele.

Modell C: Virtuelle Unternehmen. In dem Maße, wie Unternehmen ihre Aktivitäten ausschließlich auf Markenpflege (Brandmark, Logo), Design- und Produktentwicklung, Werbung und Vermarktung sowie Auftragsvergabe konzentrieren und die Produktion überwiegend oder völlig an selbstständige lokale Unternehmen oder Produktionsstätten in Billiglohnländer vergeben, bilden sich regelrechte virtuelle Unternehmen heraus (Order-Placing-TNK). Diese Unternehmen verlagern nicht einzig die Produktion nach außen, sondern auch das Risiko sowie alle sozialen Folgekosten und die Verantwortung für die Arbeitsbedingungen (Kinderarbeit!). Über die Frage, welche Betriebe des Südens überhaupt dabei berücksichtigt werden, entscheiden globale Konkurrenz und kostenminimierende Kriterien. Ein solches Unternehmensmodell weisen zum Beispiel Sportartikelhersteller wie Adidas oder Nike auf.

3) Globale Produktionskonzepte zeichnen sich durch die Flexibilität der Produktion aus, die durch die Beschränkung der Unternehmen auf ihre Kernkompetenzen erreicht wird: Forschung und Entwicklung sowie Werbung und Vermarktung bleiben erhalten, während die Fertigungstiefe mittels Auslagerung (Zulieferung von fertigen Modulen und Komponenten sowie einzelnen Teilen), Standardisierung und Verschlankung der Produktion reduziert, das heißt pyramidal organisiert wird. Dabei kommen neue Organisationsformen wie „Just in Time/Just in Case“, „Total

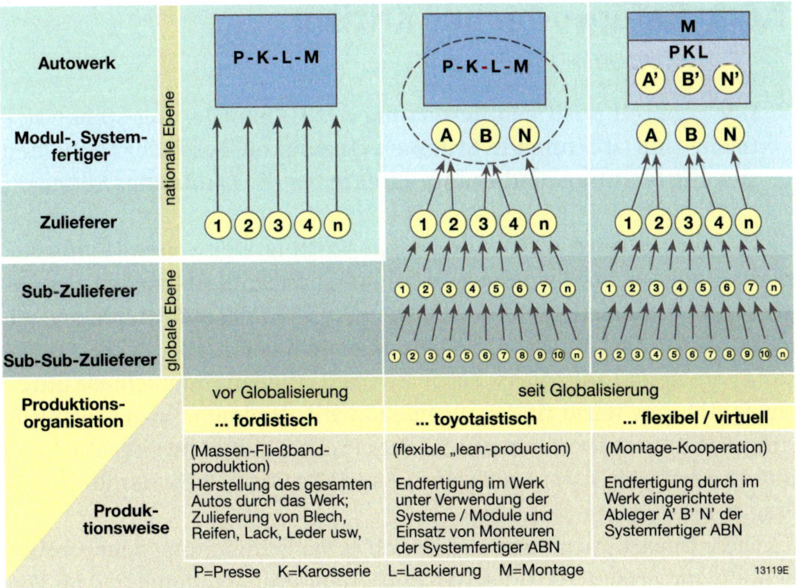

M 2: *Produktionskonzepte in der Automobilindustrie: fordistisch, toyotaistisch, flexibel-virtuell (Modell)*

Quality-Management-Control", „Global Sourcing" und „Lean-/Slim-Production" (jap. „Kaizen") zum Einsatz. Mit Zeit-, Leih-, Niedriglohn-, Nacht- und Heimarbeitern sowie Praktikanten werden die Lohn- und sozialen Folgekosten ebenso verringert wie mit der Auftragsvergabe an Zulieferer, die jetzt den Fertigungs- und Kostendruck zu tragen haben. Diese versuchen deshalb ihrerseits, den Druck an Sub- bzw. Sub-Sub-Zulieferer weiterzugeben (Pyramidales System der Zulieferer).

4) All diese neuen organisatorischen Formen und Konzepte von Produktion und Vermarktung dienen dem Zweck der Gewinnsicherung und der Optimierung der Erlöse aus dem Investiv- und Produktivkapital. Dieses Kapital ist mehrheitlich anonym. Es stammt unter anderem auch von unzähligen Prämienzahlern, Kleinaktionären und Fondanteilhaltern, die ihre Ersparnisse und Vermögen, verbunden mit Erwartungen in sichere und hohe Gewinne, an Renten-, Versicherungs- und Kapitalfonds übertragen haben. Diese sind daher gezwungen, das ihnen anvertraute Kapital ohne Rücksichtsnahme auf die Effekte für Arbeitnehmer und Standorte einzig nach Renditegesichtspunkten einzusetzen (Kasinokapitalismus). Die Folge sind Firmenzusammenlegungen, Betriebsschließungen und zunehmende Arbeitslosigkeit im Norden sowie Erschließung von Zulieferbetrieben und Massengüterproduzenten im Süden.

Die Länder des Südens fungieren in diesem Prozess somit nicht mehr wie bisher einzig als Lieferanten von mineralischen und agrarischen Rohstoffen. Vielmehr wuchs ihnen jetzt durch die Auslagerungsindustrie des Nordens – dank des massenhaften Angebotes an billigen Arbeitskräften – noch die Rolle der „verlängerten Werkbank" zu:

a) als Produzenten von Massenwaren zum Beispiel in den Bereichen Bekleidung und Textilien, Spiel-, Schuh- und Lederwaren, Elektronik,
b) als Zulieferer für die Automobilindustrie,
c) als Anbieter von Freizeiteinrichtungen, Immobilien oder Organen und
d) als Anlagemarkt für Kapital und Absatzmarkt für hochwertige Industrieerzeugnisse der Triade.

Damit ist die **„Neue Weltarbeitsteilung"** entstanden.

Global Sourcing
Beschaffung des günstigsten Produkts auf dem Weltmarkt

Lean-Produktion
Schlanke Produktion, Weglassen aller überflüssigen Arbeitsgänge

Europa	
1910–1910	Craft Production (Einzelstückherstellung)
USA	
1910–1980	Mass Production (Massen-, Fließbandproduktion) Fordism
Japan	
2000–2000	Lean Production/ Supply (pyramidale Zulieferung, System-/Modulfertigung) Toyotaism
Global	
2000 ⟶	Modular Assembly/ Supply (Montage-Kooperation der System-/Modulfertiger) flexibel-virtuelle Produktion

M 3: *Historische Entwicklung der Produktionsweisen in der Automobilindustrie*

1.6.3 Befürworter und Kritiker

Der generell positiven Bewertung der Globalisierung stehen kritische und ablehnende Stimmen gegenüber. Besonders scheiden sich die Meinungen über ihre Effekte für die Länder des Südens.

Globalisierung wird nicht nur als ein Vorgang weltweiter Homogenisierung angesehen. Keineswegs wird die These vom Abbau sozialer Gegensätze, Angleichung von Lebensstilen und Wohlstand für alle und damit auch für die Länder des Südens allgemein geteilt. Selbst die Auffassung vom Abbau aller wirtschaftlichen und sozialen Unterschiede durch einen globalen Markt findet allgemein Kritik. Vielmehr wird Globalisierung als ein zutiefst widersprüchlicher Prozess mit weltweiter Wirkung interpretiert, der sich in sozialer wie sozial- und wirtschaftsräumlicher Fragmentierung niederschlägt.

Diese Umstrukturierung äußert sich in der Schwächung oder gar Aufhebung tradierter sozialer Bezugs- und Orientierungssysteme und im Verlust von Konsens und Solidarität zugunsten unbegrenzten Wettbewerbs. Damit wurde das Aufleben von Nationalismen, (religiösen) Fundamentalismen und Terrorismen ausgelöst sowie Retribalisierung gefördert. Fragmentierung und die damit verbundene Verschärfung sozialer Ungleichheit auf nationaler Ebene wie zwischen Norden und Süden war die Folge. Zwei Positionen seien hier unterschieden:

1) Befürworter sehen in der Globalisierung eine Chance zu weltweiter Wohlstandsmehrung, zur Bewältigung globaler Umweltprobleme und zu Verringerung oder Beseitigung des Armutsgefälles zwischen Norden und Süden sowie innerhalb des Südens. Zu den Befürwortern gehören unter anderem die Vertreter internationaler Organisationen wie WB, IMF, WTO und Global Players der Wirtschaft (transnationale Konzerne, Rentenfonds, Banken).

M 1: *Weltwirtschaftsforum Davos, 2005: der ehemalige US-Präsident Bill Clinton, Microsoft-Aufsichtsratsvorsitzender Bill Gates, der südafrikanische Präsident Thabo Mbeki, der britische Premier Tony Blair, der irische Musiker Bono und der nigerianische Präsident Olusegun Obasanjo*

Nach Auffassung des ehemaligen GATT-Direktors Peter Sutherland gibt es bei der Globalisierung, das heißt bei der Liberalisierung des internationalen Handels, „*keine Verlierer, sondern nur Gewinner. Mehr Handel bedeutet auch immer mehr Einkommen für alle.*" Mike Moore, WTO-Generalsekretär von 1999 bis 2002, sieht „*die dringende Notwendigkeit zu einer weiteren Öffnung der Märkte, um ein anhaltendes Wachstum und damit auch einen höheren Lebensstandard weltweit ... und insbesondere auch für den Süden ... zu erreichen.*" Die deutschen Wirtschaftswissenschaftler Klaus Gottwald und Hans-Rimbert Hemmer halten fest: „*Ein hoher Offenheitsgrad einer Volkswirtschaft in Form von weitgehend liberalisierten Kapitalmärkten und freiem Warenverkehr ist von entscheidender Bedeutung für die Erzielung hoher Wachstumsraten ... als Basis für weltweiten Wohlstand.*" Schließlich heißt es in einer Publikation des Deutschen Instituts für Entwicklungspolitik, dass die bisherigen binnenorientierten Entwicklungsmodelle der Länder des Südens mit ihrer *„passiven Marktintegration auf der Grundlage von Rohstoff- und Agrarexporten*" keine Perspektive besitzen. *„Daher gibt es zu einer Strategie der wettbewerbsorientierten Industrialisierung und der aktiven Marktintegration derzeit keine plausible Alternative ... für Entwicklungsländer.*"

Globalisierung ließe sich nach diesen Aussagen als die Chance zur Überwindung der Geißel Armut in den Entwicklungsländern begreifen. Bildhaft steht sie für einen Übergang von einer Ära des Reichtums des Nordens in eine Ära des Reichtums der Welt. Die Argumente für diese Position beruhen auf den Möglichkeiten, die sich für die Länder des Südens in ihrer Teilhabe an der Weltwarenproduktion und am Welthandel bieten. Die Voraussetzungen dafür wurden durch die neuen Markt- und Produktionskonzepte sowie die sich herausbildenden Produktionsnetze geschaffen. Auf der Suche nach Zulieferbetrieben und kostengünstigen Produktionsbedingungen boten sich die riesigen Reserven billiger Arbeitskräfte in den volkreichen Entwicklungsländern geradezu an. Dort fanden sich bald auch Kooperationspartner und Anlagemöglichkeiten für Direktinvestitionen. Die Regierungen des Südens erkannten die Chancen, die die Globalisierung bot: Daher garantieren sie Sicherheit für (Direkt-)Investitionen und Gewinne, eröffnen Steuer-, Lohnkosten- und Umweltvorteile und richten (gewerkschaftsfreie) Export-, Freihandels- oder Sonderwirtschaftszonen ein. Es werden leistungsfähige Kommunikations- und Transporteinrichtungen aufgebaut und die IT Ausbildung, das Hightech-Dienstleistungsangebot und vereinzelt sogar schon die Anlage und Finanzierung von Forschungs- und Entwicklungszentren gefördert. Und nicht zuletzt haben die Regierungen des Südens die Chance erkannt, dass sich das globale Umweltbewusstsein für sie rechnet.

Dank dieser vielfältigen Chancen fanden selbst ungebildete Arbeitskräfte Beschäftigung und es entstanden unzählige Zuliefer- und Produktions-Kooperationen. Es wurden lokales Kapital mobilisiert, das Bildungsniveau angehoben, Infrastruktur ausgebaut und Devisen erwirtschaftet. Selbst Maßnahmen zur Rettung der Umwelt (z.B. Regenwald; Artenreichtum) wurden ergriffen. In vielen Ländern des Südens gibt es heute Werkhallen in Exportproduktions- oder Sonderwirtschaftszonen, in denen für den Weltmarkt produziert, E-Dienstleistungen angeboten und den Beteiligten Arbeit und Lohn gegeben wird. Als erfolgreiche Beispiele seien Mexiko, Brasilien, Bangladesch, Indien, China, Vietnam sowie Mosambik und Südafrika genannt.

M 2: *Pudong, Stadtteil von Shanghai und seit 1990 Sonderwirtschaftszone*

Exportproduktionszone (EPZ)
Dabei handel es sich um eine gängige Strategie von Entwicklungsländern zur Anlockung ausländischer Unternehmen und Investoren. Sie bietet: fiskalische Vergünstigungen (keine Körperschafts- und Einkommenssteuern), kostenlose Infrastruktur und Werkshallen, niedrige Löhne, betriebseigene Lohnautonomie, keine Gewerkschaften und arbeitsrechtliche Bestimmungen.

M 1: *Großdemonstration in Rostock gegen den G8-Gipfel in Heiligendamm im Juni 2007*

2) Kritiker sehen in der Globalisierung einen Prozess weltweiter Zunahme der Massenverarmung und globaler Verschärfung des Wohlstandsgefälles. Diese Position wird zum Beispiel von zahlreichen NGO, zivilgesellschaftlichen Gruppen (z.B. ATTAC, Kirchen, Weltsozialforum) und Einzelpersonen aus Politik und Wissenschaft eingenommen.

Franz Nuscheler, *deutscher Politologe, 2000*

„Wir haben ... keine sozialen und ökologischen Leitplanken, die der Ausbeutung von Mensch und Natur und dem ‚Raubtier-Kapitalismus' Grenzen setzen könnten, keine internationale Wettbewerbsordnung, die die Belohnung eines solchen Verhaltens im internationalen Konkurrenzkampf verhindern könnte, und keine internationale Währungsordnung, die den spekulativen ‚Casino-Kapitalismus' bändigen könnte."

Breyten Breytenbach, *südafrikanischer Schriftsteller, 1998*

„Freie Marktwirtschaft allein schafft in Schwarzafrika allenfalls Inseln des Wohlstands, die man einzäunen und scharf bewachen müsste. Zwischen diesen ‚Monacos' gäbe es nur schwarze Löcher – Sierra Leone, Somalia –, in denen die Armen zugrunde gingen."

Oxfam, *Internationaler Verband nichtstaatlicher Entwicklungsorganisationen, 2002*

„Die Arbeiter leben in extremer Armut. Mütter sind oft gezwungen, ihre Kinder weit weg bei Verwandten unterzubringen, weil staatlich festgeschriebene Mindestlöhne zum Überleben nicht reichen. Überstunden sind deshalb der Normalfall."

Der Spiegel, *2003*

„Ausgerechnet für Stoffe und Kleidung, bei deren Produktion arme Länder die größten Wettbewerbsvorteile haben, kassieren EU und USA bis zu fünfmal so hohe Zölle wie für andere Industriegüter und verhängen rigide Importquoten. Beides zusammen bringt die Produzenten des Südens um rund 40 Milliarden Dollar Exporterlöse pro Jahr, kalkuliert die Weltbank."

VENRO, *Verband Entwicklungspolitik deutscher Nichtregierungsorganisationen, 2003*

„Selbst wenn Handel zu wirtschaftlichem Wachstum führt, muss dies nicht den Ärmsten zugute kommen. Gründe können sein, dass sie nicht in den Exportsektor direkt oder mittelbar eingebunden sind, dass sie keine Dienstleistungen oder Waren anbieten, die von den Gewinnern nachgefragt werden, dass ihnen die skills und gesundheitlichen Partizipationsvoraussetzungen fehlen bzw. allgemein, dass ihnen der Zugang zu funktionierenden Waren-, Kapital-, Dienstleistungs- und Arbeitsmärkten verwehrt ist."

„Wie kann Globalisierung gestaltet werden, dass sie den größtmöglichen Nutzen für die größtmögliche Zahl der Menschen – mit dem Ziel für alle Menschen – hat?" Skeptiker und Kritiker der Globalisierung wie der Ökonom, Nobelpreisträger und ehemaliger Chefvolkswirt der Weltbank Joseph Stiglitz verkennen keineswegs die (möglichen) positiven Effekte von Globalisierung, doch weisen sie darauf hin, dass Handlungsbedarf besteht. An den neuen Arbeitsmöglichkeiten partizipieren im Süden nur wenige Menschen (meist Frauen, zum Teil Kinder). Es werden niedrigste Löhne gezahlt, soziale und medizinische Sicherheit fehlen. In vielen Ländern herrschen unmenschliche Arbeitsbedingungen vor und das Ausmaß gesundheitlicher wie sozialer Folgen ist unübersehbar. Der bisherige Verelendungsprozess der Massen wird dadurch nicht beendet. Darauf weist etwa der Human Develoment Report der UN von 2 000 hin, der nach den bisherigen Erfahrungen von einer dramatischen Verschärfung des globalen Armutsgefälles ausgeht, denn allein von 1998 auf 1999 nahm die Zahl der Armen um 200 Mio. auf 1,5 Mrd. zu.

Unternehmen: Wal-Mart:	Stundenlohn: 0,13 bis 0,23 $	Arbeitszeit: 10 Std., 7 Tage
Unternehmen: Esprit	Stundenlohn: 0,13 $	Arbeitszeit: 15/17 Std., 7 Tage
Unternehmen: Cherokee Jeans	Stundenlohn: 0,24 $	Arbeitszeit: 60 bis 70 Std./Woche
Unternehmen: Nike	Stundenlohn: 0,16 $	Arbeitszeit: 12 Std-Schicht, 7 Tage

M 2: *Arbeitsbedingungen in Chinas Sweatshops*

Auch mehren die Billigarbeitskräfte, die meist nur für die Überlebenssicherung arbeiten, einzig die Gewinne der Transnationalen Unternehmen. Nachhaltige industrielle Tiefenstrukturen und bessere, international angemessene Arbeitsbedingungen werden in den Produzentenländern nicht oder nur halbherzig geschaffen und letztlich auch nicht angestrebt. Als Standort bevorzugen die Unternehmen aus dem Norden gewerkschaftsfreie Zonen; Rücksichtnahme auf Arbeitskräfte und lokale Unternehmer erfolgt höchst selten. Meist werden Produktionsanlagen nur so lange genutzt, wie sich damit an einem Standort Gewinne erzielen lassen. Zum Aufbau eigenständiger Industrien wird durch diese Art der Kooperation und Nutzung der Produktionschancen in den Ländern des Südens kaum ein nachhaltiger Beitrag geleistet. Auch der Beschäftigungseffekt ist bescheiden. Bislang sind nur in 70 der circa 140 Länder des Südens 2 000 Produktionszonen mit gerade einmal 35 bis 40 Mio. Billigarbeitskräften (ca. 0,5 bis 0,7% der Bevölkerung; incl. China) vorhanden.

M 3: *Teppichknüpfen für den Weltmarkt durch Kinderhände in Pakistan*

Auf der anderen Seite setzt jetzt die Öffnung der Länder des Südens ihre Wirtschaften schutzlos dem internationalen Markt aus. Sie werden von billigsten Massenwaren vor allem aus Ostasien, insbesondere aus China, sowie von Gebrauchtwaren aller Art und teueren Gütern aus Europa überflutet. Davon profitieren nur die Wenigen, deren Privilegien (z.B. Bildung, Einfluss, Beziehungen, Geld) ihnen Zugang zu diesen Waren ermöglicht. Sie tragen dazu bei, selbst die letzten Kaufkraftreserven abzuziehen und damit die Verarmung in ihren Ländern weiter zu fördern. Die Überschwemmung mit ausländischen Produkten wirkt sich zudem negativ auf die einheimische Industrie und das lokale Gewerbe und Handwerk aus. Sie werden geschwächt oder zur Aufgabe gezwungen, wodurch wiederum das an sich schon große Heer der Unterbeschäftigten und Arbeitslosen weiter wächst und sich die Bereitschaft oder gar der Zwang zur Migration erhöht. Auch unter den Umweltproblemen (z.B. Erwärmung, Wassermangel, Meeresspiegelanstieg), in erster Linie im Norden verursacht, leidet insbesondere der Süden. Hier konzentrieren sich die verheerenden Auswirkungen und fehlen den Regierungen die Mittel zur Folgen- und Notlinderung.

Schutzlos sind die Länder – nicht zuletzt Folge der Strukturanpassungsmaßnahmen – jetzt auch der Kapitalflucht und dem Auslandskapital ausgesetzt. Es wird im Baugewerbe, Immobiliensektor, Bergbau, Tourismus oder der Infrastruktur (z.B. Trinkwasserversorgung) überall dort investiert, wo hohe Gewinne zu erwarten sind. Daher konzentriert sich das Kapital nicht auf die bedürftigen LDC und damit nicht auf das tropische Afrika, die Klein- und Inselstaaten Mittelamerikas oder die armen Länder Asiens. Es fließt, soweit überhaupt in die Länder des Südens, einzig in die NIC (bzw. je nach gebräuchlicher Terminologie die Schwellen-, Anker- oder Schwerpunktpartnerländer). Dort konzentriert es sich des Weiteren nur auf die („Globalisierten") Orte, in denen die geeigneten Bedingungen vorhanden sind beziehungsweise angeboten werden. Die übrigen Landesteile gehen leer aus. So ist in Mosambik die Entwicklung einzig auf Maputo beschränkt, in China auf die Küstenzone, in Brasilien auf das Dreieck Rio de Janeiro-Sao Paulo-Belo Horizonte.

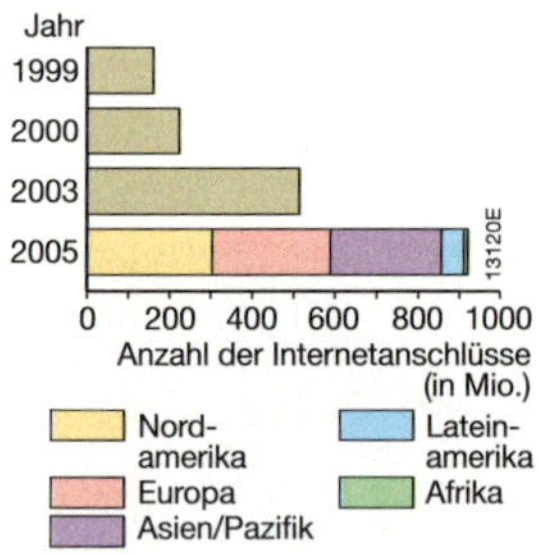

M 1: *Internetanschlüsse*

Wirklich aktive Teilhabe am Globalisierungsprozess im Sinne nachholender Entwicklung von Ländern als Ganzen setzt hingegen beispielsweise landesweit verbreitete und zugängliche IT-Infrastruktur und dafür wiederum gesicherte Elektrizitätsversorgung voraus. Dafür sind nicht nur im Moment in der Mehrzahl der Länder des Südens die Voraussetzungen nicht gegeben. Sie werden strukturell auch auf unabsehbare Zeit (u. a. aus Energiemangel) nicht vorhanden sein oder geschaffen werden können oder stets nur auf ganz wenige Orte beschränkt sein. Auch schließen sich viele Länder – vor allem Afrikas – von einer Teilhabe an der Globalisierung durch Mangel an Bildung und Erfahrung in industrieller Arbeit aus. Sie werden nicht zuletzt infolge hoher Malaria-, Tuberkulose- und AIDS-Raten oder ganz einfach dadurch ausgegrenzt, dass die Befriedigung der Grundbedürfnisse nicht gegeben ist, die Menschen schlicht arm sind.

Dieser Tatbestand wiegt umso schwerer, als in Zeiten der Globalisierung die bislang bestehende Solidarität der Weltgemeinschaft zur Beseitigung oder zumindest Reduzierung dieser entwicklungshemmenden Probleme im Schwinden begriffen ist. Denn Armut und selbst Krankheiten werden heute von vielen Verantwortlichen des Nordens nicht mehr als gesellschaftlich verursacht und damit als gesellschaftliche Herausforderung begriffen. Nach dem Credo von Privatisierung und Wettbewerb stellen sie vielmehr ein selbst verursachtes, persönliches Schicksal dar. Die Globalisierung hat auf diese Weise mit der „Individualisierung sozialer Ungleichheit" eine neue Dimension im Umgang mit den an sich schon Benachteiligten eingeleitet, die zweifellos die Mehrheit des Südens darstellen.

M 2: *Pavement Dweller: eine lebenslange Wirklichkeit*

1.6.4 Widerstreit der Positionen

Angesichts von Chancen und Gefahren durch die Globalisierung gilt es „wohl“ und „aber“ abzuwägen.

wohl: Globalisierung erhöht die wirtschaftliche Dynamik von der alle Teile der Erde und damit auch die Länder des Südens erfasst werden können. Jedermann steht die Chance offen, daran zu partizipieren.

aber: *Die wirtschaftliche Dynamik konzentriert sich auf ganz wenige Standorte. Dort währt sie nur so lange, wie ökonomische Erfolge verzeichnet werden. Nicht jeder kann an den Chancen teilhaben, da die notwendigen Voraussetzungen (z. B. Bildung, Sprache) nicht bei jedermann vorhanden sind.*

wohl: Den Ländern des Südens bieten sich Möglichkeiten als Produzenten von Massengütern und als Zulieferer für die Unternehmen des Nordens. Damit werden Einkommen generiert und Arbeitsplätze geschaffen.

aber: *Der Aufstieg des Süden zu bedeutenden Produzenten geschieht aus Gewinnzwängen der Transnationalen Konzerne und aus Interesse der Konsumenten des Nordens am Kauf billiger Massenwaren. Er resultiert aus dem unerschöpflichen Angebot an billigen Arbeitskräften sowie dem Fehlen von Umweltauflagen und Lohnkämpfen (keine Gewerkschaften). Es geht dabei keineswegs oder in erster Linie um die Schaffung von Arbeitsplätzen an sich oder um die Menschen und die Verbesserung ihrer Lebenssituation.*

wohl: Mit der Globalisierung öffnet sich der Süden selbst als Markt für Kapital und hochwertige Erzeugnisse des Nordens sowie als Standort für Fertigungsstätten ihrer anspruchsvollen Güter (z.B. Automobile).

aber: *Die Globalisierung ist für die Länder und ihre Bevölkerung weder räumlich noch sozial breitenwirksam. Sie kommt nur wenigen Örtlichkeiten und in der Regel einzig den Vertretern der Eliten zu Gute.*

wohl: Durch die weltweiten Umweltaktivitäten (z.B. Rio-Konferenz 1992) ist das Bewusstsein insbesondere für die Bedrohung des Südens geweckt worden. Finanzmittel wurden bereitgestellt und Maßnahmen eingeleitet.

aber: *Die global präsenten Umweltprobleme (Erwärmung, Wassermangel, Meeresspiegelanstieg) werden hauptsächlich im Norden verursacht. Darauf hat der Süden kaum Einfluss und an den Folgen tragen besonders die Masse der Armen schwer. Häufig setzen die Regierungen des Südens Umweltauflagen aus, um Investoren aus dem Norden anzulocken.*

wohl: Der Süden wurde als Lieferant von Ärzten und Wissenschaftlern, Hochleistungssportlern, Novizen und Geistlichen erschlossen.

aber: *Der „Brain Drain“ bedeutet Abwanderung all jener, die zum Landesaufbau benötigt werden.*

Angesichts der unbestreitbaren Chancen der Globalisierung, aber auch ihrer momentan nachweisbaren negativen Effekte ist es verständlich, dass heute weltweit und von unterschiedlichster Seite, so etwa von Kirchen, Zivilgesellschaften, NGO, Gewerkschaften, ILO und inzwischen sogar von WB und IMF, Forderungen nach humanen Arbeitsbedingungen in den Sweatshops des Südens, nach der Einhaltung von Sozialstandards und nach Fairem Handel erhoben werden. Diese Forderungen sind inzwischen allgemein akzeptiert. Zwei Zitate mögen zur Veranschaulichung genügen:

Chris Patten, *EU-Außenkommissar (2003–2004) und letzter britischer Gouverneur in Hongkong*

„Jeder profitiert von der Öffnung von Märkten, vorausgesetzt, das findet fair statt. Was Entwicklungsländer betrifft, darf man sagen, dass Globalisierung sie im Stich gelassen hat. Das liegt zum Teil an der Instabilität vieler armer Länder, zum anderen Teil aber an der zunehmenden Verschuldung und der Erkenntnis, dass ihre Märkte durch Europa und die USA verzerrt wurden. Schauen Sie sich an, wie Europa und Amerika ihre Baumwoll- und Zuckerindustrie geschützt haben."

Verpflichtung der Außenhandelsvereinigung des Deutschen Einzelhandels

„In the long term trading companies will only gain the confidence if their clients if they use their influence and if they contribute towards improving life conditions in the countries of production. Best by supporting suppliers in complying with social and environmental standards. Orders of production would then contribute both to social progress and to economical development. And clients could be sure that the products are in compliance with the criteria of quality and sustainability."

1. *Untersuchen Sie, ob es sich bei Globalisierung um ein neues Phänomen handelt.*
2. *Beschreiben Sie die Bedeutung globaler Märkte, Produktionsnetze und -konzepte (S. 30 / 31 M 1, M 2) für das Weltwirtschaftssystem.*
3. *Vergleichen Sie die Argumente der Globalisierungsbefürworter und -kritiker.*
4. *Kommentieren Sie die These, dass Globalisierung eine Bedrohung für die Länder des Südens ist.*

2 Unterentwicklung: Globale Signale

Seit über fünf Jahrzehnten wird über die Probleme der Länder des Südens berichtet. Doch haben wir wirklich eine Vorstellung davon, um was für Probleme es sich handelt und was sie für den Einzelnen bedeuten? Meint ein Deutscher und ein Bangladeschi wirklich das Gleiche, wenn sie sagen: „Ich habe Hunger"? Doch nur, wenn die Probleme und das damit für den Einzelnen verbundene Elend fassbar und nachvollziehbar werden, entsteht Betroffenheit und kann Unterentwicklung zur Herausforderung werden. Und es ist notwendig, sich dieser Herausforderung zu stellen, um den Problemen begegnen und das Elend mindern zu können. Einige ausgewählte Probleme von Unterentwicklung seien vorgestellt.

2.1 Bevölkerung und Migration

2.1.1 Bevölkerung: „Explosion" und Struktur

Als typische Kriterien von Unterentwicklung werden stets und meist an erster Stelle die große Bevölkerungszahl und ihre rasche Zunahme angeführt. Doch ist die Größe das einzige Problem?

Sicher stellt die Bevölkerungsgröße in Anbetracht der Knappheit an Nahrungsmitteln, Wasser, Arbeitsplätzen oder Behausungen eine nationale wie internationale Herausforderung dar. Aber auch ihrer globalen Verteilung kommt eine keineswegs geringere Bedeutung zu. So lebten 2000 im Norden 1.202 Mio. und im Süden 5.104 Mio. Menschen (Verhältnis 1:4,2). In 25 Jahren stehen – je nach Prognose – 1.260 Mio. schon 6.647 Mio. (1:5,3) und 2050 (nur noch!) 1.257 Mio. sogar über 7.940 Mio. (1:6,3) gegenüber. Doch auch Arm und Reich sind auf der Welt ungleich verteilt. Von den Reichen leben heute nur 10,8 Prozent im Süden, von den Armen annähernd 60 Prozent. Von einer Verschärfung dieser Ungleichheit ist trotz der Millenium Development Goals auszugehen. Nicht zuletzt aus diesen Relationen erwachsen Erkenntnis und Notwendigkeit, die Länder des Südens in die Lage zu versetzen, langfristig ihre Probleme selbst zu lösen.

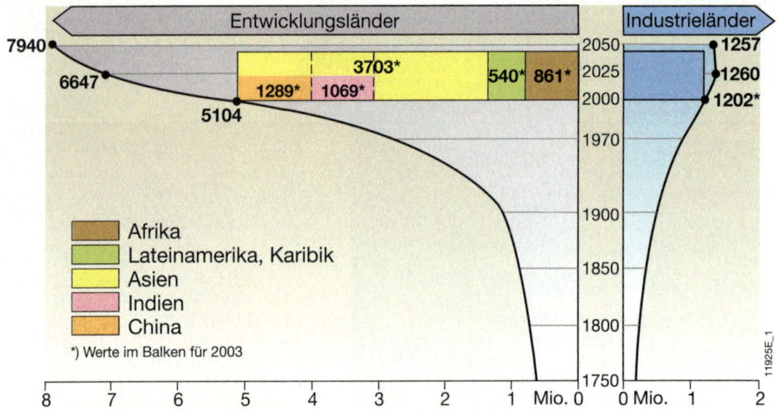

M 1: *Bevölkerungsexplosion und Bevölkerungsverteilung nach Regionen*

Geburten- / Sterberate
Geburtenzahl / Sterbefälle pro 1000 Einwohner

Doch die Schwierigkeiten auf diesem Weg erwachsen eben auch aus der demographischen Situation der Gesellschaften des Südens. Dieser Sachverhalt sei beispielhaft veranschaulicht:

1) Bevölkerungszunahme: Zu- und Abnahme einer Bevölkerung resultieren aus ihrem natürlichen Wachstum (= Differenz aus Geburten- und Sterbezahl) sowie der Zu- und Abwanderung. Die Geburten- und Sterberate hängen ihrerseits wiederum vom Entwicklungsstand eines Landes ab: Nach dem Modell des demographischen Übergangs, aus den Erfahrungen in Europa abgeleitet, nehmen beide Größen hohe Werte in Populationen ein, die sich im Stadium agrarischer und vorindustrieller Produktionsweise befinden (M2). Die Bevölkerungszunahme ist dabei gering oder stagniert. Im darauf folgenden frühindustriellen Stadium beginnt die Sterbezahl rasch zu sinken, während die Zahl der Geburten nahezu unver-

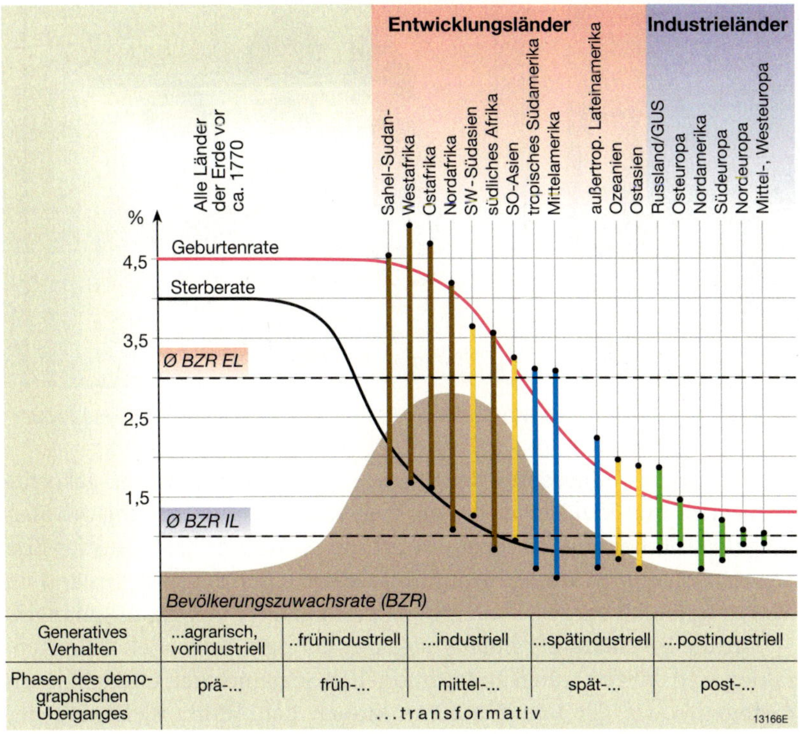

M 2: *Modell des demographischen Übergangs und Stellung der Länder des Südens (2000)*

ändert bleibt. Die Bevölkerung erreicht ihre höchsten Wachstumszahlen. Im anschließenden Stadium der industrialisierten Gesellschaften gehen jetzt selbst die Geburtenzahlen rasch zurück und der Bevölkerungszuwachs nimmt ab. Im spät- und postindustriellen Stadium endlich pendeln sich beide Größen auf tiefem Niveau ein. Der Bevölkerungszuwachs ist niedrig oder stagniert.

Die Länder des Südens befinden sich heute nach dem Modell des demographischen Übergangs in einem frühindustriellen bis industriellen Stadium. Die mittleren bis hohen Bevölkerungswachstumsraten sinken tendenziell nur langsam. Ein Rückgang der Sterbefälle war vereinzelt schon gegen Ende der Kolonialverwaltungen eingeleitet worden. Nach dem Zweiten Weltkrieg nahm die Sterberate rasch ab. Verantwortlich dafür waren der Einsatz von Medikamenten, Maßnahmen zur Seuchen- und Epidemien-Bekämp-

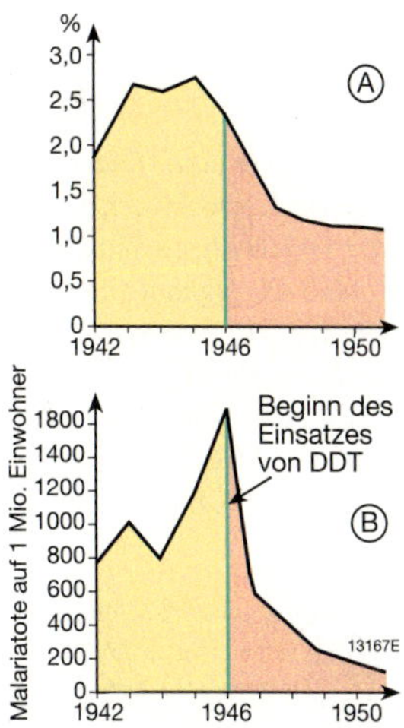

M 3: *Rückgang der Sterberate (A) und Rückgang der Malaria-Sterberate nach Einsatz des Insektizids DDT (B) in Ceylon (Sri Lanka)*

M 4: *Unhygienische Trinkwasserversorgung, Wasserstelle in Kachhi, Belutschistan*

M 1: *Kinderreichtum zur Existenzsicherung*

M 2: *Poster der UNFPA in Pakistan für die Zwei-Kind-Familie*

fung sowie die Verbesserung der Hygiene. Sauberes Trinkwasser, gekochte Mahlzeiten und Krankenversorgung trugen ebenso zur Senkung der Sterbezahl, der Erhöhung der Lebenserwartung und der Reduzierung der Kindersterblichkeit bei wie Nahrungsmittellieferungen aus dem Ausland im Katastrophenfall oder zur Beseitigung permanenter Versorgungsmängel.

Für die Fortdauer der hohen oder nur langsam sinkenden Geburtenzahlen sind das Festhalten an traditionellen Sozialnormen und religiösen Zwängen sowie der überkommene Brauch der Altersabsicherung der Eltern durch eine große Kinderzahl verantwortlich – in Ländern ohne soziale Netzwerke ein verständliches Verhalten. Erst mit Verbesserung der Bildung insbesondere der Frauen, der Einkommen (unter Einbezug der Frauen in den Arbeitsprozess) sowie durch Befolgung extern geförderter Geburtenkontrolle und der Zwei-Kinder-Propaganda nahm die Geburtenrate allmählich ab. Dazu trugen nicht zuletzt die Reduktion der Kindersterblichkeit und die Erhöhung der Lebenserwartung bei. Weil die Mehrzahl der Kinder jetzt am Leben blieb, wurde ihre große Zahl als Alterssicherung überflüssig. Außerdem setzte sich die Erkenntnis durch, dass reicher Segen an Kindern deren Zukunftschancen mindert, wenn die Mittel zu ihrer Ausbildung fehlen.

Es gibt immer noch Länder, in denen die Lebenserwartung unter 50 Jahre liegt: Südafrika 49; Mali 45; Afghanistan 42; Botswana 39; Sambia 37; Angola 36; Sierra Leone 34; Niger 32 Jahre. Zum Vergleich: Deutschland 78,2; Schweiz 80,2; Japan 81,4.

Allgemein verbreitet ist diese Einsicht heute jedoch keineswegs. Auch stehen in manchen Ländern oder Gesellschaften nicht selten religiöse Tabus

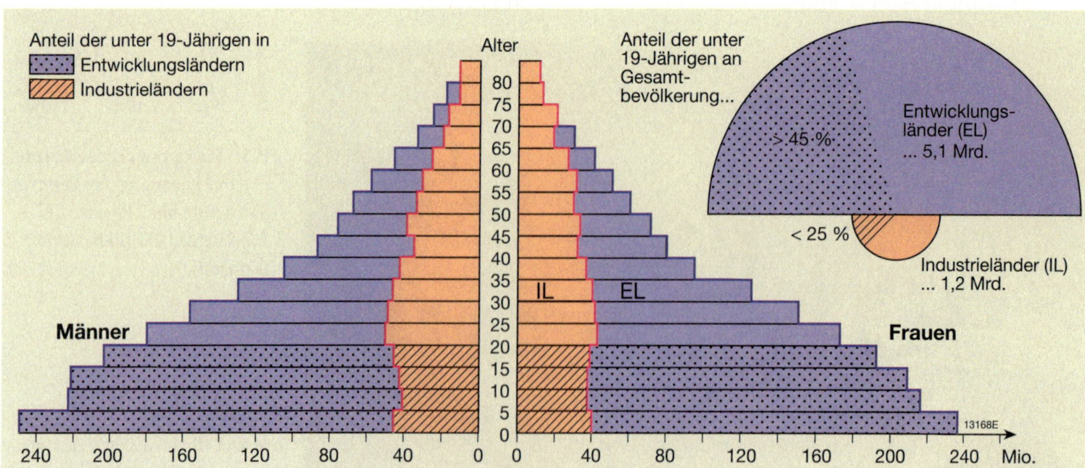

M 3: *Altersaufbau der Bevölkerung in Industrie- und Entwicklungsländern (2004)*

und politisches Kalkul einer geringeren Kinderzahl entgegen. So wird in islamischen Gemeinschaften eine große Zahl (vor allem männlicher) Kinder als Zeichen göttlicher Gnade angesehen. In manchen Regionen Indiens sind einzig Jungen erwünscht, weil für sie keine Morgengabe (Brautgeld, Dhowri) bezahlt werden muss. Politische Hintergründe für eine große Kinderzahl spielen in jenen Ländern eine Rolle, die bei geringer Einwohnerzahl ein relativ großes Territorium besitzen, zum Landesaufbau über nicht genügend eigene Arbeitskräfte verfügen oder mit der Bevölkerungsgröße international ihre Interessen (Hilfsgelder, Stimmrechte) durchzusetzen versuchen. Folglich wächst die Bevölkerung des Südens mit einer Zuwachsrate von mehr als zwei Prozent weiter (Industrieländer < 1%)

2) Altersaufbau: Eine Folge des Zuwachses der Bevölkerung ist der hohe Anteil Jugendlicher (unter 19 Jahre). Er beträgt in vielen Ländern über 45 Prozent. Damit gehen vor allem drei Probleme einher:

a) Für Unterhalt und Ausbildung der Heranwachsenden sind Aufwendungen notwendig, die in den Familien nicht oder nur unzureichend vorhanden sind. Meist ist nur eine kleine Minderheit in der Lage, diese Vorleistungen zu erbringen. Dadurch wird die soziale Kluft erweitert. Denn die Mehrheit der Heranwachsenden bleibt von den notwendigen Grundlagen für gesellschaftliche Partizipation wie Schul-, Universitäts- oder Berufsbildung ausgeschlossen; ein in Zeiten der Globalisierung verheerender Mangel.

b) Für die große Zahl Jugendlicher muss nicht nur für eine berufliche Ausbildung gesorgt werden, sondern es müssen anschließend auch Arbeitsplätze zur Verfügung stehen. Beides ist in den Ländern des Südens – trotz anderslautender Verheißungen der Globalisierungsbefürworter – nicht oder nur unzureichend gegeben. Perspektiven sehen die Jugendlichen in den Städten oder im Ausland. Landflucht, Städtewachstum und legale wie illegale Migration sind die Folgen.

c) Zwar gehen UNO-Schätzungen davon aus, dass bis 2050 die Geburten- und damit die Bevölkerungszuwachsrate weltweit zurückgegangen ist. Doch bis dahin wird der Anteil der Älteren an den dann circa acht Mrd. Menschen permanent weiter steigen. Die Konsequenzen dieser Entwicklung in den Ländern des Südens sind auch in Anbetracht der bei uns stattfindenden Diskussion zur Überalterung der deutschen Bevölkerung und dem Mangel an Lösungskonzepten zur Sicherung der bestehenden Sozialsysteme eigentlich unvorstellbar. Denn in der Mehrzahl der Entwicklungsländer wird es auch 2050 noch keine staatlichen sozialen Netzwerke geben und die tradierten werden verschwunden sein. Als Folge der Globalisierung wird es auch keine international wirksamen sozialen Netz- oder Hilfswerke mehr geben. Damit dürfte das Phänomen Massenarmut in den Ländern des Südens auch in Zukunft fortgeschrieben werden.

3) Heiratsalter: Das Heiratsalter einer Frau entscheidet maßgeblich über die Zahl der von ihr geborenen Kinder und damit über das Wachstum einer Bevölkerung. Der Zeitpunkt der Heirat hängt wiederum von religiösen Tabus und tradierten ethnischen Bräuchen sowie vor allem vom Bildungsgrad der Frauen ab. Dabei gilt allgemein: Je niedriger der Bildungsgrad, desto früher treten Frauen in die Ehe ein. Und umso jünger eine Frau mit dem Gebä-

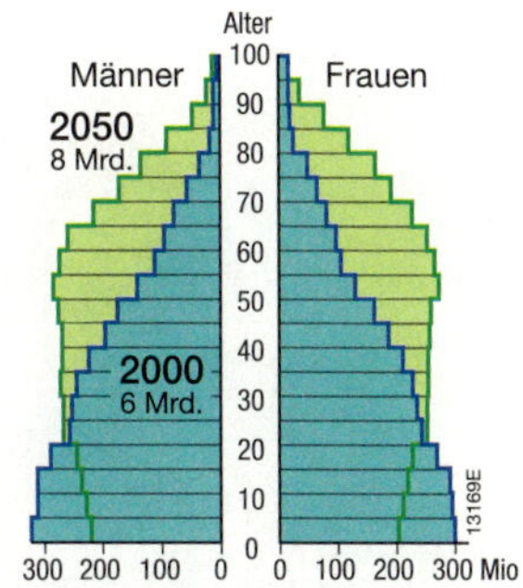

M 4: *Altersaufbau der Weltbevölkerung 2000 und 2050*

M 5: *15-jährige „Kindmutter" in Bangladesch*

ren beginnt, desto länger ist die Zeit ihrer Fruchtbarkeit und umso mehr Kinder können von einer Frau geboren werden. Daher sind in der Regel konservative Bevölkerungsgruppen oder traditionsgebundene Religionsgemeinschaften sogar gegen die elementare Schulbildung der Mädchen. Jegliche Weiterbildung lehnen sie grundsätzlich ab.

M 1: Quellentext über eine 14-fache Mutter in Belutschistan (Pakistan)
Scholz, F., Reisetagebuch 1970

Auf der dreiwöchigen nomadischen Wanderung vom Hochland Belutschistans ins Kachhi-Tiefland kam bei der Furt Bibi Nani ein Kind zur Welt. Die Mutter, Aisha, war zuvor den ganzen Tag in sengender Hitze zu Fuß unterwegs. Sie trug dabei ein Kleinstkind auf der Hüfte und wiederholt den Brotkorb auf dem Kopf. Die Niederkunft fand bei Einbruch der Dunkelheit statt und währte nicht lange. Schon wenig später zeigte Aisha das Neugeborene und auf Fragen antwortete sie, dass sie 34 Jahre alt sei, mit 13 Jahren verheiratet wurde und 14 Kinder geboren habe. Davon lebten noch sechs. „Ich bin die einzige Frau und fast ständig schwanger. Andere Männer haben mehrere Frauen. Da verteilt sich die Last. Meine Mutter hatte 16 Kinder, von denen noch neun leben. Die zweite Frau meines Vaters hatte nur 12 Kinder. Beide wurden nicht sehr alt. Die letzten Kinder bekamen sie kurz bevor sie starben". – Das Neugeborene überlebte das Winterhalbjahr in der heißen Kachhi-Ebene. Es starb auf der Rückwanderung im Frühjahr nahe der Stelle, wo es geboren worden war. Es wurde, von einem Haufen Steine bedeckt, zwar einfach zurückgelassen. Doch Aisha war sichtbar berührt. Sie verschloss sich für Tage.

M 2: *Mutter mit sieben Monate altem Kind des Nomadenstammes Bangulzai, Belutschistan, 1970*

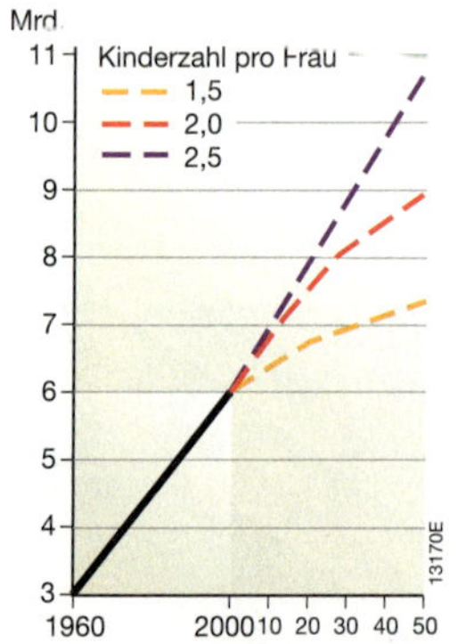

M 3: *Weltbevölkerungsentwicklung in Abhängigkeit von der Kinderzahl pro Frau (Prognose)*

1. *Der extreme Bevölkerungszuwachs in den Ländern des Südens wird als ein Entwicklungshemmnis bezeichnet. Prüfen Sie diese Aussage.*

Ein höheres Heiratsalter trägt zur Gesundheit der Frauen bei, erlaubt Zugang zu Bildung und führt zu längeren Ausbildungszeiten und damit höherer Qualifizierung. Auf diese Weise findet eine ganz natürliche Reduktion der Zuwachsrate statt. Erfahrungen dazu liegen nicht nur für Industrie-, sondern inzwischen für zahlreiche Entwicklungsländer vor. So bringen beispielsweise in Thailand Frauen ohne Schulbildung im Mittel 4,5 Kinder zur Welt. Bei denjenigen mit längerer Schulzeit sinkt die Zahl auf 3,3. In Bangladesch und Sri Lanka liegen die entsprechenden Werte jeweils bei 4,9 und 3,5 sowie in Mexiko bei 5,6 und 3,5. Mit gestiegener Bildung geht im Prinzip ein höheres Pro-Kopf-Einkommen einher. Auch damit ist erfahrungsgemäß selbst in Entwicklungsländern ein Rückgang der Fruchtbarkeit verbunden. Wenn international wiederkehrend Forderungen nach einer drastischen Senkung der Analphabetenrate von Frauen erhoben werden, dann stehen dahinter nicht nur berechtigte Gleichberechtigungsforderungen. Sie geschehen auch mit Blick auf die (Welt-) Bevölkerungsentwicklung.

Zur Kontrolle des Bevölkerungswachstums in den Ländern des Südens wurden in den vergangenen fünf Jahrzehnten unzählige Programme formuliert und umfangreiche Maßnahmen ergriffen. Tatsächlich wurde die Zuwachsrate reduziert (im Mittel von 3 % auf 2 %). Doch absolut hat die Bevölkerung weiter zugenommen. Damit wurde ein wichtiges Ziel weltweiter Entwicklungsbemühungen nicht erreicht, nämlich den Bevölkerungsdruck im ländlichen Raum und der daraus resultierenden Landflucht (Binnenwanderung) vorzubeugen. Daher wachsen die Städte explosionsartig und nimmt die internationale Migration ständig zu.

2.1.2 Landflucht und internationale Migration

Die Zahl der Flüchtlinge steigt seit Jahren weltweit an. Gerade für viele Menschen des Südens ist Migration zur Überlebensstrategie geworden. Fluchtartig verlassen sie ihren Wohnsitz und ziehen in die großen Städte oder weiter in die Länder des Nordens.

08.10.02: 7 women, 7 men, drowned, boat capsized near Barbate (E)
17.04.02: 20 men, 1 woman, 4 children: missing, ferry carrying immigrants turned over and sank north of Naxos(GR)
10.02.02: 9 men, drowned when overloaded boat capsized near Cadiz (E)
07.03.02: 47 men, women, children, presumed drowned, missing after vessel capsized in rough sea near Malta (I)

M 4: Quellentext über Todesfälle von Flüchtlingen auf dem Weg nach Europa
UNITED for Intercultural Action: List of 3490 documented refugee deaths through Fortress Europe

„Trotz der kalten Jahreszeit versuchen weiterhin Hunderte von Menschen, über das Mittelmeer nach Europa zu gelangen. Im Jahr 2006 gelang mehr Migranten die illegale Einreise auf dem Seeweg als je zuvor. Die EU will verstärkt Gegenmaßnahmen ergreifen und die Grenzschutzagentur Frontex stärken. Allein auf den Kanarischen Inseln landeten 2006 mehr als 31 000 so genannte „boat people", die von Nord- und Nordwest-Afrika aufgebrochen waren. Das sind mehr als sechs Mal so viele wie im Vorjahr. … Nach Schätzungen spanischer Behörden kommt etwa jeder Sechste bei dem Versuch, das Mittelmeer zu überqueren, ums Leben."

M 5: Quellentext über Boat People im Mittelmeer
www.migrations-info.de: EU: Illegale Migration per Boot hält an. Migration und Bevölkerung (2007)

FRONTEX
Die 2004 eingerichtete EU-Behörde (Budget von 35 Mio. Euro) koordiniert die Patrouillen zu Wasser und in der Luft, um Einreisewillige in ihren Booten vor den Küsten abzufangen.

M 6: *Afrikanische „Boat People" auf dem Weg zu den spanischen Kanaren*

Der UN-High Commissioner for Refugees (UNHCR) schützt und unterstützt über 20,8 Mio. Menschen, die *„vor Krieg, Verfolgung und massiven Menschenrechtsverletzungen geflohen sind oder sich in flüchtlingsähnlichen Situationen befinden"*. Von diesen Flüchtlingen befanden sich 41,8 Prozent in Asien, 24,9 Prozent in Afrika, 15,6 Prozent in (Latein-)Amerika und lediglich 17,7 Prozent in Europa, Nordamerika und Australien. Die Zahl der Flüchtlinge weltweit ist jedoch wesentlich höher als die „offiziell" vom UNHCR Erfassten. Nach Schätzungen der Deutschen Stiftung Weltbevölkerung (DSW) muss von etwa 80 Mio. Binnen- (ohne China) und über 190 Mio. internationalen Migranten ausgegangen werden. Dazu zählen existenzbedrohte Asylbewerber und in der Fremde ihre Chance suchende Arbeitsmigranten („Wirtschaftsflüchtlinge") ebenso wie Umwelt-, Katastrophen-, Kriegs- und Armutsflüchtlinge. Ganz einfach: es sind Menschen in extremer Not, die Migration als Überlebensstrategie nutzen.

Asylbewerber
Nach der Genfer Konvention von 1951 können all jene Menschen Asyl beanspruchen, die begründete Furcht haben, wegen einer Gruppenzugehörigkeit (Religion, Rasse, Nationalität, Stamm, soziale Gruppe und politischer Meinung) verfolgt zu werden.

Migration
Raum-, distanzabhängiger, nach ökonomischen und überlebens-, existenzsichernden Motiven ablaufender, aktiver Anpassungsvorgang an die wirtschaftlichen, sozialen, politischen und ökologischen Verhältnisse eines Landes, einer Region.

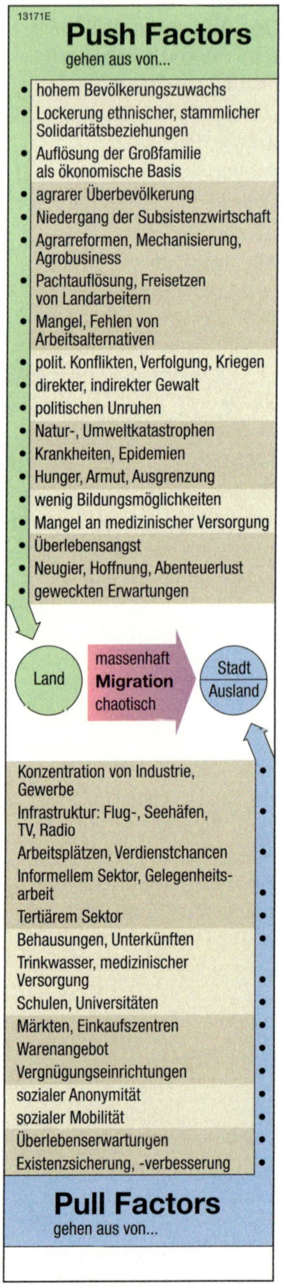

M 1: *Push- and Pull-Modell zur Beschreibung der Gründe für Binnen- und internationale Migration*

Die Ursachen für diese massenhafte lokale und überlokale Migration sind vielfältig; ihre Begleiterscheinungen unmenschlich. In übersichtlicher Form lassen sich die Migrationsursachen mit dem Push-and-Pull-Modell beschreiben:

1) Neben dem hohen Bevölkerungszuwachs hat Migration heute an erster Stelle ökonomische Gründe, die Ausdruck von Armut und Perspektivlosigkeit sind. Sie erwachsen aus den überall präsenten und weltweit wahrgenommenen materiellen Unterschieden auf lokaler wie globaler Ebene und damit aus der globalen Fragmentierung zwischen Gewinnern, Scheingewinnern und Verlierern.

2) Nicht weniger bedeutsam sind direkt existenzbedrohende Ereignisse. Dazu gehören Kriege, ethnische, religiöse oder politische Verfolgungen sowie direkte und indirekte Gewalt. All diese Anlässe spielen sich zwar auf lokaler und nationaler Ebene ab und werden auch dort verursacht. Doch unterliegen sie häufig externen Zwängen und Eingriffen des Nordens. Nicht selten lösen Waffenlieferungen oder direkte militärische Präsenz (Söldnereinsatz) ebenso wie die Verfolgung ökonomischer (Rohstoffe, Energie, Absatzmärkte) und politischer Interessen oder auch Maßnahmen zur Terrorprävention gewaltsame Vertreibung, militante Konflikte und sogar blutige Gemetzel in der unschuldigen Bevölkerung aus. Insbesondere Frauen und Kinder sind die Leidtragenden und bilden das Heer der Flüchtenden. Als Beispiele aus Vergangenheit und Gegenwart seien Irak, Afghanistan, Bangladesch und Pakistan, Kongo, Liberia, Somalia, Ruanda und Sudan sowie Kolumbien genannt.

3) Aber auch Natur- und Hungerkatastrophen sowie Epidemien und Eingriffe in die Agrar- oder Anbaustruktur sind wesentlich Ursachen für massenhafte Migration. Für wirkungsvolles Katastrophenmanagement bei Erd- und Seebeben, Überschwemmungen, Dürren und Missernten fehlen vor Ort meist Erfahrungen, Organisationen und Mittel. Landflucht wird auch durch Einsatz von Maschinen sowie dem Übergang zu weltmarktorientierten Anbaugewächsen (Baumwolle, Kaffee, Kakao, Ölpalmen, Cashewnüsse, Südfrüchte) und damit verbundener Anbauorganisation (Großfarmen, Hybrid-Saatgut, Kunstdünger) ausgelöst. Diese Zwänge gab es zwar schon in der Vergangenheit, doch durch die Globalisierung wirken sie direkter und haben eine neue Dimension und Qualität angenommen. Landarbeiter, Pächter und Kleinbauern werden arbeitslos und geraten auf der Suche nach alternativen Einkommensmöglichkeiten in den Sog der Städte. Doch auch dort bietet selbst die Industrie, in ihren prosperierenden Zweigen heute meist für TNK tätig, nur wenige und dann stets niedrig bezahlte Arbeitsplätze. Der expandierende informelle Sektor vermag bei all seiner Dynamik meist nur – wenn überhaupt – das nackte Dasein zu garantieren.

4) All die angesprochenen Ursachen wirken direkt (Push Factors). Sie werden durch mehr oder weniger berechtigte Erwartungen ergänzt, die von den Zielgebieten (Städte, Ausland) ausgehen, an sie geknüpft oder von dort geweckt werden (Pull Factors). Als Sitz der Regierung und meist einziger Standort von Industrie, Häfen, internationalen Organisationen, Universitäten, höheren Schulen, Krankenhäusern geht von den Hauptstädten eine magische Anziehung aus. Noch vager, nicht selten geradezu verklärt sind die Vorstellungen vom Ausland, wohin immer mehr junge Menschen des Südens unter Erduldung unsäglicher Strapazen und bei Lebensgefahr zu gelangen suchen.

Die Binnen- wie die internationalen Migranten, heute fast zur Hälfte Frauen, streben überall dorthin, wo sich ihnen vermeintlich oder faktisch bessere Lebensbedingen bieten. Auf nationaler Ebene wandern sie in die Städte (meist die Hauptstädte) oder wirtschaftlich prosperierenden Regionen (als Beispiel: die Küstenregion Chinas, „Blue China", mit den Sonderwirtschaftszonen). Die Bevölkerungszahlen dieser Ziele wachsen geradezu explosionsartig. Viele der Städte gelten inzwischen als Megacities mit all den negativen Begleiterscheinungen wie Slums, Hüttenquartiere, Notunterkünfte, Obdach- und Beschäftigungslosigkeit, Massenarmut bis hin zu Kinderbanden und Prostitution als Überlebensstrategien. Die weit überwiegende Mehrzahl der Migranten, die voller Hoffnung auf ein besseres Leben in Städte kommen, strandet dort in Elendsvierteln, im informellen Sektor, als Arbeits- und Obdachlose oder als ausgebeutete Billigarbeitskräfte in den Weltmarktfabriken. Eine Rückkehr in die Heimat verbietet ihr Stolz.

Literaturhinweis:
Zum Nachvollzug eines eindrucksvollen Migrantenschicksals sei die Lektüre des Romans „Hunger nach dem großen Leben" von Doris Lessing (2002) empfohlen.

Die internationalen Migranten zieht es in die Länder des Nordens, die Erdölstaaten der Golfregion sowie überall dorthin, wo sie bessere Überlebenschancen als im Herkunftsgebiet erhoffen. Doch der Zugang zu den „Festungen des Nordens" ist durch Einreise- und Aufenthaltsbestimmungen, Abschiebung, Grenzkontrollen, Luft- und Seepatrouillen, Zäune, Mauern, Minengürtel, Auffanglager und „Pufferstaaten" (Schengener Abkommen) erschwert. All diejenigen, denen es doch gelingt, diese Hindernisse zu überwinden, landen in Auffang- oder „Asylanten"-lagern und ihnen droht Abschiebung. Für sie bieten sich kaum Chancen, selbst die vagsten Hoffnungen oder aufgebauten Erwartungen auch nur annäherungsweise zu erfüllen. Ihre Lage wird dazu noch skrupellos von Schleusern und Menschenhändlern ausgenutzt. Weltweit ist nach vorsichtigen Schätzungen der Internationalen Arbeitsorganisation (ILO) von 2,5 Mio. international gehandelten Arbeitssklaven (80% davon Frauen) auszugehen. Sie werden zu Diensten in Haushalten, Sweatshops und Bordellen gezwungen.

Schengener Abkommen
Übereinkommen europäischer Staaten mit dem Ziel, die Kontrollen ihrer Binnengrenzen abzubauen und die der Außengrenzen zu verstärken, um illegale Einwanderung zu unterbinden.

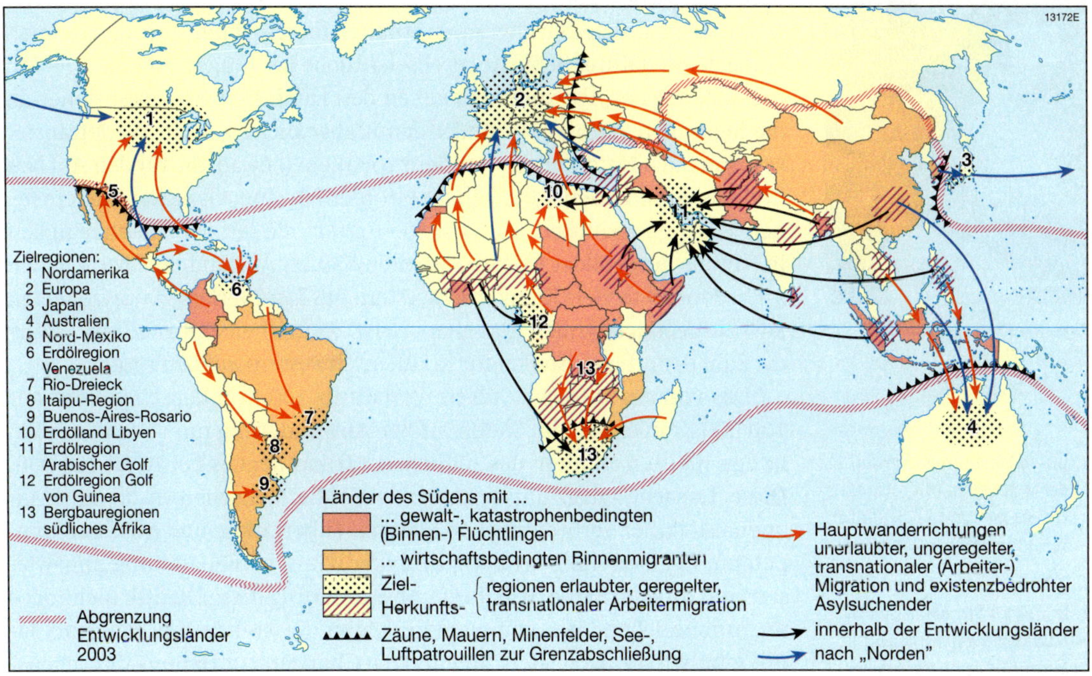

M 2: *Weltkarte der Flüchtlingsbewegungen*

Sweatshop
Fabrik oder Manufaktur in Entwicklungsländern, in denen Menschen zu Niedriglöhnen arbeiten.

Außer durch Flucht bietet sich für einige Menschen des Südens die Möglichkeit, über legale Regelungen als einfache Arbeiter oder als Höherqualifizierte ihre Heimatländer verlassen zu können: Arbeitsmigranten aus dem Süden werden seit Anfang der 1970er-Jahre insbesondere in den arabischen Erdölländern, in den Bergwerken Südafrikas und Australiens oder in den Sweatshops im Norden Mexikos benötigt. Hier führen sie bei geringsten Löhnen, dürftigsten Lebensbedingungen und meist ohne rechtliche Absicherung schwerste Arbeiten aus. Um nur ein Beispiel zu nennen: In den arabischen Golfstaaten, wo über 6,5 Mio. Fremdarbeiter tätig sind, haben sie die Hauptlast des eindrucksvollen Aufbaus dieser Länder getragen. Selbst die Wirtschaft (Handel, Banken, Information, Privathaushalte) sowie Verwaltung, Gesundheits- und Bildungswesen dieser Staaten sind auf qualifizierte Ausländer angewiesen.

Doch der „Brain Drain" und damit Abwanderung der gebildeten, qualifizierten jüngeren Bevölkerung wird auch von den Ländern des Nordens bewusst forciert. Das gilt insbesondere für IT-Spezialisten, Ärzte, Krankenschwestern und Hebammen sowie sogar für Novizinnen und Geistliche. So können einige Länder des Nordens schon seit Jahren den Bedarf an Gesundheitsarbeitern nicht mehr erfüllen: Großbritannien braucht nach Schätzungen der WHO bis zum Jahr 2008 insgesamt 25 000 Ärzte und 250 000 Krankenschwestern mehr als im Jahr 1997. In den USA überschreitet das benötigte Pflegepersonal bis 2020 die Millionengrenze.

Dieser Bedarf an qualifiziertem Personal im Norden wird in wachsendem Maße durch legale, kostengünstigere Zuwanderer aus dem Süden mit Hilfe von (un)beschränkten Aufenthalts- und Arbeitsbewilligungen („Green Card") zu decken versucht. So wurde in Frankreich 2006 ein neues Einwanderungsgesetz verabschiedet, in dem eine „ausgewählte Migration" auf der Grundlage einer Qualifikationsprüfung der Bewerber vorgesehen ist. Auf zwei, wohl alle Herkunftsländer betreffende Aspekte sei dabei hingewiesen:

1) Die qualifizierten Migranten erhalten ihre Ausbildung in den Heimatländern, wo dafür erhebliche gesellschaftliche Leistungen erbracht werden müssen. Mit der Abwanderung gehen den Ländern diese Investitionen in die Menschen verloren. Es findet damit aber nicht nur ein Wertetransfer von Süd nach Nord statt. Es wandern vor allem jene ab, die für den Aufbau und das Funktionieren der Länder erforderlich sind. Ganz konkret entstehen Versorgungslücken: Von den 600 Ärzten, die seit der Unabhängigkeit in Sambia ausgebildet wurden, arbeiten 550 im Ausland. In Ghana haben 2 000 doppelt so viele Krankenschwestern das Land verlassen wie im selben Jahr ausgebildet wurden. Das ghanaische Gesundheitsministerium schätzt die Zahl der offenen Stellen für Krankenschwestern auf 57 Prozent.

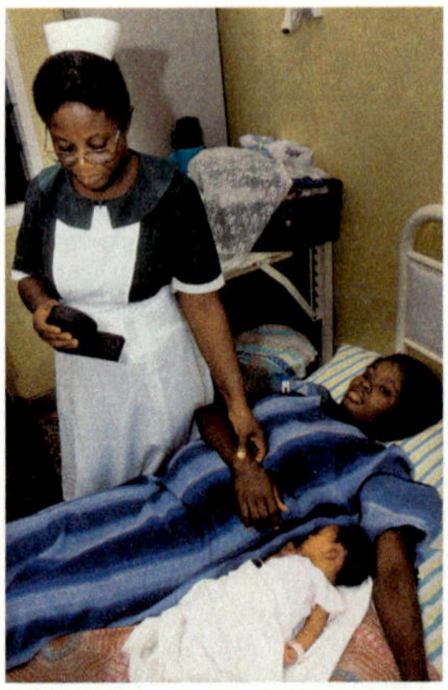

M 1: *Krankenschwester in Ghana*

Das von der WHO geforderte Verhältnis 100 Krankenschwestern auf 100 000 Kranke wird im Süden infolge Abwanderung nur selten erreicht. In den meisten Ländern des südlichen Afrikas liegt es bei 10 zu 100 000. Diese Tatsache wiegt umso schwerer, als die Menschen in diesen Regionen mit hoher Verbreitung von Malaria, Tuberkulose und AIDS auf kompetente hygienische Betreuung und medizinische Behandlung angewiesen sind. In dem Maße, wie durch Abwanderung diese Dienste nicht oder nur unzureichend geboten werden, leiden die Volksgesundheit und damit letztlich die Arbeitsleistung und die Chancen zur Hebung des Lebensstandards aus eigener Kraft.

1. *Leiten Sie aus dem Verlauf der weltweiten Migrationsströme (S. 47 M 2) die dafür verantwortlichen Ursachen ab.*
2. *Erläutern Sie, ob zwischen Entwicklungspolitik und Migration ein ursächlicher Zusammenhang besteht.*

2) Diese gesamtgesellschaftlich negativen Auswirkungen werden auch nicht durch die beträchtlichen Rücküberweisungen der Migranten in ihre Heimatländer aufgewogen. Im Jahr 2005 erreichten sie eine Höhe von 167 Mrd. US$ und überstiegen damit die geleistete Entwicklungshilfe (106,5 Mrd. US$). Nach den ausländischen Direktinvestitionen (FDI) bilden die Rücküberweisungen die zweitwichtigste Finanzquelle der Entwicklungsländer. In Pakistan haben sie seit Jahren einen Anteil am BNP von circa 20 Prozent. Von ähnlichen Werten ist für Sri Lanka (1999 = 1 Mrd. US$), Bangladesch, Philippinen (1999 = 6 Mrd. US$) und mehrere mittelamerikanische Staaten auszugehen. Diese Mittel verschwinden jedoch mehrheitlich in Konsum, Bildung und Gesundheitsversorgung. Sie sichern zwar die Existenz der Familien und heben deren Kaufkraft und Lebensstandard an. Doch damit tragen sie vor Ort – wie an dem südindischen Bundessaat Kerala nachweisbar (M2) – zum generellen Anstieg der Preise und damit wiederum der Lebenshaltungskosten bei. Darunter haben all jene zu leiden, die keine Geldsendungen aus dem Ausland erhalten. Da die Überweisungen selten in einkommensschaffende Maßnahmen investiert werden, bleiben die Familien von ihren Arbeitsmigranten abhängig und sind zur Entsendung immer neuer Mitglieder gezwungen. Zur Initiierung nachhaltiger lokaler Wirtschaftskreisläufe tragen die Rücküberweisungen nur bedingt bei.

George ist heute Taxifahrer in Cochin, Kerala. Im Jahr 1991 ging er als Arbeiter nach Saudi Arabien. Anfangs verdiente er umgerechnet monatlich 90 später 110 Euro. Davon verblieben nach Abzug der Lebenshaltungskosten sowie der Gebühren für den Arbeitsvermittler in Kerala, den Sponsor am Golf und den Übermittler der Geldsendung nach Indien noch 57 Euro. Davon gingen 37 Euro an die Familie. Der Rest wurde in Saudi Arabien bei einer Bank gespart. Nach sechs Jahren kehrte George mit seinen Ersparnissen zurück. Hier hatten die Eltern die Hochzeit der ältesten Tochter vorbereitet. Die Ersparnisse reichten nicht einmal für die Feier und die Brautgabe (Dhowri). George war vor allem wegen der neuen Schulden gezwungen, wieder in den Golf aufzubrechen; dieses Mal nach Bahrain. Dort verdiente er mehr, blieb bis 2002 und mit den Ersparnissen finanzierten die Eltern die Hochzeiten der beiden anderen Töchter. Jetzt unterhält George als Taxifahrer seine Eltern und seine eigene Familie auf ganz kargem Niveau. In den Golf will er wegen seiner drei Kinder nicht mehr aufbrechen.

M 2: Quellentext über einen indischen Arbeitsmigranten
Scholz, F., Reisetagebuch 2003

M 3: *George, Taxifahrer in Cochin, Kerala, und ehemaliger Arbeiter am Golf*

Die geschilderte Binnen- und Nord-Migration ist Ausdruck dafür, dass die internationale Entwicklungshilfe eines ihrer Ziele bislang nicht erreicht hat, nämlich Verhältnisse zu schaffen, die Massenmigration erst gar nicht entstehen lassen.

2.2 Verstädterung

Verstädterung ist ein weltweites Phänomen. Gemeinhin wird sie zwar als Fortschritt begriffen. Doch in den Ländern des Südens hat sie heute infolge von Bevölkerungsexplosion und massenhafter Migration bislang unbekannte Ausmaße und Formen angenommen. Sie stellen Bewohner und Behörden vor unlösbare Probleme.

Verstädterungsquote
Anteil der Stadt an der Gesamtbevölkerung eines Landes

Verstädterungsrate
jährlicher Zuwachs der Stadtbevölkerung in Prozent

Überverstädterung
überproportionaler Anstieg der Einwohnerzahl im Verhältnis zur Zunahme von formellen Arbeitsplätzen, Behausungen und Infrastruktureinrichtungen.

Verstädterung oder Urbanisierung bezeichnet zum einen die zahlen- und bevölkerungsmäßige Zunahme von Städten sowie zum anderen den räumlichen Ausbreitungsprozess städtischer Bauweise, Funktion und Lebensformen ins angrenzende Umland. Statistisch wird sie mit Begriffen wie Verstädterungsquote, Verstädterungsrate oder Überverstädterung zu erfassen versucht (M 1). In Asien lag die Verstädterungsquote im Jahr 2000 bei 37 Prozent, für 2030 wird von 53 Prozent ausgegangen. Für Afrika rangieren die entsprechenden Werte bei 38 und 55 Prozent und für Lateinamerika, schon immer mit einer hohen Verstädterungsquote, bei 75 und 83 Prozent. Besonders rasch wachsen die bestehenden Millionenstädte. Ihre Zahl nahm vor allem in Asien zu. Hier befinden sich auch die meisten Megacities, Städte, die – je nach Definition – mehr als fünf oder zehn Mio. Einwohner zählen (M 4)

Solche Städte sind nicht nur bevölkerungsreich, sondern zeichnen sich auch durch große Horizontalerstreckung, Verkehrschaos, infrastrukturelle Unter- oder Unversorgung aus. Sozialräumlich sind sie fragmentiert in punkthafte Wohlstandsinseln (Paradiese), die isolierten Gated Communities in Form räumlich eng begrenzter, von Mauern oder Zäunen umschlossener und bewachter Hochhaus- (vertikale Paradiese) und Villenkomplexe (No-Entrance-Areas), sowie in flächenweite Armutsviertel (Höllen), die ausgedehnten Hütten- und Slumareale (No-Go-Areas), die wegen der herrschenden Gewalt und Kriminalität von Ortsfremden nicht betreten werden und die selbst für die Bewohner nicht ungefährlich sind.

Der informelle Sektor gilt dort als Hauptarbeitgeber. Er umfasst alle Branchen und schließt sogar Organspenden, Kinderarbeit, Prostitution und Betteln mit ein. Gewalt und Kriminalität beherrschen und gefährden den öffentlichen Raum. Zum Beispiel gehören in Sao Paulo, Johannes-

Jahr	Einwohner in Mio. > 10	Einwohner in Mio. 5-10	Einwohner in Mio. 1-5	Urbanisierungsquote in %
1985	9	20	241	41,5
1995	14	20	311	45,3
2005	19	26	392	49,3
2015	21	37	496	53,7
	Megacities		Millionenstädte	

2015
2 Afrika
15 Asien
4 Lateinamerika

13296E

M 1: *Quantitative Entwicklung der Megacities 1985–2015*

M 2, M 3: *Luxus- und Hüttenviertel in Karachi*

burg (Soweto) oder Karachi (M 5) ganze Wohngebiete mit mehreren Hunderttausend Bewohnern zu diesen No-Go-Areas. In Pakistans Hafen- und Megastadt betreiben hier mafiose Banden die Verteilung und den Verkauf von Land, das ihnen nicht gehört. Sie erpressen Mieten und Schutzgelder, kontrollieren die Taxis und beteiligen sich an den Konflikten zwischen Vierteln mit Bewohnern unterschiedlicher stammlicher oder regionaler Herkunft. Hunderte von Morden finden hier jährlich statt. Familien werden aus ihren Häusern oder Hütten, Händler aus ihren Ladenboxen vertrieben. Die Tore der Polizeistationen sind mit Sandsäcken verbarrikadiert und in den Straßen sind die Beamten nirgendwo präsent.

Aus diesen Vierteln hat sich die staatliche Autorität weitgehend zurückgezogen. Viele Städte legen sogar die planerische Verantwortung und polizeiliche Kontrolle in private Hände. Doch es gibt auch Stadtverwaltungen, die gegensteuern. So wird beispielsweise in Kapstadt oder Durban in Südafrika mittels Video-Überwachung und erhöhtem Polizeieinsatz versucht, die Pavement Dweller („Gehwegbewohner"), Bettler, Straßenhändler und -handwerker zu verdrängen und die Innenstädte zu kontrollieren, so dass der öffentliche Raum zumindest tagsüber gesichert ist. Auswege sollen neue Wohn- und Geschäftskomplexe an den Peripherien bieten, die nur den dort ansässigen Bewohnern zugänglich sind. Doch solche Maßnahmen bringen keine nachhaltigen Lösungen. Sie zögern die Probleme nur zeitlich hinaus oder verlagern sie räumlich.

Diese Extremform der Verstädterung ist zum einen Folge der Landflucht und damit der übermächtigen Pull-Factors. Zum anderen resultiert sie auch aus den unzureichenden Erfolgen der Entwicklungszusammenarbeit. Diese sollten nicht zuletzt die Lebensbedingungen auf dem Land verbessern, um eben der Landflucht und der extremen Verstädterung vorzubeugen. Wenn diese Ziele bislang ganz offensichtlich nirgendwo erreicht wurden, so ändert das nichts an der Einsicht, dass die Entwicklung des ländlichen Raumes notwendig ist, um das Städtewachstum zu verringern und das Los der Menschen dieser Städte zumindest zu erleichtern.

... im Süden:	
Dhaka	22,8
Bombay	22,6
São Paulo	21,2
Dehli	20,9
Mexiko-City	20,4
Jakarta	17,3
Kalkutta	16,3
Karachi	16,2
Lagos	16,0
Shanghai	13,6
... im Norden	
Tokio	27,2
New York	17,9
Los Angeles	14,5
Osaka	11,0

13307E

M 4: *Verstädterungs- und Ballungsräume im Süden und Norden (2015 i. Mio. Einwohner, Prognose)*

Literaturhinweis:
Heineberg, H.: Stadtgeographie, 2006

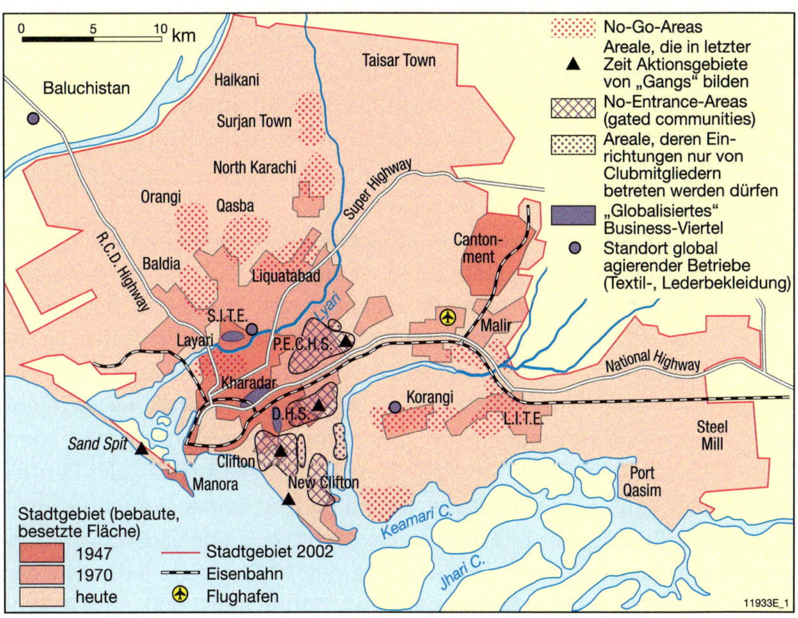

M 5: *Karachi: Flächenmäßige Ausdehnung und globalisierte Stadtfragmente*

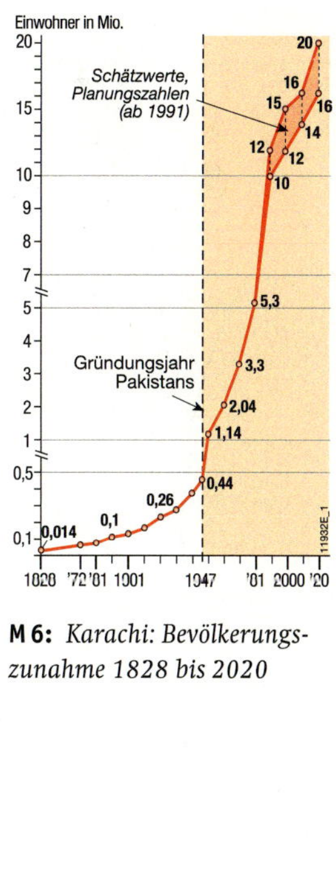

M 6: *Karachi: Bevölkerungszunahme 1828 bis 2020*

2.3 Verarmung

Das heutige Ausmaß von Armut und ihre Zunahme weltweit sind alarmierend. Doch Armut ist kein gottgegebener Zustand. Vielmehr ist sie nach dem im Senegal lebenden, französischen Wirtschaftswissenschaftler Samir Amin das Ergebnis gesellschaftlicher und politischer Prozesse und damit politisch zu verantworten.

Absolute Armut ist der Einkommensmangel bezogen auf eine definierte Existenzgrenze (z. B. nach Definition der Weltbank: 1 US$ / Tag).

Als zentrales Anliegen der von der Weltgemeinschaft getragenen Millennium Development Goals gilt die Halbierung der Zahl der Armen des Südens bis zum Jahr 2015. Zu ihnen werden – je nach Standpunkt – all jene gerechnet, die mit weniger als einem (22 % der Weltbevölkerung) oder zwei US$ pro Tag (58 %) auskommen müssen. Zu diesen absolut Armen zählten Anfang der 1970er-Jahre, als der damalige Weltbankpräsident McNamara das Problem weltweiter Armut in seiner berühmten Nairobi-Rede hoffähig machte, über 900 Mio. Menschen (etwa 25 % der Weltbevölkerung). Bis heute soll der prozentuale Anteil zwar zurückgegangen sein. Doch absolut, so die international akzeptierte Annahme, hat sich ihre Zahl auf über 1,2 Mrd. erhöht. Die absolute Armut des Südens ist jedoch nicht gleich verteilt. So betrug im Jahre 2 000 der Anteil der absolut Armen an der Gesamteinwohnerzahl zum Beispiel in China etwa 20 Prozent, in Bangladesch 55 Prozent und in Nepal sogar 60 Prozent. Für Ostasien und Pazifik lag er bei 11 Prozent, Lateinamerika bei 22 Prozent, Südasien bei über 49 Prozent. Und für die afrikanischen Länder südlich der Sahara wird sogar im Mittel von über 50 Prozent ausgegangen. In absoluten Zahlen führte Südasien mit über 521 Mio. Menschen die Rangliste der Armut vor Afrika mit über 301 Mio. und Ostasien / Pazifik mit 278 Mio. an.

Ungeachtet dieser Zahlenakrobatik stellt Armut in welcher Form auch immer eine Geißel der heutigen Menschheit dar. Sie ist schlicht der elementarste Ausdruck von Unterentwicklung und größtes Hemmnis für Entwicklung. Denn ohne ihre Beseitigung oder Reduzierung, das wurde von der Weltgemeinschaft mit der Verkündigung der MDG eingesehen, ist selbst nicht einmal all jenen elementaren Merkmalen wie Hunger, Krankheit, Trinkwassermangel und Obdachlosigkeit beizukommen, die Unterentwicklung auf unterster Ebene ausmachen und bedingen.

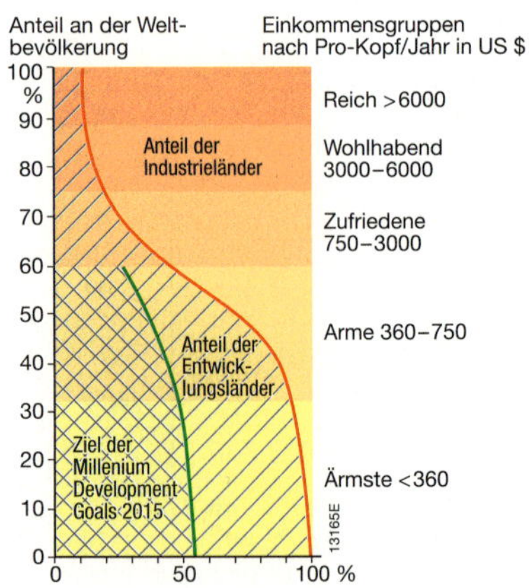

M 1 : *Welteinkommensverteilung (Modell)*

Absolute Armut ist zwar zweifellos in erster Linie materieller Mangel. Doch sie steht nicht weniger für fehlende Befriedigung der Grundbedürfnisse aus eigener Kraft. Was damit verbunden ist, sei am Beispiel von Bangladesch veranschaulicht, wo Grundbedürfnisbefriedigung bei folgenden Schwellenwerten beginnt: Nahrung: Minimum 2 122 kcal. pro Tag. Kleidung: zwei Lendentücher und Langhemden. Gesundheit: Steter Zugang zur ersten Hilfe. Erziehung: Sicherstellung einer Grundschul- oder Berufsschulausbildung. Behausung: Ein unabhängiger, gegen Wettereinflüsse gesicherter Raum, der ein Minimum an Privatheit und Zugang zu sanitären Einrichtungen verspricht. Anfang der 1980er-Jahre lebten in der Hauptstadt Dhaka 66 bis 69 Prozent (etwa 2 Mio.) und 2 000 circa 70 Prozent der Einwohner (6,2 Mio.) unterhalb dieser Schwellenwerte.

M 2: Quellentext über die Curd-Nomaden in Pakistan
Scholz, F., Reisetagebuch 1978, 1996

Die Angehörigen des Curd Stammes lebten bis 1973 als Nomaden im saisonalen Rhythmus zwischen dem Hochland der pakistanischen Gebirgsprovinz Belutschistan und der Kachhi Ebene (Sind, Indus Tiefland). Unter der Regierung von Zulfikar Ali Bhutto wurden im Rahmen seines Landesentwicklungsprogramms nach 1972 zentrale Teile Belutschistans und damit auch das ausgedehnte Becken von Quetta mit Elektrizität versorgt. Damit konnten Motorpumpen betrieben und weite Teile des Quetta-Beckens agrarisch erschlossen werden. Das unbebaute Land, traditionell Stammesgebiet und seit der britischen Kolonialherrschaft (1872) nominell den Stammesoberhäuptern (Sardar) unterstellt, wurde nach der berühmten Khuzdar-Rede von Bhutto staatlicherseits konfisziert und an Interessenten, so auch an Mitglieder des Curd Stammes, zur Erschließung übereignet. Ungefähr 20 Curd-Familien verkauften ihre Schaf- und Ziegenherden sowie ihre Lasttiere (Kamele), um sich ein Startkapital zu verschaffen. Dennoch waren sie zur Aufnahme von Krediten gezwungen, um das Land nivellieren und terrassieren sowie Brunnenschächte graben und Stromleitungen legen zu lassen. Außerdem mussten Motorpumpen, Pflüge, Saatgut, Baumsetzlinge und Zugtiere (Ochsen) erworben werden. Sie errichteten Lehmhütten als Unterkünfte und konnten endlich ihre Kinder in die Schule schicken. Doch eine katastermäßige Zuschreibung und damit besitzrechtliche Sicherung des zugewiesenen Landes erfolgte nicht sofort.

Als Zulfikar Ali Bhutto 1977 einem Militärputsch zum Opfer fiel und der konservative General Zia ul-Haque die Regierung übernahm, eigneten sich die Oberhäupter der Stämme ihr zuvor von Bhutto konfisziertes und verteiltes Land wieder an. Wie viele andere setzten sich auch die 20 Curd-Familien zur Wehr, klagten vor Gericht ihren Eigentumsanspruch ein, wandten Gewalt an und griffen sogar zur Waffe. Doch es half nichts. Sie mussten das von ihnen kultivierbar gemachte Land verlassen, ihre selbst errichteten Behausungen alternativlos aufgeben, die Kinder aus der Schule nehmen. Denn selbst dazu fehlte das Geld. Und eine Rückkehr zur nomadischen Lebensweise war nicht möglich, da ihnen die Lasttiere und Herden fehlten. Am schlimmsten traf sie jedoch der Zwang zur augenblicklichen und vollständigen Zurückzahlung der gekündigten Bankkredite. Die 20 Familien mit etwa 180 Mitgliedern waren zur Veräußerung aller Habe gezwungen. Sie standen vor dem Nichts. Es blieb ihnen nichts anderes übrig, als sich bei lokalen Geldverleihern zu verschulden. Damit gerieten sie in eine Schuldknechtschaft, der wohl nicht einmal die Kinder werden entrinnen können.

Seit Ende der 1970er-Jahre ziehen diese Familien, inzwischen in mehrere selbstständige Gruppen aufgeteilt, innerhalb und im Umland von Quetta von Lagerplatz zu Lagerplatz. Sie hausen unter dürftigen Schutzschirmen, versuchen sich als Gelegenheits- und Erntearbeiter zu verdingen, betteln und nutzen die wenigen Armenküchen, die reiche Landlords anbieten.

Diese Familien wären glücklich, würden sie wenig-stens über jenen Mindestwert für absolute Armut (1 US$ pro Tag) verfügen oder ihre Kinder in die Schüle schicken können. Ihr Los würde erträglicher sein, wenn sie Zugang zu medizinischer Betreuung, zu hygienischem Trinkwasser oder einer täglich sicheren Nahrung fänden. Mangel an politischer Weitsicht und Fürsorge sowie Fehlen gesellschaftlicher Solidarität haben diese Menschen in eine Armut gestoßen, aus der sie sich wohl kaum selbst zu befreien vermögen werden.

M 3: *Verarmte Curd-Nomaden unter Schutzschirm-Behausung*

1. *Erklären Sie mit Hilfe des Push- and Pull-Modells (S. 46 M 1) die Verstädterung in Entwicklungsländern.*
2. *Analysieren Sie die entwicklungspolitischen Zusammenhänge bei den Ursachen von Verstädterung und Verarmung.*
3. *Verarmung spielt beim Ausbleiben von Entwicklung eine wichtigere Rolle als schlechte Regierungsführung (Bad Governance). Kommentieren Sie diese Aussage.*

2.4 Frauenunterdrückung

Ungleichbehandlung der Geschlechter (Gender Inequality) findet überall auf der Welt statt. Doch im Süden geht es vor allem um die Frau an sich, um ihre elementare Existenz, ihre Wahrnehmung und ihre Akzeptanz als gleichwertiges und gleichberechtigtes menschliches und soziales Wesen.

Die WHO geht von 130 bis 150 Mio. Beschnittenen aus, pro Jahr kommen zwei Mio dazu (vgl. M 2).

Die Frauen des Südens sind mehrheitlich Analphabeten, minder oder schlecht Entlohnte, Recht- und Besitzlose, (Bürger-)Kriegsopfer, Gewalt- und AIDS-Bedrohte. Sie werden zwangsverheiratet, beschnitten und gesteinigt sowie in jüngerer Zeit – Folge globalen Handels – zu Billiglohnarbeit in Plantagen und Sweatshops gepresst. Sie sind schutzlose Opfer ehelicher Gewalt und von Vergewaltigung. In ihrer überwiegenden Mehrzahl haben sie keinen Zugang zu Politik, Administration, Wissenschaft, Bildung, Gesundheitsfürsorge und räumlicher Mobilität (Freizügigkeit). Selbst gewaltsamen Naturereignissen und ihren Folgen sind sie meist hilflos ausgesetzt. Nach Schätzungen fallen Frauen allgemein nur ein Zehntel des Welteinkommens und ein Hundertstel des Welteigentums zu. Für diejenigen des Südens schrumpfen diese Anteile zur Bedeutungslosigkeit.

- 71 % der wirtschaftlich aktiven Frauen waren 1981 in der Landwirtschaft tätig
- 50 % der Nahrungsmittel der Erde werden von Frauen produziert
- 40 % der Frauen in Lateinamerika, 69 % in Asien und 70 % in Afrika leisten Feldarbeit

... doch ...

- von den multilateral geförderten Agrarkrediten entfällt nur jeder 5. Kredit auf Frauen und
- weltweit besitzen Frauen nur 1 % des Landes.

M 1: *Arbeitsleistungen der Frauen des Südens in der Landwirtschaft*

Diese Situation ist umso unverständlicher, als insbesondere die Frauen des Südens nachweislich die tragenden gesellschaftlichen „Säulen" sind. Auf sie entfallen zwei Drittel der geleisteten Weltarbeitsstunden (M 1). Frauen sichern hauptverantwortlich die Ernährung der Nachkommen und decken mit ihrer landwirtschaftlichen Produktion den regionalen Nahrungsbedarf. Inzwischen kämpfen sie auch organisiert um den Erhalt natürlicher Ressourcen und setzen sich auf internationaler Ebene für Frieden, Gerechtigkeit und Gender Equality ein. Wegen ihres Engagements und ihrer Verlässlichkeit werden sie von den Akteuren der Entwicklungszusammenarbeit als wichtige, wenn nicht gar als die wichtigsten Träger und Partner angesehen. Diese positive entwicklungspolitische Bewertung der Frau kann aber auch dazu führen, dass sie mit weiteren, zusätzlichen Aufgaben belastet und sogar überfordert wird. Damit ist nicht nur ein höherer physischer Einsatz verbunden, sondern vor allem gesellschaftliches und politisches Engagement, das nicht selten geradezu revolutionäre Durchsetzungsfähigkeit erfordert. Dieses „Empowerment of the Women" führt zu sozialen Veränderungen und Umbrüchen, die in den noch immer überwiegend traditionellen Gesellschaften der Entwicklungsländer nicht ohne Kampf und Gefahr realisiert werden können.

Alle Gender-Aktivitäten bedürfen internationaler Aufmerksamkeit, globalpolitischer Beachtung und lokaler wie überlokaler Unterstützung. Maßnahmen zur Förderung der Frauen gehören daher heute zum festen Bestandteil fast aller nationalen und internationalen entwicklungspolitischen Aktivitäten und Programme. So bemühen sich beispielsweise die UN um Kriterien, mit denen die Lage der Frauen des Südens objektiv erfasst, beurteilt und Maßnahmen abgeleitet werden können. Ein Instrument dazu ist der Gender Development Index (GDI; M3). In Anlehnung an den HDI wird damit versucht, die menschliche Entwicklung der Frauen darzustellen. In diesem Sinne wurden auch der Gender Empowerment In-

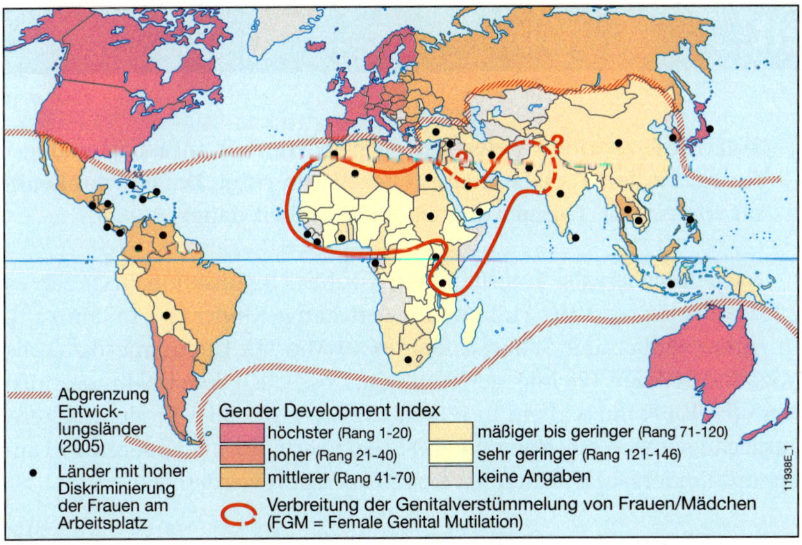

M 2: *Gender Development Index und Verbreitung der Genitalverstümmelung*

dex (GEM) und der Gender Equality Index (GEI) entwickelt, die den Partizipationsgrad beziehungsweise das Maß an Gleichstellung der Frauen in Wirtschaft, Politik und Gesellschaft ausdrücken. Die vorliegenden Werte für diese Indices beweisen, dass die Frauen in fast keiner Gesellschaft der Welt die gleichen Chancen wie Männer haben und der Prozess der Gleichstellung nicht nur langsam verläuft, sondern sogar behindert oder zurückgeschraubt wird. In den meisten Ländern des Südens hat er kaum begonnen und wird dazu durch die allgegenwärtige und zunehmende Armut geradezu verhindert.

Zu den allgegenwärtigen und im Zuge der Gender Equality immer bedeutsamer werdenden Problemen gehört die rechtliche Stellung der Frauen. Welche Situation dabei möglich ist, zeigt beispielhaft der Bericht der afrikanischen Juraprofessorin Dr. Schuma Himonga aus ihrer beruflichen Praxis in Sambia, den sie in einer Ringvorlesung an der FU Berlin vortrug: Die kinderlose Frau eines an Kriegseinwirkungen erkrankten Mannes betätigte sich erfolgreich als Markthändlerin und erwarb mit ihrem Verdienst nach und nach immer wieder Felder, die sie von Pächtern bewirtschaften ließ. Obgleich sie die Mittel für den Kauf der Felder erbrachte, wurde katastermäßig nur ihr Mann als Eigentümer erfasst. Als er starb, gingen der gesamte Landbesitz des Mannes und die von der Frau ebenfalls finanzierte Behausung nicht an sie über, sondern – traditionsgemäß – an dessen Bruder. Die Frau, inzwischen durch ein Augenleiden am Markthandel behindert, durfte anfänglich noch in der Hütte verbleiben und wurde von dem Schwager mit Nahrungsmitteln versorgt. Doch als er die Unterstützung aufkündigte, verfügte die Frau weder über eine Behausung noch über die Basisgrundlagen für ihre Ernährung. – Der Fall gelangte bis vor die höchste richterliche Instanz des Landes. Doch auch hier wurde der Fall zu Ungunsten der Frau entschieden.

Derartige Verhältnisse – in den Ländern des Südens strukturell angelegt und immer noch weit verbreitet – widersprechen elementarer Menschenwürde. Sie sind Ausdruck dafür, dass humane Prinzipien für die Mehrheit der Frauen in Entwicklungsländern nicht oder noch nicht gelten und das Empfinden dafür gesellschaftlich nicht oder noch nicht genügend ausgebildet ist.

M 3: *Inderin (Rajasthan) beim Worfeln (Trennen von Spreu und Weizen durch Wind)*

2.5 Kinderarbeit

Von Kinderhänden gefertigte Waren werden international gebannt. Kinderarbeit ist heute generell untersagt. Doch in der Realität von Armut, Hunger und Obdachlosigkeit dauert sie an.

Nach Angaben der Internationalen Labor Organisation (ILO) gab es 2004 weltweit rund 191 Millionen erwerbstätige Kinder (5 – 14 Jahre alt). In Afrika südlich der Sahara sollen es 49 Mio., in Lateinamerika sechs Mio. und in Asien 122 Mio. gewesen sein. Doch nach dem UN-Kinderhilfswerk (UNICEF) muss allein in Indien von über 100 Mio. Kinderarbeitern ausgegangen werden. Auch die ILO-Schätzwerte für die anderen 89 Länder mit Kinderarbeit sollten nach oben korrigiert werden.

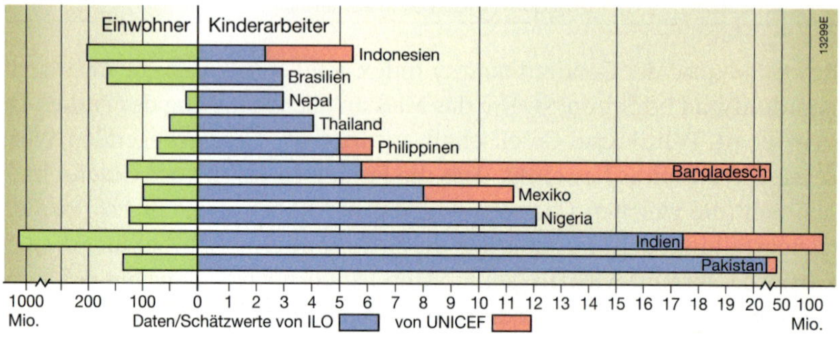

M 1: *Kinderarbeit in ausgewählten Ländern des Südens*

Als Kinderarbeiter gelten Kinder unter 15 Jahren, die gezwungen sind oder gezwungen werden, außerhalb der Familie ganztags und häufig sechs bis sieben Tage pro Woche zu arbeiten, um das eigene oder das Überleben der Familienmitglieder zu sichern. Sie finden Einsatz in (Billiglohn-) Fabriken, Handwerksbetrieben, Plantagen, Haushalten und sogar – wie Anfang des 19. Jahrhunderts auch in Europa – in Bergwerken. Kinder müssen vornehmlich niedere, gefährliche, schmutzige, monotone Arbeiten machen sowie solche, die flinke Finger erfordern. Sie arbeiten als Teppichknüpfer, Wollefärber, Fußballnäher, Sticker, Erntehelfer, Hirte, Fließbandarbeiter, Lastenträger, Küchengehilfe, Rikschafahrer, Müllsammler oder Bettler. Zu letzteren werden Mädchen und Jungen sogar gezielt ausgebildet und nicht selten schon im Säuglingsalter durch körperliche Verstümmelung regelrecht „zugerichtet". Seit Kinderarbeit weltweit ins Gerede geriet, wird sie der öffentlichen Wahrnehmung entzogen. In Heim-, Familien- und Hausarbeit sowie im informellen Bereich dauert sie jedoch ungemindert fort.

M 2: *Kindersoldaten im Kongo*

Unzählige Kinder, elternlos oder den Familien entflohen, finden sich zudem in den Städten zu Banden zusammen, die sich durch Kleinkriminalität, Erpressung, Rauschgifthandel, Prostitution und Gelegenheitsarbeit am Leben erhalten. In lateinamerikanischen Städten hausen sie auf Müllhalden, an Bahngleisen, unter Brücken und in Ruinen. Auch in Afrika gehören sie zum städtischen Straßenbild. In einigen afrikanischen Ländern (z.B. Elfenbeinküste, Kongo, Ruanda, Somalia) wurden Kinder, Jungen und Mädchen, zu einer besonders altersfremden, abartigen Arbeit missbraucht: Sie wurden zu Kindersoldaten entartet. Mit Narkotika in

Rauschzustände versetzt, agierten sie als gefühllose Mörder ohne Erinnerung und Skrupel. Jahrelange Gewohnheit entfremdete sie jeglicher gesellschaftlicher Bindungen und Verpflichtungen. Für ein Erwachsenenleben sind sie nicht vorbereitet.

All diese Kinder identifizieren sich einzig mit Gewalt und all jenen Eigenschaften, die sie zum Überleben in ihrem Umfeld benötigen. Sie kennen keine Schule, kein Krankenhaus, keine sichere Mahlzeit und vor allem unbeschwertes Spielen ist ihnen fremd. Sie werden misshandelt, getrieben, ausgenutzt und missbraucht. Sie lernen ihre Würde als menschliche Wesen nie wirklich kennen, denn dazu fehlt ihnen menschliche Wärme, Geborgenheit und Verständnis der Erwachsenen, von Eltern, die sie zum Teil gar nicht kennen. Wenn sie das Kindesalter verlassen, sind sie des Lesens und Rechnens unkundig, gesundheitlich meist nachhaltig geschädigt und daher selten in der Lage, für sich selbst zu sorgen. Ihre Lebenserwartung ist gering. Ihre Lebensperspektive bleibt Armut.

M 3: *Einer von über 40 Jungen (ca. 12 Jahre alt) in einer Stickerei in Multan, Pakistan*

M 4: Quellentext über die Alltäglichkeit von Kinderarbeit in den Ländern des Südens
Originalbeitrag des Autors

Darwish Haider ist ein langjähriger Freund in Karachi, Pakistan. Er verfügt über eine bemerkenswert breite Bildung, ist gesellschaftlich gewandt und als Textilfabrikant und Eigentümer einer Färberei überaus erfolgreich. Fast jährlich kommt er geschäftlich nach Deutschland. Hier lernte er deutsches Familienleben kennen und besuchte Schulen, um für seine Söhne eine geeignete Ausbildungsstätte zu finden. Als ich nach vielen Jahren zum ersten Mal bei ihm privat zum Abendessen eingeladen war, öffnete sich, als die Speisen angekündigt wurden, die Tür und hinter einer großen Reisschüssel erschien, unter der Last des vollen Gefäßes schwankend, eine schmächtige Gestalt. Es war ein Junge von etwa acht Jahren, den ich als einen der vielen Söhne ansprach. Mir wurde rasch klar gemacht, dass es sich um das Kind eines Arbeiters aus der Färberei handelt, der aus Krankheitsgründen gezwungen war, bei Darwish Haider Geld zu leihen. Da er nicht zurückzahlen konnte, bot er seinen ältesten Sohn Shahali als Arbeitskraft an, um wenigstens die laufend anfallenden Zinsen ableisten zu können. Doch mit Shahali ist Darwish Haider nicht zufrieden. Er bezeichnet ihn als faul; er drückt sich vor Arbeit, ist nicht kräftig genug, um morgens die Schultaschen der Söhne zum Auto zu tragen und er widersetzt sich, wenn er von den Kindern geschlagen wird. Das geschieht meist dann, wenn Shahali ertappt wird, wie er sich mit einem Buch oder einer Zeitung heimlich verkriecht. Als ich nach dem Abendessen ins Treppenhaus trat, war ich regelrecht geschockt. Auf dem schmalen Fenstersims lag der kleine Shahali und schlief. Als Darwish Haider meine Sprachlosigkeit spürte, stieß er das Kind mit dem Fuß kräftig an und jagte den völlig Benommenen in den kleinen Vorhof, wo sich in einer Ecke unter freiem Himmel am Boden das Lager dieses Kindes befand.

Der mögliche Einwand, dass bei Shahali wohl nicht von Kinderarbeit ausgegangen werden sollte, da er in der Familie des Gläubigers seines Vaters lebt, mag vielleicht formal gelten. Doch die Misere von Abermillionen Kindern ist dadurch nicht gemildert. Auch die in jüngerer Zeit unternommenen und überaus begrüßenswerten Aktivitäten von Wirtschaft und zivilgesellschaftlichen Gruppen, um den Einsatz von Kindern in der industriellen Produktion zu beenden und Waren aus Kinderhand im internationalen Handel zu bannen, kann das Problem, das zu Kinderarbeit veranlasst, nicht lösen: die Situation unentrinnbarer Armut.

1. *Nennen Sie die wesentlichen Ursachen dafür, dass Frauenunterdrückung und Kinderarbeit in den Ländern des Südens unüberwindbar scheinen.*
2. *Vergleichen Sie die Bemühungen um Frauengleichberechtigung in den Ländern des Nordens und des Südens.*
3. *Die ILO differenziert zwischen „Erwerbstätigen Kinder“, „Kinderarbeitern“ und „Kindern in gefährlicher Arbeit“. Bewerten Sie diese Abgrenzung.*

2.6 Krankheiten

Krankheit ist für jedermann von Übel. Doch wenn es sich um Pandemien handelt und es an Medikamenten, Ärzten und Hospitälern mangelt, dann werden Krankheiten zum Entwicklungshemmnis.

Nach dem Bericht der Weltgesundheitsbehörde (WHO) grassieren in den Ländern des Südens in erster Linie Infektions- und parasitäre Krankheiten (45,5%) wie AIDS, Malaria, Tuberkulose, Cholera, Pocken, Trachon, Gelbfieber und sogar Lepra. Die damit verbundenen Probleme und die Tatsache, dass unzählige Menschen des Südens schon von Geburt an unter diesen Krankheiten leiden, wird heute wohl allerorts erkannt. Sie lassen sich angesichts von wöchentlich etwa 150 000 Tuberkulose- und jährlich zwei Mio. Toten, die der Malaria erliegen, auch nicht mehr verschweigen. Von dieser Fieberkrankheit sind 40 Prozent der Bevölkerung in den Tropen bedroht. Besonders alarmierend ist auch die Zahl der jährlichen AIDS-Toten. Sie lag im Jahr 2005 bei über drei Mio. und ist weiter im Steigen begriffen. Immer wieder treten aber auch neue Seuchen (z.B. 2003 SARS; Vogelgrippe) in den tropischen und subtropischen Ländern auf. Selbst die besiegt geglaubte Malaria oder die Pocken und das Gelbfieber erlangen wiederkehrend epidemische Ausmaße.

Diese Infektionskrankheiten sind Folge unzureichender Hygiene sowie qualitativ einseitiger und quantitativ ungenügender Ernährung. Ihre weite Verbreitung ist Ausdruck ungenügender oder fehlender Gesundheitsfürsorge und Medikamentenversorgung. In diesen Bereichen zu sparen, wie allgemein üblich, ist kurzsichtig. Dabei wird von Regierungen die Tatsache verkannt oder negiert, dass bleibend Erkrankte eine kostspielige gesellschaftspolitische und vor allem volkswirtschaftliche Langzeitbelastung sind. Krankheiten schmälern nicht nur die physische Leistungsfähigkeit einer Gesellschaft. Als Pflegefälle und Nothilfeempfänger überfordern die Erkrankten letztlich sowohl Familien wie Staat. Diese Aussage trifft insbesondere für die Länder zu, in denen immer größere Bevölkerungsteile – und darunter zunehmend Kinder – von AIDS infiziert werden.

AIDS ist eine Immunschwächekrankheit, die auf dem von Primaten auf den Menschen übergegangenen HI-Virus basiert. Als wahrscheinlicher Ursprungsherd wird die Region des ostafrikanischen Kiwu-Sees angenommen, wo das Virus über kultische Blutopfer von Tieren auf den Menschen übergetreten sein dürfte. Hier breitete sich diese Immunschwäche zuerst flächenhaft und danach linear entlang von Land- und Seetransportwegen aus. Anfang der 1970er-Jahre gelangte sie in die Karibik und bald nach Europa. Heute verzeichnet AIDS außer in Afrika vor allem in Osteuropa sowie Zentral-, Süd- und Ostasien die größte Zunahme.

Die WHO ging 2005 nach Schätzungen von über 40 Mio. AIDS/HIV-Erkrankten aus. Allein im Jahr 2000 sollen 5,3 und 2005 4,9 Mio. neu infiziert worden sein (M1). In vielen Ländern sind Frauen als Opfer sexueller Gewalt innerhalb und außerhalb der Familie die Hauptbetroffenen. Von den 25,3 Mio. HIV/AIDS-Erkrankten in Afrika südlich der Sahara entfielen 2005 55 Prozent auf Frauen (weltweit 17,5 Mio. Frauen). Sie geben ihre Immunschwäche bei der Niederkunft an die Neugeborenen weiter.

Afrika s. S.	3,2
Nordafrika, Westasien	0,07
Süd-, Südostasien	0,95
Ostasien	0,14
Ozeanien	0,008
Lateinamerika	0,2
Karibik	0,03
Osteuropa, Zentralasien	0,27
Europa	0,02
Nordamerika	0,04
Welt (insgesamt)	4,9
AIDS-Kranke Welt	40,3
davon Frauen	17,5
AIDS-Tote	3,1
davon Kinder	0,07

13300E

M 1: *HIV-Neuinfizierte im Jahr 2005 (in Mio.)*

1. *Beschreiben Sie, wie sich AIDS entwicklungspraktisch auswirkt.*

Die Zahl infizierter Kinder wurde für das Jahr 2000 auf 600 000 geschätzt. Weltweit starben über 500 000 Kinder an AIDS, etwa 13,2 Mio. wurden bislang zu Waisen.

Die meisten AIDS/HIV-Betroffenen der Erde befinden sich in den Ländern südlich der Sahara (M2). Hier leben circa 70 Prozent aller Infizierten und über 91 Prozent der AIDS-Waisen der Erde. Seit dem Auftreten von HIV Anfang der 1970er-Jahre starben in Sub-Sahara-Afrika über 17 Mio. an dieser Krankheit. Ein besonderer Fall ist Südafrika, wo der regierende Präsident den Zusammenhang von HIV und AIDS beharrlich leugnete und die Schuld externen „Mächten" zuschrieb. Hier trat der erste AIDS-Fall 1982 auf. Im Jahre 1994 waren bereits 7,6 Prozent und 1999 22,4 Prozent der Bevölkerung infiziert. 2007 trugen bereits knapp ein Drittel der Südafrikaner den HI-Virus. Davon entfielen etwa ein Zehntel auf die High Educated, zwei Zehntel auf die Middle Educated und der große Rest auf die Low/Less Educated People. In der Zentralafrikanischen Republik war die Regierung 2005 gezwungen, wegen AIDS-bedingten Lehrermangels 107 von 173 Schulen zu schließen.

Welche wirtschaftlichen Folgen AIDS nach sich ziehen kann, sei für Kenia gezeigt: Die Landwirtschaft ist der Hauptarbeitgeber des Landes, und im ländlichen Raum leben über 70 Prozent der AIDS-Kranken. Folglich nehmen die unbebauten Flächen zu, die Produktivität geht zurück, arbeitsintensive Anpflanzungen werden aufgegeben und die Nutztierhaltung wird eingeschränkt. Damit ist nicht nur ein Rückgang der landeseigenen Versorgung mit Nahrungsmitteln verbunden. Der Staat ist, obgleich ausreichend Ackerland zur Verfügung steht, zu Nahrungsmittelimport gegen Devisen gezwungen.

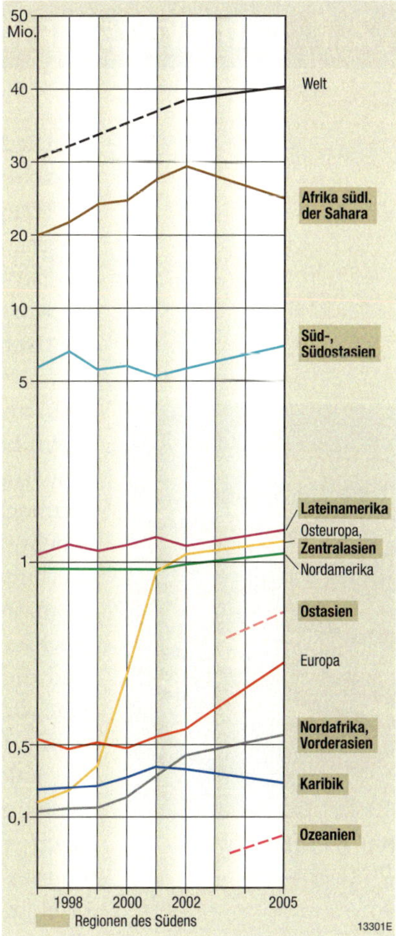

M 2: *Entwicklung von AIDS/HIV nach Regionen 1997 bis 2005*

Die hohe und zunehmende Quote HIV/AIDS-Erkrankter insbesondere in den Ländern des Südens resultiert zweifellos aus Armut, mangelnder Bildung und dem Fehlen medizinischer Beratung. Verschärft werden die Probleme durch fehlenden Zugang zu Medikamenten, die diese Erkrankung zwar nicht beheben, wohl aber die Auswirkungen mildern können. Doch ihren Einsatz verhindert die allgegenwärtige Armut. Die Medikamente müssen gegen Devisen importiert oder können nur nach dem teuren Erwerb von Herstellungslizenzen produziert und dementsprechend hohen Preisen vertrieben werden. Daher sind geeignete Medikamente für die Mehrheit der Erkrankten unerreichbar. Die Staaten sind nicht finanzkräftig oder willens genug, geeignete Hilfsprogramme durchzuführen. Das dafür ins Leben gerufene UN-Programm (UNAIDS) leistet zwar seit Jahren beachtliche Arbeit. Doch bislang konnte der Ausbreitung dieser Krankheit nicht wirkungsvoll begegnet werden. Vor dieser Herausforderung stehen selbst Länder wie Botswana, das über die notwendigen Mittel verfügt und geeignet Programme entwickelt hat und engagiert umsetzt.

M 3: *Anti-AIDS-Plakat in Benin*

2.7 Landwirtschaft

Die Landwirtschaft dient nicht nur dazu, der Mehrzahl der Menschen des Südens den Lebensunterhalt zu sichern. Sie ist auch Hauptarbeitgeber und in vielen Ländern wichtigster Devisenbringer. Doch im Welthandel nehmen agrarischen Erzeugnisse der Entwicklungsländer nur eine nachgeordnete Position ein. Verantwortliche des Südens sehen darin sogar eine Form neokolonialistischer Ausbeutung.

M 1: *Reisterrassen von Tirtagangga, Bali*

Die Landwirtschaft des Südens hat zahlreiche Anbau- und Nutzungstechniken hervorgebracht, die optimal an die ökologischen Verhältnisse der Tropen und Subtropen angepasst sind. Über Jahrhunderte und damit nachhaltig haben sie die Subsistenz der Bevölkerung zu sichern vermocht. Verwiesen sei hier nur auf die Sammelwirtschaft und mobile Tierhaltung (Nomadismus), die Mischkulturen, den Stockwerks-, Tupf-, Pflanzstock- oder Hakenpfluganbau sowie den Wanderfeldbau, die Landwechselwirtschaft (Shifting Cultivation), den Bewässerungsfeldbau (Oasen) und die verschiedenen Hügel-, Damm- und Beetkulturen. Ebenso sind hier wichtige agrarische Rohstoffe (z.B. Baumwolle, Reis, Zuckerrohr, Ölpalme, Holz, Kautschuk, Sisal, Jute) und (Luxus-)Nahrungsmittel (z.B. Kaffee, Kakao, Tee, Bananen, Gewürze, Datteln, Kokos- und Erdnüsse) heimisch. Sie sind für viele Länder die wichtigsten – nicht selten die einzigen – Exportgüter und Hauptdevisenbringer (M 2).

Drei und sogar vier Ernten pro Jahr sind möglich, an besonderen Standorten (z. B. Schwemmlandböden) auch höchste Erträge. Die durch die Europäer eingeführte Plantagenwirtschaft hat diese Möglichkeiten ebenso zu nutzen vermocht wie heute das moderne, global agierende Agrobusiness. Doch setzen Dürren, Heuschreckenplagen, Wirbelstürme, Überschwemmungen, Erdbeben, Vulkanausbrüche oder die rasche Erschöpfbarkeit der tropischen Böden diesen Möglichkeiten Grenzen. Fehl- und Mangelernährung sind daher weit verbreitet. Wiederkehrend stellen sich Hungerkatastrophen und in deren Folge Massensterben und Flucht ein.

Für die Entwicklung der Länder des Südens erwachsen jedoch nicht nur aus diesen vorherrschend naturbedingten und meist schicksalerge-

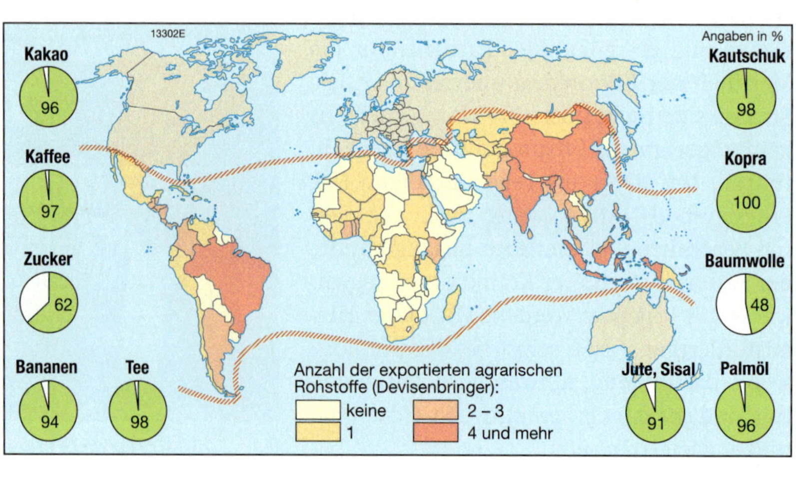

M 2: *Agrarische Rohstoffe des Südens: Anteil am Weltexport (ca. 2000)*

ben hingenommenen Unwägbarkeiten Hemmnisse und Probleme. Die wahren Schwierigkeiten resultieren aus der geltenden Weltarbeitsteilung und den damit verbundenen Terms of Trade sowie den vom Norden beherrschten Welthandel und den ihn steuernden Organisationen (GATT, WTO, EU). Auf diese Zusammenhänge sei an drei Beispielen eingegangen:

1) Vom Baumwollanbau leben beispielsweise in den westafrikanischen Sahel-und Sudanstaaten etwa 20 Mio. Menschen (z.B. Mali: 28% der Landesbevölkerung). Baumwolle gilt hier aber auch als der wichtigste Devisenbringer (z.B. Mali: 60% des Exporterlöses). Doch der Weltmarktpreis für Baumwolle wird nicht von den Produzenten-, sondern den führenden Handelsländern wie den USA (35–40% des Weltmarktes) bestimmt. Das wäre im Prinzip kein Problem, wenn die USA nicht ihre eigenen Baumwollproduzenten (Großbetriebe, Plantagen: ca. 25 000 Farmer) mit Milliardenbeträgen subventionierten und damit den Weltmarktpreis auf einen Wert (2005 = 0,45 Euro pro Pfund; der Erzeugerpreis in den USA war mehr als dreimal so hoch!) drückten. Zu diesem Preis können die afrikanischen (Klein-)Bauern nicht produzieren und ihre Existenz ist akut bedroht. Welche Ungerechtigkeit dabei entsteht, zeigt folgender Zahlenvergleich: der Erzeugerpreis in Afrika liegt seit Jahren im Mittel bei 0,65 Euro pro Pfund Baumwolle. Damit nimmt er etwa die Hälfte des Preises ein, den die nichtsubventionierte Baumwolle in den USA kosten würde.

Doch diese Zusammenhänge vermag der afrikanische Kleinbauer nicht zu durchschauen. Er setzt weiter auf das „weiße Gold", erweitert die Anbaufläche, versucht die Erträge durch Düngereinsatz und den Verzicht auf Brachjahre zu steigern. Dadurch aber fördert er die Degradation der Böden und riskiert durch den Kauf von Dünger und Nahrungsmitteln, für die er keine Anbaufläche mehr hat, in Schuldabhängigkeit zu geraten und seine bäuerliche Existenz zu gefährden.

2) Nicht weniger kurios verhält es sich auf dem Weltzuckermarkt. Ehemals bezog Europa (Rohr-)Zucker aus den Kolonien, wo seine Herstellung früher auf der Basis von Sklavenarbeit billig war und auch heute noch – dank niederer Löhne – weltweit am kostengünstigsten ist. Doch inzwischen fungiert Europa als größter (Rüben-)Zuckerproduzent und -exporteur der Welt. Diese Entwicklung wurde nicht zuletzt durch die europäische Zuckermarktordnung möglich. Sie sah – mit Rücksicht auf die Produzenten-Lobby insbesondere in Frankreich, Deutschland, Belgien, Niederlande, Italien – großzügige Förderungen für Anbau und Verwertung der Zuckerrübe vor. Damit drückte die EU den Weltmarktpreis und unterlief die schon niedrigen Erzeugerpreise des Südens. Für viele Länder, insbesondere für Mauritius, Madagaskar, Mosambik und Südafrika oder Mexiko, Costa Rica und Ecuador, gingen dadurch die Deviseneinnahmen zurück und fehlten hinfort die dringend benötigten eigenerwirtschafteten Mittel für den Landesausbau und für die Schaffung Einkommen generierender Arbeitsplätze. Am 30. Juli 2006 lief die europäische Zuckermarktordnung aus. Kunde über irgendwelche Verbesserungen für die Länder des Südens liegen, wenn überhaupt zu erwarten, noch nicht vor.

M 3: *Monokultureller Zuckerrohranbau auf Mauritius*

3) Bananen werden in 130 Ländern der Erde produziert. Am Welt-Bananen-Handel sind jedoch nur 36 Länder beteiligt. Wichtigstes Erzeugerland ist zwar Ecuador (28,5% des Welt-Bananen-Exportes). Die Akteure, die zwei Drittel dieses Handels kontrollieren, sitzen jedoch in den USA: Chiquita, Del Monte und Dole. Um den kleinen Produzentenländern einen besseren Marktzugang zu ermöglichen, richtete die EU 1993 für die mit ihr im Lomé-Abkommen verbundenen 77 AKP-Staaten Exportquoten ein, wodurch diesen Ländern quasi eine Abnahmegarantie zu relativ stabilen Preisen zugesichert war. Damit gingen den US-amerikanischen Multis wichtige Marktanteile verloren. Es blieb daher nicht aus, dass im Jahr 1996 die US-Regierung bei der WTO vorstellig wurde und durchsetzte, dass 1997 die Bananenquotenregelung der EU abgelehnt und bis 1999 im Sinne liberalen Welthandels modifiziert werden musste. Zwei Jahre später wurde unter dem Druck der USA das Ende dieser Quotenregelung für 2006 vereinbart. Seither gilt ein einheitlicher Zollsatz (176 Euro pro t) und der freie Zugang zu allen Märkten. Leittragende sind all die Länder (z. B. Inselstaaten der Karibik und Länder Westafrikas und Südostasiens), wo Bananen in Klein- und Mittelbetrieben erzeugt werden. Sie sind jetzt dem globalen Wettbewerb ausgesetzt, in dem sie nicht bestehen können.

AKP-Staaten
Internationale Gruppe bestehend aus 77 Staaten aus Afrika, Karibik und Pazifik (zumeist frühere britische und französische Kolonien). Das Cotonou- und vorausgegangene Lomé-Abkommens sicherten ihnen den Zugang zum europäischen Markt für agrarische und industrielle Erzeugnisse zu und regelten die Preise und Exportkontingente.

M 1: *Fair-Trade-Bananenplantage in Ghana*

In Anbetracht der in diesen drei Beispielen geschilderten Situation ist die Kritik der Länder des Südens und zahlreicher NGO (z. B. ATTAC, Fairer Handel) an der WTO ebenso verständlich wie der eingangs erwähnte Vorwurf neokolonialistischer Nutzung des Welthandels durch den Norden. Denn faktisch profitiert in erster Linie dessen Landwirtschaft direkt und dessen Bevölkerung indirekt von der Ausbeutung der landwirtschaftlichen Produzenten des Südens. Lösungen böten beispielsweise die Einschränkung oder Aufhebung der Subventionen der Landwirtschaft im Norden zu Gunsten entwicklungs- und strukturfördernder Maßnahme für den Süden. Auch bedürfte es internationaler Regelungen, die es den bäuerlichen Produzenten und kleinen Produzentenländern erlaubten, sich zum Beispiel über Fair Trade einen größeren Anteil an den Verkaufspreisen zu sichern oder sich wenigstens auf den Märkten des Nordens neben überlegenen Transnationalen Unternehmen behaupten zu können.

1. *Viele Länder des Südens sind weiterhin in erster Linie Rohstofflieferanten. Erörtern Sie die Chancen und Gefahren, die sich daraus ergeben.*
2. *Untersuchen Sie, wie die Landwirtschaft des Südens zur globalen Umweltzerstörung beiträgt. Berücksichtigen Sie auch die Ursachen, die dazu führen.*
3. *Erläutern Sie, was Umweltzerstörung für den Entwicklungsprozess eines Landes bedeutet.*

2.8 Umweltzerstörung

Umweltzerstörung im Norden ist Ausdruck ungehemmten Konsums, der auch die Natur des Südens in Mitleidenschaft zieht. Die im Süden selbstverschuldeten und verheerenden Eingriffe in den Naturhaushalt geschehen hingegen mehrheitlich aus Not und Überlebenszwängen.

Alarmierende Nachrichten vom Ausmaß der Umweltzerstörung stammen mehrheitlich aus den Ländern des Südens: schrumpfende Regenwälder (M 1), vorrückende Wüsten, degradierte Böden und zerstörte Vegetation (M 2), verschmutzte, tote Gewässer, Staubstürme, Hangrutschungen, nebelhafter Benzindunst und schwarzrauchenden Schlote mögen als Auswahl genügen. Dazu droht mit dem Anstieg des Meeresspiegels das Versinken halber Staaten oder ganzer Regionen (z. B. Malediven, Bangladesch, Amazonien, Nildelta).

Die Regenwälder schwinden, weil (intern) Siedlungs- und Anbauflächen benötigt (z. B. Brasilien) und (extern) Edelhölzer für kurzlebige Luxusmöbel begehrt (z.B. Westafrika) oder für einmal verwendete Essstäbchen (z. B. Kalimantan / Indonesien) verschwendet werden. Lokale Überlebenszwänge und Exportchancen für Cash-crops (z.B. Baumwolle, Erdnüsse) führen zur raubbauartigen Nutzung der an sich schon kargen Böden und Altdünen (Sahel-Sudan). Dadurch wird die spärliche Vegetation völlig zerstört, Feinsand und Staub für den Windtransport aufbereitet, die Böden flächenhaft degradiert und teilweise irreparabel degeneriert. Riesige und luxuriöse Tourismuszentren mit ausgedehnten, von Grün strotzenden Golfplätzen, für die „Bedürftigen" des Nordens in Sonnengegenden geschaffen, verschlingen die begrenzten Grundwasserreserven, führen zum Oasensterben, zu Trinkwassernot, zum Rückgang des Anbaus und zum Veröden generationenlang genutzter Felder und Gärten (z. B. VAE, Marokko, Mittelamerika, Südafrika). Bevölkerungszuwachs und dadurch bedingter Land- und Brennholzbedarf zwingen zur Rodung der Wälder selbst auf steilsten Hängen und zu deren kühnen Terrassierung (z. B. Himalaya, Java). Hangrutschungen und Erdlawinen sind bei Starkregen die Regel und im Vorland führen die wegen des Waldmangels ungehemmt abfließenden Wassermassen zu Überschwemmungen und zu Zerstörungen von Vegetation und Kulturland (z. B. Indien, Bangladesch).

Außer diesen auch durch Naturereignisse teilweise mitbedingten Umweltzerstörungen werden die Ökosysteme des Süden von jenen Problemen intensiv belastet, die durch umweltfeindliche Produktionsprozesse oder Industrieabfälle aus dem Norden entstehen und wofür sich zahlreiche Länder des Südens aus Gewinninteresse anbieten. Nicht weniger umweltzerstörend wirkt die raubbauartige Ausbeutung der mineralischen Rohstoffe durch transnationale oder lokale Unternehmen (z.B. Kongo, Amazonasbecken, Chile, Südafrika, Malaysia).

Doch bei all diesen Vorgänge handelt es sich nicht nur um Umweltzerstörung, sondern nicht weniger um die Vernichtung und irreparable Verschwendung von Ressourcen, die den zukünftigen Generationen des Südens und ihrer Entwicklung unwiederbringlich verloren gehen.

Rückgang der Regenwaldfläche (2005)

	km²	%
Afrika	52 620	0,78
Südamerika	37 110	0,41
Ozeanien	3 650	0,18
Asien	3 640	0,07

Jährlicher Rückgang der Regenwaldfläche entspricht

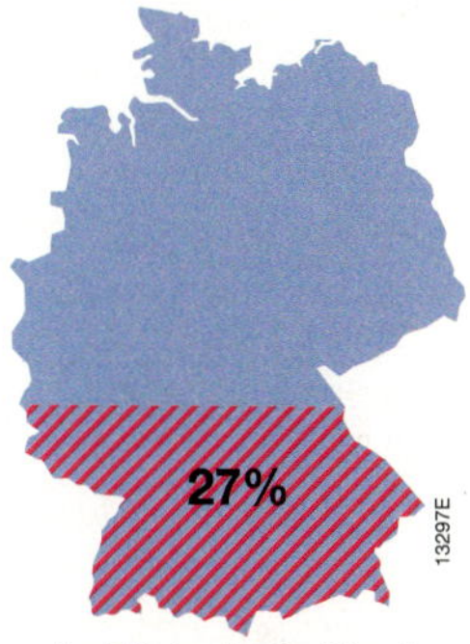

der Fläche Deutschlands

M 2: *Schwinden des Regenwaldes*

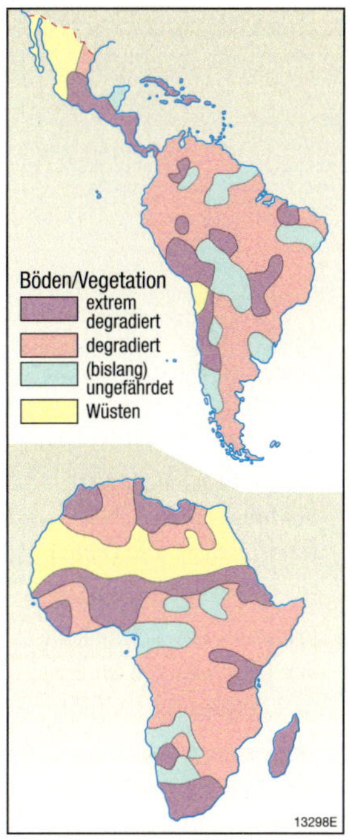

M 3: *Vegetationszerstörung und Bodendegradierung am Beispiel Lateinamerikas und Afrikas*

2.9 Überflüssige

Von Marginalisierten, Ausgegrenzten oder Peripherisierten wurde schon in der Vergangenheit gesprochen. Handelt es sich bei den Überflüssigen um ein neues Phänomen der Globalisierung?

Überflüssige werden in der Literatur auch als Underclass, les Exclus, Working Poor, Undercastes, Underdogs, Sitting Dugs, neue Arme, Scheingewinner oder Verlierer bezeichnet.

Mit der Bezeichnung „Überflüssige" wird im Folgenden an die Bezeichnung Redundant Population des britischen Ökonomen David Ricardo (1772 – 1823) angeknüpft. Er verstand darunter alle jene Arbeiter, die als solche wegen des großen Angebotes und der geringen Nachfrage nicht gebraucht wurden. In Zeiten der Globalisierung nimmt der Begriff jedoch eine weiter reichende Bedeutung an. Denn die Überflüssigen sind eine Folgeerscheinung wettbewerbsbestimmter Wirtschaft und damit ein Produkt fragmentierender Entwicklung, Danach können nur bestimmte Orte und dort wiederum nur ein Teil der dort lebenden Menschen an dem globalen Wirtschafts- und Gesellschaftsgeschehen dauerhaft (Gewinner) oder zeitweilig (Scheingewinner) partizipieren. Alle übrigen werden eigentlich nicht gebraucht. Sie sind die Überflüssigen, die Bewohner der „Neuen Peripherie".

Bei ihnen handelt es sich jedoch keineswegs um eine resignierte und undifferenzierte Masse, die auf Almosen und fremde Hilfe wartet. Sicher vermag die Mehrheit den Anforderungen einer globalen Wirtschaft nicht zu genügen. Doch sie ruht keineswegs. Viele betreiben Selbstversorgung. Andere produzieren beispielsweise agrarische, (kunst-)handwerkliche oder kleinindustrielle Waren. Doch es fehlt an Marktzugang, um damit Erfolg haben zu können.

Diese Überflüssigen lassen auch traditionelle, lang vergessene Techniken und Verfahren wieder aufleben. Außerdem entwickeln sie lokale Identitäten, situationsgerechte Lebensformen und angepasste Überlebensstrategien. Immer wieder wird es einzelne geben, die aus der Masse der Überflüssigen auszusteigen versuchen, um als Scheingewinner an der Globalisierung teilzuhaben oder vielleicht sogar zu den Gewinnern aufzusteigen. Andererseits finden sich hier all jene wieder (Verlierer), die den Verheißungen der Globalisierung nicht zu genügen vermögen.

Bei all den eben Angesprochenen handelt es sich letztlich um die dreifach Überflüssigen: 1. Als Arbeitskräfte werden sie nicht benötigt, können sie mangels Qualifikation oder wegen des globalen Arbeitskräfteüberangebotes nicht verwendet werden. 2. Als Konsumenten auf dem globalen Markt spielen sie infolge fehlender Kaufkraft keine oder nur eine höchst untergeordnete Rolle. 3. Als Produzenten sind sie unwichtig, denn ihre Erzeugnisse werden global nicht wirklich gebraucht oder nur von Philanthropen aus Mitleid gekauft.

Die Zahl dieser tatsächlich oder potenziell Überflüssigen ist groß. Sie sind mittlerweile im Süden wie im Norden zu finden und zu ihnen können Billiglohn-, Teilzeit-, Zeit- und Gelegenheitsarbeiter, Perma-Temps, strukturell und dauerhaft Arbeitslose genauso wie Migranten, Flüchtlinge, AIDS-Kranke oder auch die Hartz-IV-Empfänger gezählt werden.

1. *Beschreiben Sie die Verbindung, die zwischen Überflüssigen und Globalisierung besteht.*
2. *Erläutern Sie, welche Rolle den Überflüssigen im Entwicklungsprozess zufällt.*
3. *„Bereits jetzt gehört die Mehrheit der Bevölkerung zur Gruppe der Überflüssigen!" Diskutieren Sie dieses Statement.*

3 Entwicklungsländer: Strukturelle Vielfalt

Die Länder des Südens haben mit vielfältigen (Entwicklungs-)Problemen zu kämpfen. Doch aus der Distanz schwindet die Differenziertheit und der Betrachter aus dem Norden sieht die Entwicklungsländer nur als problembeladene Einheit. Auch die Wissenschaft findet durchaus gemeinsame Strukturen und entwickelte generelle Theoriekonzepte. So prägen beide Aspekte, Vielfalt und Gemeinsamkeit, die Vorstellung von den Ländern des Südens und werfen die spannende Frage auf, wie die Entwicklungswirklichkeit in Afrika, Lateinamerika und Asien tatsächlich aussieht.

3.1 Unterschiede der Entwicklungsregionen

Um der Unterentwicklung des Südens in ihrer räumlichen Ausprägung gerecht zu werden, müssen die regionalen Besonderheiten berücksichtigt werden. Sie erwachsen aus der Naturausstattung und kulturellen Vielfalt ebenso wie aus der Historie und internationalen ökonomischen und politischen Einbindung und Inwertsetzung.

Tropische bis subtropische, immer- oder wechselfeuchte und trockenheiße Klimaverhältnisse prägen die Lebens- und Wirtschaftsbedingungen in den Ländern des Südens. Die örtliche und regionale Ausprägung des Klimas unterliegt jeweils geographischer Breite, Relief, Exposition, Höhendifferenzierung und Ressourcenreichtum. Die für die Ernährung wichtige Qualität der Böden reicht von dauerhaft hoher (z. B. Java: Vulkanböden; Maracaibo-See: Schwemmland) über rasch erschöpfte (z.B. immerfeuchte Tropen) bis zu extrem karger Fruchtbarkeit oder sogar völliger Unfruchtbarkeit, wie sie in wechselfeuchten Tropen und den Trockengebieten auftritt. Von entscheidender Bedeutung für die Nahrungsproduktion ist außerdem die äußerst ungleiche Verteilung von und Zugänglichkeit zu Bewässerungswasser.

M 1

M 2

M 1: *Fruchtbare Reisbauterassen in Bengalen, Indien*

M 2: *Karges Land in Marokko*

Nicht weniger vielfältig und räumlich unterschiedlich ausgeprägt sind Kultur, Gesellschaft, Herrschafts- und Wirtschaftsformen. In ihrer heutigen Struktur sind sie Ergebnis endogener und exogener Prozesse, die vor allem durch die wirtschaftliche Ausbeutung der Länder des Südens und ihre Einbindung in den Welthandel bestimmt worden sind. Damit unterlagen sie fortwährend uniformierender und nivellierender Angleichung; ein sich in Zeiten der Globalisierung noch verstärkender Vorgang. Dieser weltweite Angleichungsprozess löst heute überall Gegenreaktionen aus, die regionale Besonderheiten (z.B. indigenes Wissen, Anbautechniken, Stammesbewusstsein) wieder aufleben lassen und Identitätssuche fördern. In extrem übersteigerter Form treten diese Reaktionen sogar als ethnisch oder religiös motivierter Terror auf – wie gegenwärtig vor allem in der islamischen Welt.

Es bedarf keiner großen Fantasie, sich angesichts dieser wenigen Anmerkungen die mögliche lokale und regionale Vielfalt der Lebenswirklichkeiten des Südens und des jeweils erreichten Entwicklungsstandes vorzustellen. Dabei lassen sich auf der Ebene der kontinentweiten Ent-

M 3

M 4

M 3, M 4: *Weltweite Angleichung des Konsumverhalten: Eine Himba Frau aus Namibia und der bolivianische Präsident Evo Morales trinken Coca Cola.*

wicklungsregionen und somit zwischen Lateinamerika, Asien und Afrika bemerkenswerte Unterschiede ausmachen:

1) ... sozial, politisch:

a) Im Jahr 1998 waren weltweit annähernd 800 Mio. Menschen unterernährt. Davon lebten 515 Mio. in Asien (Anteil an der Gesamtbevölkerung: 17 %), 55 Mio. in Lateinamerika (11 %) und 222 Mio. in Sub-Sahara-Afrika (34 %) und Nordafrika-Nahost (10 %). Die absoluten Zahlen verschleiern die Unterschiede auf Kontinent- und Länderebene. Hierbei schneidet Afrika besonders schlecht ab, da in 39 von 49 afrikanischen Ländern mehr als 15 Prozent (bis hin zu über 60 Prozent) der jeweiligen Bevölkerung unterernährt sind.

Anteil der Unterernährten in % an der Gesamtbevölkerung	Anzahl der Länder		
	Asien	Lateinamerika	Afrika
15–30	10	15	12
30–60	5	2	23
> 60	1	1	4
insgesamt	16	18	39

13190E

M 5: *Unterernährung nach Entwicklungsregionen 1998*

b) Obgleich Analphabetismus der Über-15-Jährigen überall prozentual zurückgeht und daher eigentlich heute kein Thema mehr sein sollte, spielt er in einigen asiatischen Ländern (z. B. Pakistan 56,0 %, Bangladesch 59,9 %, Nepal 60,8 %) und vor allem in Afrika noch immer eine große Rolle. In 25 von 49 afrikanischen Staaten liegt die Analphabetenquote bei über 50 Prozent und erreicht beispielsweise in Sierra Leone 69 Prozent, in Burkina Faso 77,8 Prozent und in Niger sogar 85,3 Prozent.

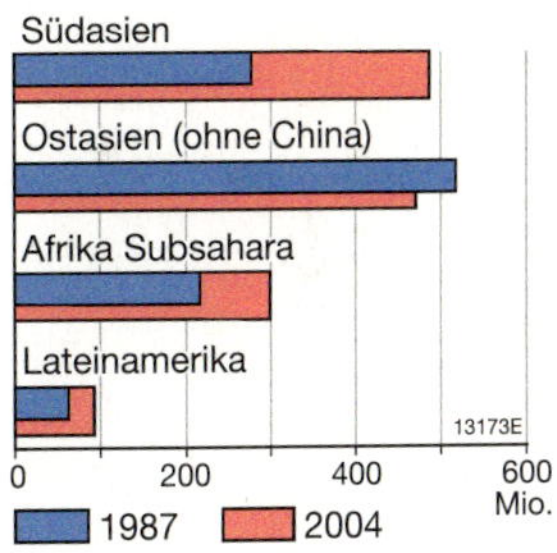

M 6: *Länder mit absolut armer Bevölkerung in Afrika, Lateinamerika und Asien (2003)*

c) Von den weltweit über 1,3 Mrd. Menschen, die in absoluter Armut leben, kommt der größte Teil aus Afrika, gefolgt von Asien (vor allem Südasien) und Lateinamerika. In Afrika ist die Zahl der Länder, in denen sogar im statistischen Mittel über 60 Prozent der jeweiligen Landesbevölkerung von weniger als 1 US$ pro Kopf und Tag existieren müssen, größer als in allen anderen Entwicklungsregionen.

Anteil der absolut Armen in % an der Gesamtbevölkerung	Anzahl der Länder		
	Asien	Lateinamerika	Afrika
15–30	7	8	8
30–60	3	2	8
> 60	2	0	10
insgesamt	12	10	26

13191E

M 7: *Absolute Armut: Zahl der Menschen, die von 1 US$ pro Kopf und Tag leben müssen*

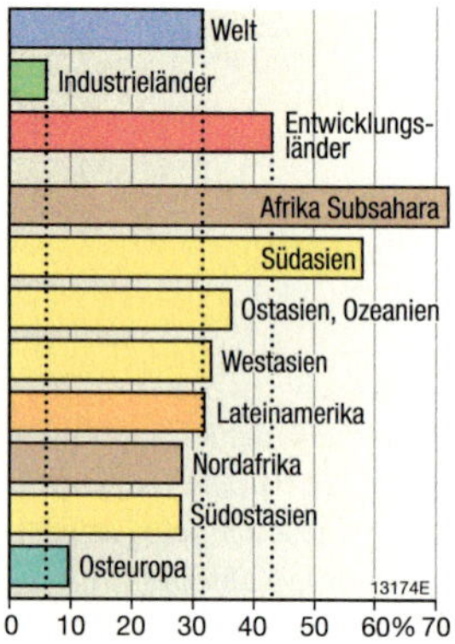

M 1: *Anteil der Stadtbevölkerung, die über keinen Zugang zu Trinkwasser verfügt*

d) Auch der Vergleich des Human Development Index (HDI), der die erreichten Entwicklungsergebnisse erfasst, ist durchaus aufschlussreich. In Lateinamerika (mittlerer HDI-Wert = 0,773) und Asien (0,737) zählt jeweils nur noch ein Land zur Kategorie der niedrigsten Entwicklungsstufe (<0,5). In Afrika (0,606) hingegen sind es 30 von 49 Ländern (mittlerer HDI-Wert für alle Industrieländer = 0,939, vgl. S.18 M1).

e) Während sich alle Länder des Südens durch relativ hohen Bevölkerungszuwachs (>2% pro Jahr) auszeichnen, lag die Verstädterungsquote 2000 in Lateinamerika bei über 75 Prozent, in Asien und Afrika bei jeweils nur um 36 Prozent. Doch in Asien und Afrika werden seit Jahren höchste Verstädterungsraten verzeichnet und schon für 2025 wird davon ausgegangen, dass über 55 Prozent der Bevölkerung in Städten leben (Weltdurchschnitt: 1994 = 45%; 2025 = 61%). Die Lebensbedingungen in den Städten wie beispielsweise der Zugang zu Trinkwasser sind überall beklagenswert. In Afrika und Südasien sind sie besonders dramatisch (M1).

f) Ohne Fortschritte auf dem Weg der Demokratisierung sind, so die gängige Auffassung und Erfahrungen des Nordens, keine nachhaltigen Entwicklungserfolge zu erreichen. In Lateinamerika haben sich inzwischen überall Demokratien durchgesetzt. Auch in Asien und Afrika sind Erfolge feststellbar. Doch Monarchien, Diktaturen und Militärregierungen sind weiterhin allenthalben Realität. Insbesondere in Afrika sind gewaltsame Regimeumstürze fast an der Tagesordnung.

„Auf der Weltkarte der Datenflüsse existiert Afrika so gut wie nicht. Der gesamte Kontinent hat nicht mehr Telefonleitungen als Tokio oder Manhattan und etwa so viele Internetanschlüsse wie Litauen."

Chéneau-Loquay, A:
Afrika am Netz. Le Monde diplomatique (2002)

2) ... ökonomisch:

a) Zur Veranschaulichung der unterschiedlichen Teilhabe des Südens an den Verheißungen der Globalisierung sei auf das Internet verwiesen. Von den weltweit erfassten Internetanschlüssen befinden sich in Lateinamerika sechs Prozent (Internetanschlüsse auf 1 000 Einwohner, IA = 5,6), in Asien und Pazifik 29 Prozent (IA = 0,6) und in Afrika gerade einmal ein Prozent (IA = 0,6; zum Vergleich: IA-Weltmittelwert = 15,1).

b) Die ausländischen Direktinvestitionen (FDI) bilden einen Indikator für die Partizipation am globalen Wirtschaftsgeschehen. Von diesen Direktinvestitionen, die weltweit in den vergangenen Jahrzehnten insbesondere zugunsten des Nordens enorm angestiegen sind (M2), flossen 2004 nur 11,3 Prozent nach Lateinamerika, 18,9 Prozent nach Asien und 4,0 Prozent nach Afrika.

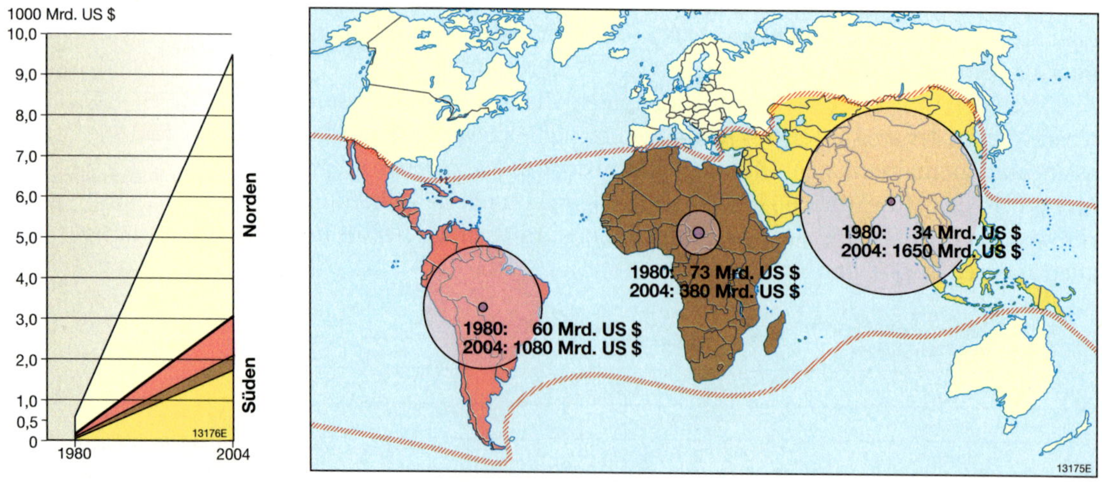

M 2: *Ausländische Direktinvestitionen (FDI) 1980 und 2004*

c) In Asien wächst die Wirtschaft (gemessen am BNP) seit 1980 mit jährlichen Zuwachsraten von durchschnittlich vier Prozent. Nach dem Boom der 1990er-Jahre mit zweistelligen Wachstumsraten besonders in Ostasien hat sich das Wachstum seit der Asienkrise etwa bei sechs Prozent eingependelt (M3, M4). Auch die afrikanische Wirtschaft hat momentan Wachstumsraten von immerhin um 2,5 Prozent. Während sich jedoch das BIP in Ostasien seit 1980 mehr als verdreifachte, ist die afrikanische Wirtschaft im gleichen Zeitraum nur wenig gewachsen. Ähnlich sieht es in Lateinamerika aus, wo das geringste BIP-Wachstum erzielt wird. Bei den Auslandsschulden hingegen überragen die südamerikanischen Länder alle anderen Entwicklungsregionen (M5).

d) Am von den Industrieländern bestimmten Welthandel (Im- und Export) nehmen Lateinamerika mit 5,3 Prozent, Asien mit 27,8 Prozent und Afrika mit 2,3 Prozent teil.

e) Der Textilienexport, vormals eine Domäne Westeuropas und seit Jahren ein ganz wichtiger Devisenbringer für viele Länder des Südens, wird heute von Asien (45%; davon China 24%) dominiert. Aus Lateinamerika stammen neun Prozent des weltweiten Exports und aus Afrika nur annähernd drei Prozent. Daran sind im wesentlichen Tunesien, Marokko, Mauritius sowie seit einigen Jahren auch Madagaskar und Mosambik beteiligt.

Diese sozialen, politischen und wirtschaftlichen Kenndaten veranschaulichen schon auf der Ebene der drei kontinentweiten Entwicklungsregionen große Unterschiede (M6). Afrika rangiert in allen Bereichen hinter Asien und Lateinamerika – nicht nur bei den aktuellen Werten, sondern auch bezüglich seiner grundsätzlichen Entwicklungsdynamik. Lateinamerika hingegen zeichnet sich durch bemerkenswerte Ergebnisse der „menschlichen“ Entwicklung und politischen Emanzipation aus. Asien schließlich hebt sich von allen anderen Regionen durch wirtschaftlich-industrielle Erfolge ab.

Die Entwicklungswirklichkeit der drei Kontinente soll im Folgenden näher dargestellt werden: Die „Beharrende Stagnation“ in Afrika, der „Autonomer Entwicklungsweg“ Südamerikas und der „Eigendynamische Aufstieg“ in Asien. Um dieser schlagwortartig gekennzeichneten Entwicklungsrealität näher zu kommen, ist eine differenzierte regionale Betrachtung erforderlich.

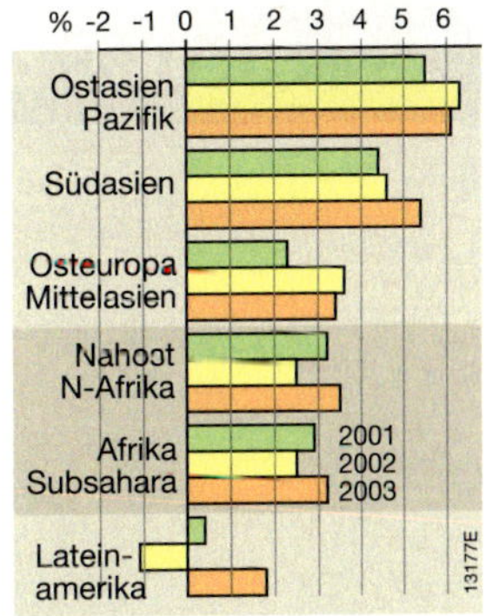

M3: *Wirtschaftliches Wachstum (BIP in %)*

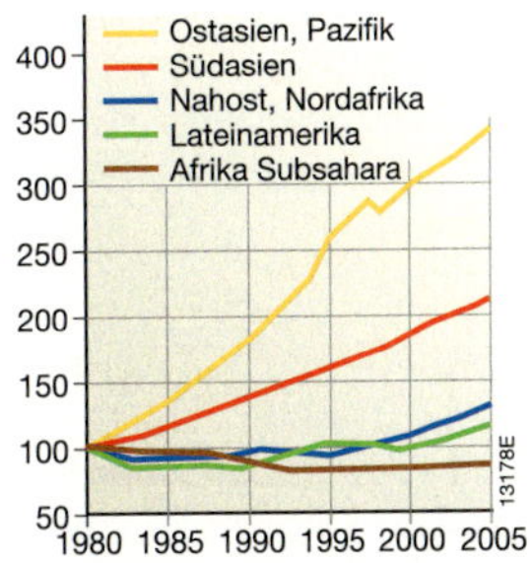

M4: *Entwicklung der BIP seit 1980*

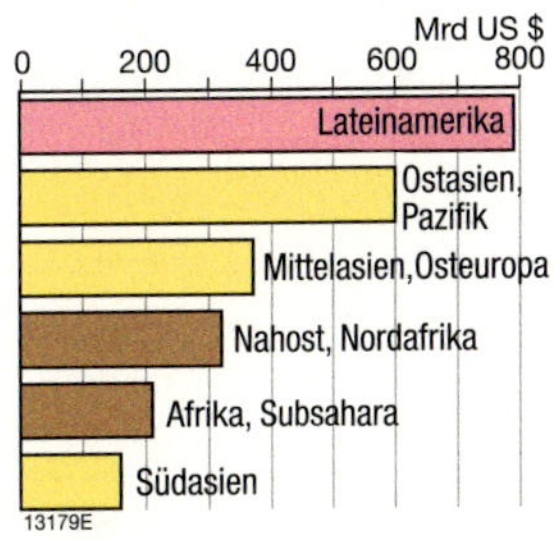

M5: *Auslandsschulden*

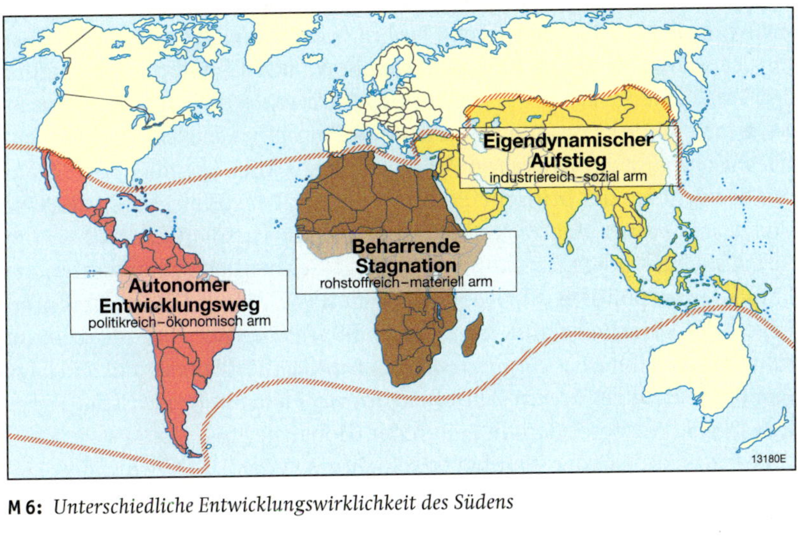

M6: *Unterschiedliche Entwicklungswirklichkeit des Südens*

1. *Nennen Sie die Unterschiede zwischen den kontinentweiten Entwicklungsregionen.*
2. *Analysieren Sie, für welche dieser Unterschiede die Länder des Südens selbst verantwortlich sind.*

3.2 Afrika: Beharrende Stagnation?

Afrika gilt als reich an Rohstoffen, Krankheiten und Konflikten und arm an Nahrungsmitteln, Wirtschaftskraft und politischer Stabilität. Wirtschaftlich einzig als Rohstofflieferant von Bedeutung spielt es politisch kaum eine Rolle in der Welt. Erreichte Erfolge werden durch Umstürze und Gewaltausbrüche immer wieder in Frage gestellt. Doch ist das Wort vom „verlorenen" oder „abgekoppelten" Kontinent wirklich gerechtfertigt?

M 1: Quellentexte über das Bild von Afrika in Europa

Brunold, B.: Afrika gibt es nicht. Korrespondenzen aus drei Dutzend Ländern. 1994

In der nördlichen Hemisphäre gibt es viele Leute, die glauben, in Afrika herrsche ein unerträglich heißes Klima, die Menschen hätten dort die meiste Zeit Hunger, und die Verhältnisse seien von Grund auf kreuzverkehrt. Einen solchen, regelrecht bestialischen Kontinent aber gibt es nicht. Was es dagegen gibt, ist ein grenzenloser Kontinent, der Wunden nicht nur schlägt, sondern auch heilt, der seine Millionen von Flüchtlingen nicht nur hervorbringt, sondern auch beherbergt und der über einen in Europa ganz unbekannten Fundus an Toleranz verfügt.

Themba Sono, südafrikanischer Wirtschaftswissenschafter, in einem Spiegel-Interview 2005

Wir müssen mit einfachen, beinahe biblischen Grundsätzen anfangen. Wir müssen Autarkie entwickeln. Bei der Lebensmittelproduktion ist Afrika immer noch nicht autark. Die europäische Entwicklungspolitik war lange Zeit die Ursache des Problems. Europäer haben sich gegenüber Afrika stets sehr patriarchalisch aufgeführt. Sie haben Afrika immer wie ein Baby behandelt. Und wenn man jemanden lange genug als Baby behandelt, dann glaubt er auch, dass er ein Baby ist und wird abhängig von Hilfe.

Ende der 1990er-Jahre, als den Entwicklungsländern Wachstum durch Globalisierung verheißen wurde, verkündeten skeptische Stimmen: *„Doch Afrika gilt als Verlierer"* oder *„Asien gewinnt, Afrika verliert."* Von anhaltender Unterentwicklung sprach damals schon der Politologe Robert Kappel, denn *„einen wirtschaftlichen Aufholprozess wird es in Afrika auf absehbare Zeit nicht geben können. Vielmehr wird der Kontinent auch in Zukunft von der weltweiten Entwicklung abgekoppelt bleiben, solange seine grundlegenden strukturellen Schwächen weiter bestehen."* Der Journalist Christoph Link stellte 2004 fest: *„Die Trends der vergangenen 25 Jahre weisen nach unten: die Lebenserwartung in Afrika ist gesunken, ebenso das Prokopfeinkommen. Steht der Kontinent womöglich auf verlorenem Posten?"* In der Afrika-Agenda der G8-Staaten bezeichnete der britische Premierminister Tony Blair Afrika als *„eine Wunde im Gewissen der Welt ... Die Armut und der wirtschaftliche Stillstand in Afrika sind die größte Tragödie unserer Zeit."* Schließlich sehen zahlreiche Entwicklungspolitiker *„Afrika in der Armutsfalle"*. Nach UN-Dokumenten liegen die Ursachen dafür im *„Mangel an grundlegender Infrastruktur, an Humankapital, an einer entsprechenden öffentlichen Verwaltung und an einem vom Privatsektor getragenen Wachstum; den vier Fundamenten wirtschaftlicher Entwicklung"* insbesondere in Zeiten der Globalisierung.

G8-Gipfel

Das Treffen der Regierungschefs der G8-Staaten 2005 in Glenneagles, Schottland hatte den Rückstand in der wirtschaftlichen Entwicklung Afrikas zum Thema. Die Regierungschefs einigten sich u.a. auf eine Erhöhung der Entwicklungshilfe und einen Schuldenerlass für die ärmsten Länder.

Afrikas Rolle in der Welt hat Geschichte: seit dem 16. Jahrhundert Lieferant von Millionen Sklaven; Aufteilung unter Europa am Grünen Tisch bei der Berliner Kongo-Konferenz 1885/86; fortan Nutzung als Rohstoffquelle und imperialistische „Spielwiese“; in den 1960er-Jahren in die Unabhängigkeit entlassen. Die neuen Staaten waren unerfahren beim Regieren und Verwalten, arm an Bildungs- und Gesundheitseinrichtungen, industriellen Produktionsstätten und Nahrung produzierender Landwirtschaft. Ihre Infra- und Wirtschaftsstruktur waren einzig extern orientiert. Die recht willkürlich gezogenen Grenzen nahmen keine Rücksicht auf Stammesgebiete. Die Bevölkerungen waren nicht vorbereitet worden, in nationalen Kategorien zu denken oder politisch über Stammesinteressen hinaus zu handeln. Und die Kolonialherren hatten ihnen nicht vorgeführt, Konflikte friedlich zu lösen. Dazu kamen zu allem Überfluss noch Armut, Krankheiten, Dürren, Missernten, Heuschreckenplagen, Hungerkatastrophen.

Für die formal unabhängigen Länder änderte sich faktisch an dem bisherigen kolonialen Abhängigkeitsstatus wenig. Die ehemaligen Kolonialmächte Frankreich und Großbritannien, aber auch Belgien und Portugal übten fast ungemindert ihren bisherigen politischen und ökonomischen Einfluss aus, zumal die jungen Staaten ohne diese externe Hilfe kaum lebensfähig waren. Bald gesellten sich dazu widerstreitende US-amerikanische und sowjetische Hegemonieinteressen. In Zeiten des Kalten Krieges waren die Supermächte darauf aus, auch in Afrika ihren politischen, ideologischen und ökonomischen Einfluss zu sichern. Nicht zuletzt trugen sie dazu bei, die jungen Staaten, durch interne tribale und religiöse Spannungen und persönliche Feindschaften sowieso schon aufgeheizt, in Militärputsche, Bürger- und zwischenstaatliche Kriege zu stürzen, in denen diese nicht selten als Stellvertreter Washingtons oder Moskaus herhalten mussten (M1). Viele Auseinandersetzungen begannen in den 1960er-Jahren, wiederholten sich oder dauern – wiederkehrend auflodernd – bis in die Gegenwart an. Sie haben – oft als postkoloniale Traumabewältigung interpretiert – die politische, soziale und ökonomische Entwicklung dieser Länder quasi paralysiert. Als Beispiele für

Literaturhinweis:
Scholl-Latour, P.: Afrikanische Totenklage, 2003

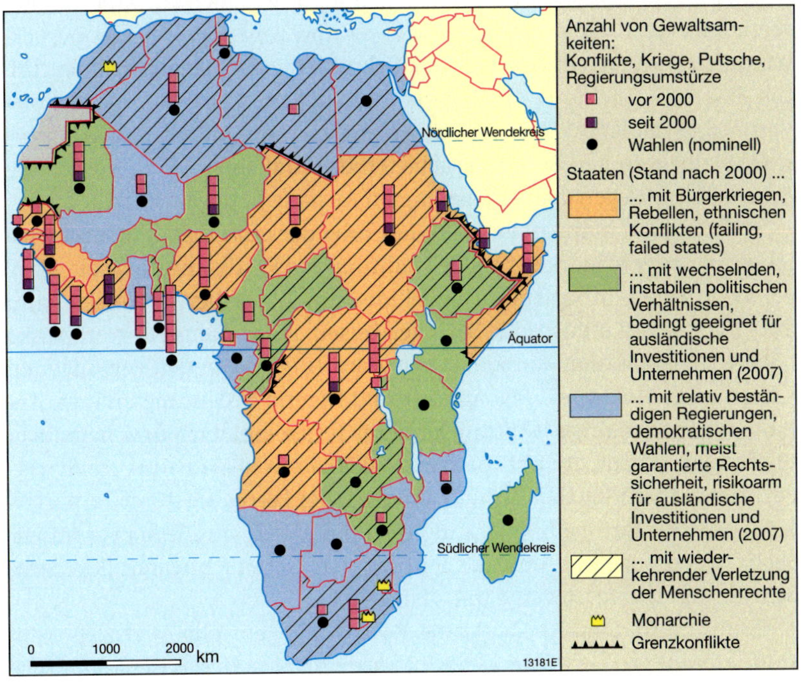

M 2: *Afrika: Reich an Konflikten, Kriegen und Militärputschen*

Failing (Failed) States
Staaten, die auf dem Wege sind, ihre Handlungsautonomie zu verlieren und sich dadurch immer weniger in der Lage sehen, verantwortlich und fürsorglich zu handeln. Failed states haben dieses Stadium schon hinter sich gelassen, sind paralysiert, ohne oder ohne legitimierte Regierung.

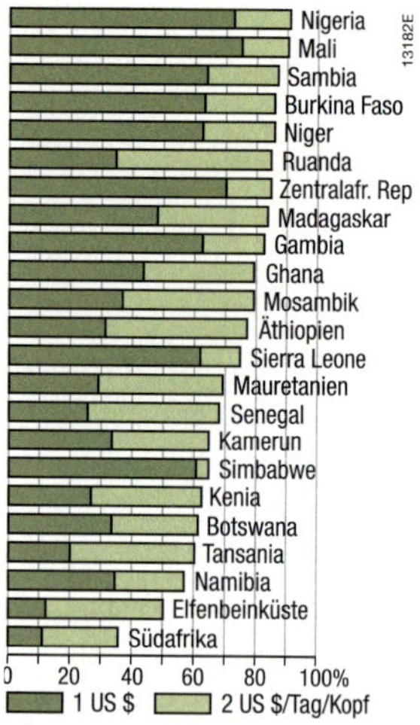

M 1: *Armut der Bevölkerung in Afrika nach Ländern (Anteil der Menschen, die von weniger als 1 US$ und mit 2 US$ pro Kopf und Tag leben müssen)*

M 2: *AIDS-Kranker in Benin*

diese Failed oder Failing states seien hier Angola, Äthiopien, Nigeria, Kongo, Uganda und vor allem Sudan, Somalia und Elfenbeinküste genannt.

In den 1990er-Jahren konnten aber auch in der Entwicklung Afrikas südlich der Sahara positive Tendenzen festgestellt werden, so zum Beispiel in Südafrika, Botswana, Mauritius, Mosambik und Ghana. Doch konzentriert sich das Wirtschaftswachstum auch dort auf ganz wenige Orte (in Mosambik etwa ausschließlich auf die Hauptstadt Maputo) und ist weniger Ergebnis gesteigerter Produktivität und höherer (ausländischer Direkt-) Investitionen, sondern in erster Linie gestiegener Weltmarktpreise vor allem für Rohstoffe. Die internationalen Hemmnisse (Constraints), mit denen die afrikanischen Länder leben müssen (Auslandsverschuldung, Verschlechterung der „Terms of Trade", Agrarsubventionen in den G8-Staaten) sind ebenso wenig behoben worden wie ihre strukturellen Schwächen. Zu diesen bis heute fast unverändert andauernden Strukturschwächen zählen neben der allgegenwärtigen Armut vor allem:

1) Hohes Bevölkerungswachstum: Die Geburtenrate liegt bei über drei Prozent, so dass trotz AIDS-bedingter Sterblichkeit die Bevölkerung unvermindert wächst. Sie nimmt vor allem im ländlichen Raum überproportional zu. Hier mangelt es an medizinischer und schulischer Versorgung sowie an Beschäftigungsmöglichkeiten. Wasser wie Nahrungsmittel stehen nicht in ausreichendem Maße zur Verfügung. Die Folgen sind Landflucht und explosionsartig wachsende Städte (z. B. Lagos, Abidjan, Dakar, Addis Abeba), in denen sich vor allem die junge, zum Teil qualifizierte Bevölkerung auf der Suche nach Arbeit und Anstellung oder nach einer Möglichkeit zur legalen oder illegalen Auswanderung konzentriert. Insbesondere mit der Migration der Intelligenz („Brain Drain") haben die Länder zu kämpfen.

2) Krankheiten und Epidemien: Länder, deren Bevölkerung unter nicht oder nur schwer zu heilenden Krankheiten wie Malaria, Tuberkulose oder AIDS leiden, stehen vor zwei schwierigen Aufgaben: Sie müssen hohe soziale und medizinische Leistungen erbringen und zugleich auf Arbeitskräfte verzichten oder deren geringe Belastung und Leistungsfähigkeit berücksichtigen. Dadurch wird die Wirtschaftskraft erheblich geschwächt. In einigen Staaten erreicht die AIDS-Quote der ländlichen Bevölkerung so hohe Werte, dass der landwirtschaftliche Anbau stagniert und sogar Äcker unbestellt bleiben. In den Bergwerksgebieten des südlichen Afrika werden die Arbeitsplätze wegen der AIDS-bedingten Ausfälle doppelt besetzt.

3) Schwache industrielle Basis: Ein Erbe der einseitigen Kolonialwirtschaft ist das Fehlen industrieller Tradition und Erfahrung sowie ein Mangel an Anlagen, Infrastruktur und Know-how. Lediglich Südafrika kann auf eine gewisse industrielle Basis verweisen. Als verlängerte Werkbänke haben Tunesien und Marokko sowie Mauritius und in den vergangenen Jahren auch Mosambik, Madagaskar und Nigeria Bedeutung erlangt. Anhaltende, nachhaltige Wirkungen dieser ferngelenkten Wirtschaftsform bleiben jedoch aus, etwa bei der Textilfabrikation in Mauritius. Auch werden die wenigen lokalen Ansätze industrieller Fertigung durch Importerzeugnisse aus Europa und in zunehmendem Maße aus China verdrängt. Nicht zuletzt unterminiert die Einfuhr von Gebrauchtwaren (Kleidern, Schuhe) das lokale Gewerbe und Handwerk.

Eine international bedeutsame Rolle hingegen fällt Afrika als Rohstofflieferant zu. Denn *„die riesigen Naturressourcen Afrikas werden im Zuge* *der weltweiten Veränderungen und Entwicklungen für den Wohlstand der Welt eine große Bedeutung erlangen können*", so die G8-Kommission. Alle für die moderne Technik, Energieerzeugung und Waffenfertigung wichtigen mineralischen Ausgangsstoffe sind insbesondere in einigen Ländern des südlichen Afrika konzentriert. Doch bislang hat dieser natürliche Reichtum noch keinem Land Segen gebracht. Er ist für die breite Bevölkerung sogar zum Rohstofffluch geworden. Die Ursache von zahlreichen gewaltsamen Konflikten, unter denen eben immer an erster Stelle die Bevölkerung zu leiden hat, war die lokale wie internationale Konkurrenz um Energie- und Rohstofflager (Ruanda, Nigeria, Sudan-Tschad, Elfenbeinküste, Angola und vor allem Kongo).

Auch seine kolonialzeitliche Rolle als Lieferant agrarischer Rohstoffe blieb Afrika trotz sinkender Weltmarktanteile (M3) erhalten. Ihr Anbau wurde sogar – nicht zuletzt Folge von Handelsliberalisierung dank Globalisierung – flächenmäßig ausgebaut. Afrika exportiert heute Palmöl, Baumwolle, Erd- und Cashewnüsse, Edel- und Massenhölzer, Wein, Bananen, Zitrusfrüchte, Kaffee, Kakao und seit einigen Jahren Blumen, Mangos und sogar Bohnen. Mit Straußen- und Gnu-Fleisch sowie mit dem Viktoria-Barsch vermochte es sogar die Gourmets Europas zu begeistern. Doch die Produktivität der privaten Landwirtschaft ist äußerst gering und deckt den lokalen Nahrungsmittelbedarf nur unzureichend. Dazu profitieren vom Agrarexport nur wenige. Nachhaltige Folgeeffekte gehen davon nicht aus, zumal die Bauern Anbauflächen opfern müssen, die sie eigentlich dringender zur Nahrungsmittelerzeugung benötigten.

4) Geringe technologische Kompetenz: Der niedrige Bildungsgrad in den meisten afrikanischen Ländern führt auch zu einem geringen Niveau an kreativen und produktiven Aktivitäten in Industrie, Gewerbe, Handwerk und Landwirtschaft. Selbst im Dienstleistungsbereich fehlt es an Fertigkeiten von internationalem Rang. Ohne Anhebung des Bildungs- und Ausbildungsniveaus, des technischen Wissens, der Verlässlichkeit bei Arbeit und Organisation wird Afrika vom Interesse der Weltwirtschaft weiter abgekoppelt bleiben.

5) Niedrige Produktivität: Die Leistungsfähigkeit der afrikanischen Wirtschaft wird allenthalben als gering eingeschätzt. Sie soll sogar im Sinken begriffen sein. Folge davon sind relativ hohe Produktionskosten trotz relativ geringer Löhne. Dadurch besteht an Afrika, von einigen Ländern abgesehen, als Standort für Weltmarktfabriken kaum Interesse, woraus sich letztlich auch die geringen ausländischen Direktinvestitionen erklären.

6) Fehlende Kommunikationsinfrastruktur: Für eine moderne, global agierende Wirtschaft ist heute ein leistungsfähiges Transport- und Kommunikationssystem unverzichtbar. Doch Afrikas Häfen verfügen nur vereinzelt über leistungsfähige Containerterminals, und den meisten Flughäfen fehlen elektronische Sicherungs- und Leitsysteme. Internetzugang besteht nur in den Hauptstädten und ist selbst da selten. Fast das gesamte Innere Afrikas ist bislang für elektronische Kommunikation nicht erschlossen.

7) Extreme Verschuldung: Mit Ausnahme von Botswana sind alle Länder Afrikas hoch oder extrem hoch verschuldet. Bei vielen erreicht die Schuldensumme ein Vielfaches des BIP (z. B. 2004: Kongo: Schulden in % am BIP = 346; Nigeria = 77,2; Sao Tomé = 753,0). Daran wird die 2005 von den G8 eingeleitete Entschuldungsrunde, die zuerst die Altschulden betrifft, im Prinzip nicht allzu viel ändern. Die Länder werden auch wei-

Erdöl, Erdgas: Nigeria, Angola, Gabun, Algerien, Ägypten, Libyen, Sudan, Kap Verde und die Region des Golfes von Guinea (Anteil an Weltproduktion: 10,7 %; an Reserven 7,8 %).

Kupfer, Kobalt, Coltan: Sambia und Kongo.

Diamanten: Südafrika, Botswana, Namibia, Kongo und Ghana (55,2 %).

Gold: Südafrika, Simbabwe, und Ghana (19,7 %).

Uran: Südafrika, Namibia, Gabun und Niger.

Chrom: Südafrika, Simbabwe und Madagaskar.

Vergleiche dazu:
Diercke Weltatlas:
Afrika Wirtschaft, S. 133.

M 3: *Mineralische Rohstoffe in Afrika*

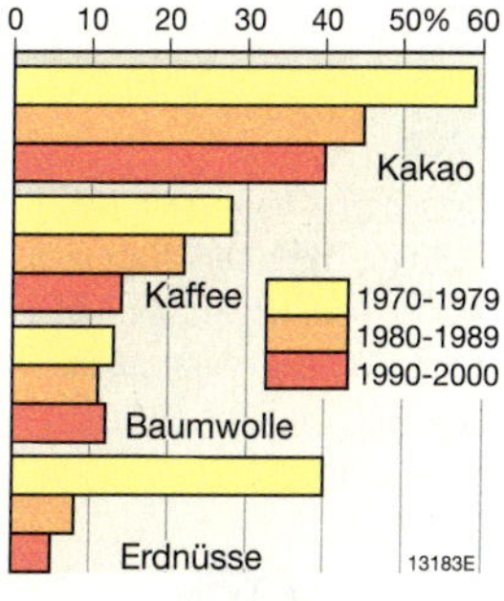

M 4: *Entwicklung der Weltmarktanteile der wichtigen agrarischen Exportprodukte Afrikas seit 1970*

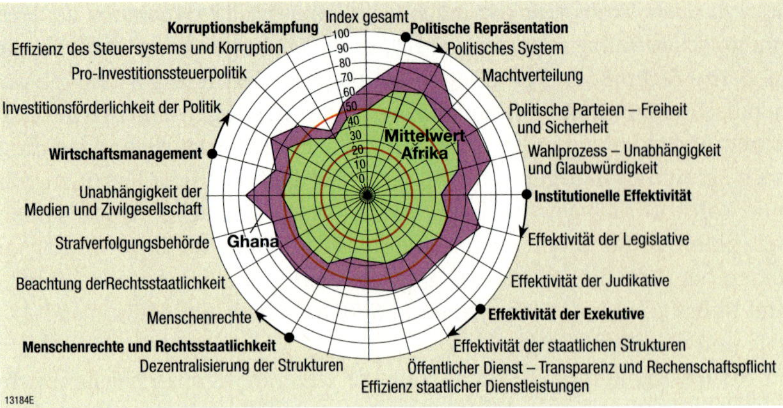

M 1: *Regierungsführung in Ghana*

terhin Schuldendienste leisten und dafür nicht nur einen großen Teil des Devisenaufkommens, sondern auch der neuen Kredite aufwenden müssen. Damit gehen ihnen die Mittel für dringende Investitionen verloren.

8) Politische Gewalt und Instabilität: Wie keine andere Entwicklungsregion ist Afrika durch fortwährende inner- und zwischenstaatliche Konflikte und Kriege erschüttert sowie von Regierungsumstürzen, Militärregierungen und Flüchtlingen heimgesucht worden. Wenn sich in den vergangenen Jahren auch die Lage etwas beruhigt hat und demokratische Ansätze häufiger auftauchen, so kann dennoch kaum überraschen, dass die Bewertung der Regierungsarbeit afrikanischer Staaten durch die UNECA schlecht ausfällt und selbst für das als vergleichsweise stabil geltende Ghana zu einem recht ernüchternden Ergebnis gelangt (M 1). Wollen ausländische Unternehmen Rohstoffe ausbeuten, sind sie nicht selten auf den Einsatz von Söldnertruppen und Paramilitärs angewiesen. Selbst zur Beilegung innerstaatlicher Konflikte oder zur Abhaltung demokratischer Wahlen kann auf ausländische Hilfe nicht verzichtet werden. Durch derartige unsichere Verhältnisse wird nicht nur die eigene Bevölkerung eingeschüchtert und von entwicklungsrelevanten Eigeninitiativen abgehalten. Auch potenzielle ausländische Investoren und sogar Entwicklungsorganisationen werden verschreckt und halten sich zurück, so dass die Sicherheitslage die Abkoppelungssituation Afrikas in jedem Fall verstärkt.

UNECA
Wirtschaftskommission für Afrika der Vereinten Nationen, 1958 gegründet, Sitz in Addis Abeba, 53 Mitgliedsstaaten

Angesichts dieser strukturellen Probleme stellt sich die berechtigte Frage, wie die Menschen überhaupt überleben und die Staaten überdauern können. Die Fähigkeit zum Ertragen von Hunger, Krankheit, Gewalt und Unterdrückung scheint grenzenlos. Zu Leidensfähigkeit, Duldsamkeit und Genügsamkeit kommen aber noch jene beeindruckenden Eigenschaften wie Unbeschwertheit, Heiterkeit, Toleranz und Anpassungsvermögen, die aus der Sicht eines Europäers miteinander unvereinbar sind. Nicht unbedeutend sind aber auch Fähigkeiten ganz praktischer Natur. Kenntnisse über angepasste, indigene Anbautechniken, Hüttenbau, Weidenutzung, Wasserkonservierung oder die Verwendung von Heilpflanzen sind beim Überleben unter schwierigen Bedingungen hilfreich.

M 2: *Jerry Rawlings, von 1981 bis 2001 Präsident von Ghana*

Erheblich zum Überdauern der Staaten trug die aus den kolonialzeitlichen Kontakten erwachsende Verantwortung bei, die nicht selten aus schlechtem Gewissen der ehemaligen Kolonialmächte erwuchs. Auf diesen Beziehungen gründen sich die zahlreichen bi- und multilateralen Hilfsprogramme und präferenziellen Handelsabkommen (z. B. EU-AKP-/ Cotonou-, Lomé- oder Multifaser-Abkommen). In jüngerer Zeit erfreuen

M 3: *Containerschiff Dal Kalahari der Deutschen Afrika-Linien*

sich insbesondere all jene Länder externer Aufmerksamkeit und Förderung, die über nachgefragte mineralische, fossile Rohstoffe (z. B. Coltan, Kobalt, Wolfram, Uran, Kupfer, Zinn, Zink, Diamanten, Erdöl, Erdgas, Gold) verfügen. Dieses Interesse erwachte insbesondere in dem Maße, in dem die Erdölregion des arabischen Golfes unsicher wurde und das industriell explosionsartig wachsende China sowie Indien als Konkurrenten zu den Ländern des Nordens in Afrika aufzutreten begannen. China erweist sich für die afrikanischen Regierungen zunehmend als problemloser, stiller und unkritischer Partner sowie nicht selten als Fürsprecher bei den UN. Auch hat es sich als solventer Abnehmer aller Rohstoffe, Lieferant preisgünstiger Massenwaren sowie verlässlicher Finanzier und Träger selbst kostspieliger Entwicklungsprojekte in Afrika einen guten Namen gemacht. Doch auch Deutschland will seine Außenhandel mit Afrika (Ausfuhren 1,9%, Einfuhren 2,1%) ausweiten (2005 auf 28 Mrd. €). Bislang ist Südafrika mit annähernd 45 Prozent Hauptabnehmer von deutschen Exportgütern und Libyen mit fast 30 Prozent wichtigster (Erdöl-)Lieferant.

Diese widerstreitende Interessenlage der großen internationalen Wirtschaftsnationen wissen die Mächtigen und Eliten in allen afrikanischen Staaten – wie ehemals im Kalten Krieg – zu ihren ganz eigenen Vorteilen zu nutzen. Aus dieser Konkurrenzsituation erwächst aber auch das vermehrte Engagement Europas in Afrika. Dabei geht es um vielfältige direkte und indirekte Aktivitäten, wie sie im G8-Afrika-Aktionsplan Niederschlag finden. Natürlich stehen dabei wirtschaftliche Ziele wie Rohstoffzugang und Absatzmärkte im Vordergrund. Doch stützt die europäische Förderung auch nachdrücklich vor allem afrikanische Eigeninitiativen, die das Ziel verfolgen, bisherige Probleme zu überwinden. Dazu gehört die 2002 gegründete „Afrikanische Union" und insbesondere ihr Entwicklungsprogramm NEPAD (New Partnership for Africa's Development). Für die angestrebten Reformmaßnahmen werden großzügig Geldmittel von den G8-Staaten und der EU in Aussicht gestellt.

Überhaupt erfährt Afrika in der europäischen und globalen Wahrnehmung eine Renaissance, wie zahlreiche Veranstaltungen in und um Afrika sowie politische Initiativen zeigen. Die neue Einstellung zu Afrika ist mit Blick auf das seit Jahrzehnten währende Massenelend begrüßenswert. Es wäre zu hoffen, dass damit tatsächlich Verbesserungen einhergehen. Zur Behebung oder Minderung der Probleme in Afrika müssen jedoch größere und entschiedenere Maßnahmen ergriffen werden als in den vergangenen fünf Jahrzehnten. In Anbetracht der strukturellen Schwächen ver-

„Amerikaner und Chinesen liefern sich eine Schlacht um Afrikas Bodenschätze. Das Hauptinteresse gilt den riesigen Erdölreserven. Doch Chinas ungehemmt wachsende Industrie verlangt auch nach Kupfer, Mangan oder Tropenholz."

Thielke, T.:
Pilgerfahrt nach Peking. Der Spiegel 2005

Die Gründer von NEPAD haben mit schonungslosem Blick für die Probleme Afrikas zentrale Reformprojekte benannt. Sie zielen auf den Kampf gegen Korruption und schlechte Regierungsführung, auf eine intensivere Förderung von Demokratie, Rechtsstaatlichkeit und Menschenrechten, auf friedliche Konfliktlösung, transparentere Finanzmärkte und eine wirksamere Förderung der Privatwirtschaft.

Joschka Fischer
anlässlich des 39. Jahrestages der Organisation für Afrikanische Einheit 2003

Afrikanische Union
Nachfolgerin der 1963 gegründeten Organisation der Afrikanischen Einheit = OAU, Sitz Addis Abeba, 53 Mitgliedsstaaten (und autonome und unabhängige Gebiete)

Literaturhinweis:
Zum Nachvollzug der regionalen Entwicklungsvielfalt in Afrika sei verwiesen auf: Theo Rauch: Diercke Spezial, Afrika im Prozess der Globalisierung, Braunschweig, 2007.

wundert es aber kaum, dass die Wirtschaft des Nordens und insbesondere die Transnationalen Unternehmen mit ihrem Produktionskonzept „Global Sourcing" wenig Interesse an größeren wirtschaftlichen Beziehungen zu Afrika haben. Aus ihrer Sicht kann das stagnierende Afrika daher als „abgekoppelter Kontinent" gesehen werden. Nichts anderes bedeuten auch die sichtbaren wie unsichtbaren „Mauern" an der Südseite der „Festung Europa", die gegen die Flüchtlingsströme aus dem Süden gerichtet sind.

Wenn man die Entwicklungsfortschritte Afrikas betrachtet, kann die Neigung entstehen, den ganzen Kontinent über einen Kamm zu scheren. Zweifellos gibt es übergreifende Entwicklungsmerkmale und gleiche externe Zwänge, denen die afrikanischen Länder unterliegen. Dennoch existieren in den einzelnen Ländern ganz unterschiedliche Entwicklungswirklichkeiten: Nach dem menschlichen Entwicklungsstand zeichnen sich die islamisch-arabischen Staaten Nordafrikas dank Erdöl und Europanähe durch hohe Indexwerte (HDI > 0,7) aus. Im südlichen Afrika dominieren Staaten, die infolge reicher mineralischer Rohstoffe und relativer politischer Kontinuität mittlere Entwicklungsergebnisse erreicht haben (> 0,5). Die Länder dazwischen können bislang nur niedrige Werte (< 0,5) und geringste Veränderungen vorweisen (M 1). Diese Tatsache trifft insbesondere für die Sahel-Sudan-Staaten zu, in der karge natürliche Ausstattung sowie politische Instabilität und Gewalt entwicklungshemmend zusammenwirken. Letztere bilden aber auch in den westafrikanischen Küstenstaaten den Hauptgrund für Stagnation und sogar Regression.

Eine kontinentweite Überblicksdifferenzierung wird der Entwicklungs- und Ursachenvielfalt auf der Ebene der einzelnen Länder oder gar Teilen derselben nicht gerecht. Um die mögliche Entwicklungsvielfalt deutlicher zu machen, seien zwei Beispiele näher betrachtet: Kongo steht für kolonialistische Willkür und Ausbeutung ohne Ende. Mauritius gilt als afrikanisches Musterland dank erfolgreicher Teilhabe am globalisierten Weltmarkt.

1. *Analysieren Sie die Rolle Afrikas in der neueren Weltgeschichte.*
   a) *Erarbeiten Sie beginnend bei den Entdeckungsfahrten einen Längschnitt bis zu den G8-Gipfeln von Glenneagles und Heiligendamm.*
   b) *Weisen Sie anhand von Beispielen nach, wie sich weltpolitische Aktivitäten auf Afrika auswirkten* *(S. 71 M 2)*.
2. *Prüfen Sie die These, dass Afrika ein abgekoppelter Kontinent ist.*
3. *Nennen Sie Gründe für die besondere Aufmerksamkeit, die Afrika zu Beginn dieses Jahrhunderts in der Weltpolitik erfährt.*

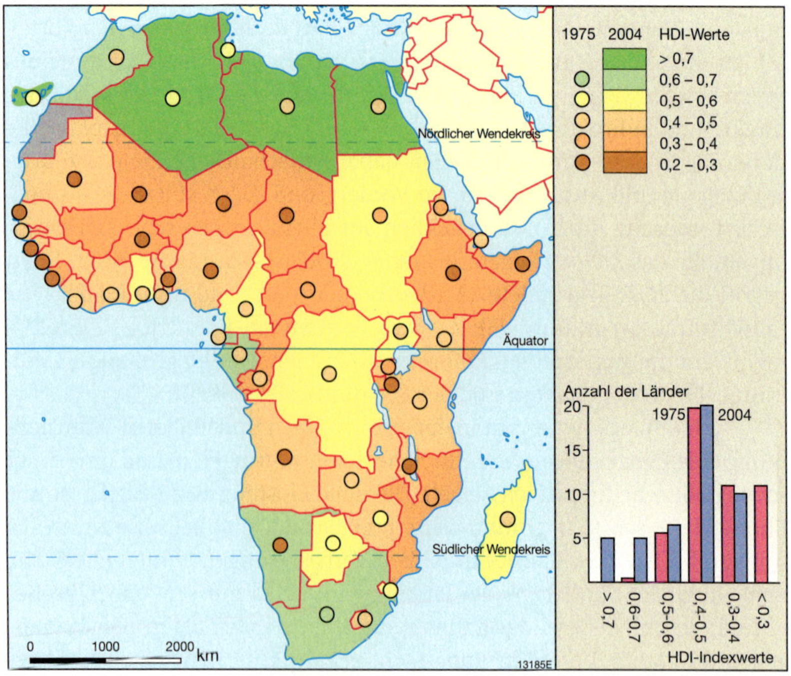

M 1: *Länder in Afrika nach dem Index der Menschlichen Entwicklung (HDI) 1975 und 2004*

3.2.1 Kongo: Ausbeutung ohne Ende?

Die Kolonialherrschaft in Belgisch-Kongo war eine der brutalsten in ganz Afrika. Auch die Unabhängigkeit hat der Ausbeutung von außen kein Ende gesetzt und unzählige Kriege haben dem Land keine Möglichkeit zur Entwicklung gegeben. Ist Kongo ein hoffnungsloser Fall?

Im Jahre 1482 landeten portugiesische Seefahrer an der Küste des damaligen Königreich Kongo (im heutigen Angola). Dessen Herrscher, der Manikongo Nzinga Nkuwu, zeigte reges Interesse an den Fremden, begrüßte die Ansiedlung von Priestern und Kaufleuten und ließ sich zum Christentum bekehren. Sein Nachfolger Alfonso I. (1506 – 1543) befahl die Christianisierung des Landes und übernahm sogar das portugiesische Regierungsmodell. Er war vom geschriebenen Wort, der Medizin, der kirchlichen Organisation, den handwerklichen Fertigkeiten und den Waren der Europäer fasziniert. Doch damit nahm eine folgenreiche Entwicklung ihren Anfang: die Ausbeutung des Kongo ohne Ende.

1) Die Portugiesen, allen voran die Priester, erschlossen sich die Region für den um 1500 beginnenden Sklavenhandel nach Übersee. Um 1530 wurden jährlich etwa 5 000, um 1600 über 15 000 Sklaven verschifft. Das Interesse der Portugiesen gehörte außerdem den natürlichen Reichtümern, die sich ihnen im königlichen Schmuck und in Gefäßen aus Gold, Silber, Kupfer und Elfenbein zeigten. Schon im 16. Jahrhundert gelang es den Afrikanern nicht mehr, ihre Schätze vor der europäischen Begehrlichkeit zu schützen. Die Tatsache, dass die intensive Ausbeutung aber erst im 19. Jahrhundert voll einsetzte, lag an der Unzugänglichkeit des Landesinneren infolge der Stromschnellen im Kongo und des dichten, undurchdringbaren Urwaldes und wohl auch daran, dass das europäische Interesse auf Indien mit seinen begehrten Reichtümern an Stoffen und Gewürzen gelegen hatte.

2) Die exzessive Nutzung der Ressourcen des Kongo ist mit dem Namen Leopold II., König von Belgien, verbunden. Er war von der Vorstellung fasziniert, in Kolonien Reichtum erlangen und damit seine Macht ausbauen zu können. 1879 gewann Leopold den Journalisten und Kongoforscher Henry Morton Stanley dafür, in seinem Auftrag und auf seine Kosten den Kongo zu erschließen. Als auf der Berliner Konferenz 1885/86 das riesige Areal des zentralen Innerafrikas (75-mal größer als Belgien) als „État Indépendant du Congo" (Freistaat Kongo) Leopold II. als Privatbesitz zugesprochen worden war, setzte eine beispiellose Ausbeutung des Landes und seiner Menschen ein.

Leopold II. wollte nach eigenem, philanthropischem Bekunden die Afrikaner von ihrem Müßiggang erlösen, indem er sie zur Arbeit zwang. Auch betrachtet er sein afrikanisches Territorium als ein unbebautes Grundstück, das es zu erschließen galt. In diesem Sinne ließ er Kolonial- und Militärstützpunkte errichten, von denen aus das gewaltsame Eintreiben zuerst von Elfenbein und wenig später von Kautschuk organisiert wurde. Um 1900 erreichte die Exportmenge für Kautschuk elf Mio. Pfund. Da für Afrikaner Geldgeschäfte verboten waren, wurden sie für ihre Arbeitsleistung mit billigen Glasperlen, Stoff und Messingstäben, die als lokale Quasi-Währung eingeführt wurden, entlohnt. Von Anbeginn

M 2: *Leopold II., König von Belgien (1865 – 1909)*

Literaturhinweis:
Die Kolonialherrschaft der Belgier im Kongo ist ausführlich und verlässlich geschildert von: Joseph Konrad: Herz der Finsternis, 1998.

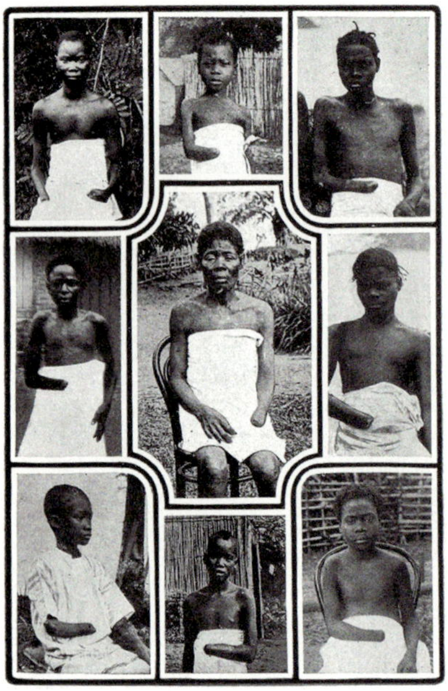

M 1: *Kinder und Erwachsene, die nicht genug Kautschuk gesammelt hatten, wurden zur Strafe die Hände abgehackt.*

M 2: *Joseph Mobutu*

Kleptokratie
Herrschaftsform, bei der die Herrschenden eine willkürliche Verfügungsgewalt über den Besitz und die Einkünfte der Beherrschten haben und diese Macht ausnutzen, um sich oder ihre Klientel zu bereichern.

Koltan
Roherz, aus dem vorrangig das Metall Tantal gewonnen wird, das für die Herstellung von Mobiltelefonen benötigt wird.

herrschte Zwangsarbeit, von der selbst Frauen und Kinder nicht ausgenommen waren. Um die aus Belgien vorgegebene Kautschukmenge zu sammeln, schreckten die Kolonialherren nicht vor drakonischen Maßnahmen wie Prügel, Folter, Verstümmelung und Geiselnahme der Frauen und Kinder sowie der Zerstörung der Hütten und Felder zurück. Die einzig nennenswerte Infrastrukturmaßnahme war außer dem Bau der Eisenbahn von der Küste bis Kinshasa die Einrichtung von Kinderkolonien unter Leitung katholischer Missionare, in denen die Kinder zu Soldaten ausgebildet wurden. Um ihre Brutalität zu fördern, wurden sie für jeden Menschenkopf, den sie vorlegten, materiell ausgezeichnet.

3) Diese brutale Gewalt mit unvorstellbaren Gräueltaten und Morden (von 1885 bis 1908 über 10 Mio.) sowie die Ausbeutung von Mensch und Land durch Leopold II. wurden bald in den USA und Europa bekannt. Der sich dadurch aufbauende öffentliche Druck veranlasste 1908 die belgische Regierung, dem Monarchen „seinen" Kongo zu entziehen. Es entstand die Kolonie „Belgisch Kongo". Jetzt kam es zwar zur Verbesserung der Lebensbedingungen für die Menschen. Doch die Ausbeutung der wertvollen (jetzt vorherrschend mineralischen) Rohstoffe und die dabei eingesetzten Arbeitspraktiken setzten sich ungemindert fort. Auch zeigte Belgien wenig Interesse am technischen und sozialen Infrastrukturausbau und damit an der allgemeinen Entwicklung des Landes.

4) Als der Kongo 1960 unabhängig wurde, war er politisch und sozial instabil und von unterschiedlichen regionalen und tribalen Interessengruppen beherrscht. Eine selbstständige und unabhängige Politik und intern bestimmte Entwicklung wurde aber auch verhindert durch fortgesetzte Interventionen Belgiens sowie der USA und der Sowjetunion in dieser Hochzeit des Kalten Krieges. Die Ermordung des ersten gewählten, linksorientierten Ministerpräsidenten Patrice Lumumba 1961 führte den Kongo in ein Chaos, das bis heute andauert. Zunächst putschte sich 1965 der USA-Verbündete Joseph Mobutu an die Macht, führte ein Einparteiensystem ein und benannte das Land im Sinne oberflächlicher Afrikanisierung in Zaire um. Er bediente sich eines Repressionsapparates, der sich von denen der ehemaligen Kolonialherren nicht unterschied, und wurde zum Inbegriff eines kleptokratischen Diktators. Da Mobutu das Land zur Nutzung der mineralischen Reichtümer öffnete, wurde seine Gewaltherrschaft in den westlichen Industrieländern (quasi stillschweigend) geduldet.

Vor allem der Osten des Landes mit seinen mineralischen Reichtümern (z. B. Gold, Diamanten, Koltan, Kupfer, Kobalt, Wolfram, Zink; M 4) wurde zum konkurrenz- und konfliktreichen Tummelfeld französischer, belgischer, südafrikanischer, australischer, britischer und US-amerikanischer Firmen. Nicht zuletzt förderte ihre Präsenz Korruption, Machtzerfall und damit jene Destabilisierung, die seit Anfang der 1990er-Jahre Oppositionelle veranlasste, sich in Rebellenmilizen zusammenzufinden. Unter Führung des neuen US-Protéges Laurent-Désiré Kabila und mit Unterstützung der aus Uganda und Ruanda zu Hilfe gerufenen Truppen gelang es 1997 den Rebellen der „Allianz Demokratischer Kräfte für die Befreiung des Kongo" (AFDL), in Kinshasa das über 30 Jahre währende

M 3: *Im extrem rohstoffreichen Gebiet um Lubumbashi im Ostkongo wird Kobalt und Kupfer abgebaut.*

Mobutu-Regime gewaltsam zu beenden. Mit diesem so genannten „Ersten afrikanischen Weltkrieg“ setzte eine neue Phase unbeschreiblicher Gewalt ein (M 4).

5) Die von Kabila zu Hilfe gerufenen Mitstreiter, Tutsi-Milizen aus Ruanda, Truppen aus Burundi und Rebellen (Kindersoldaten) aus Uganda, entzogen sich bald seiner Kontrolle und stritten mit lokalen Clanchefs um den Zugriff zu den Bodenschätzen in Ost-Kongo. Als sich 1998 Kabila, der das Land wieder in Demokratische Republik Kongo umbenannt hatte, dieser Mitstreiter zu entledigen suchte und ihm dabei Truppen aus acht

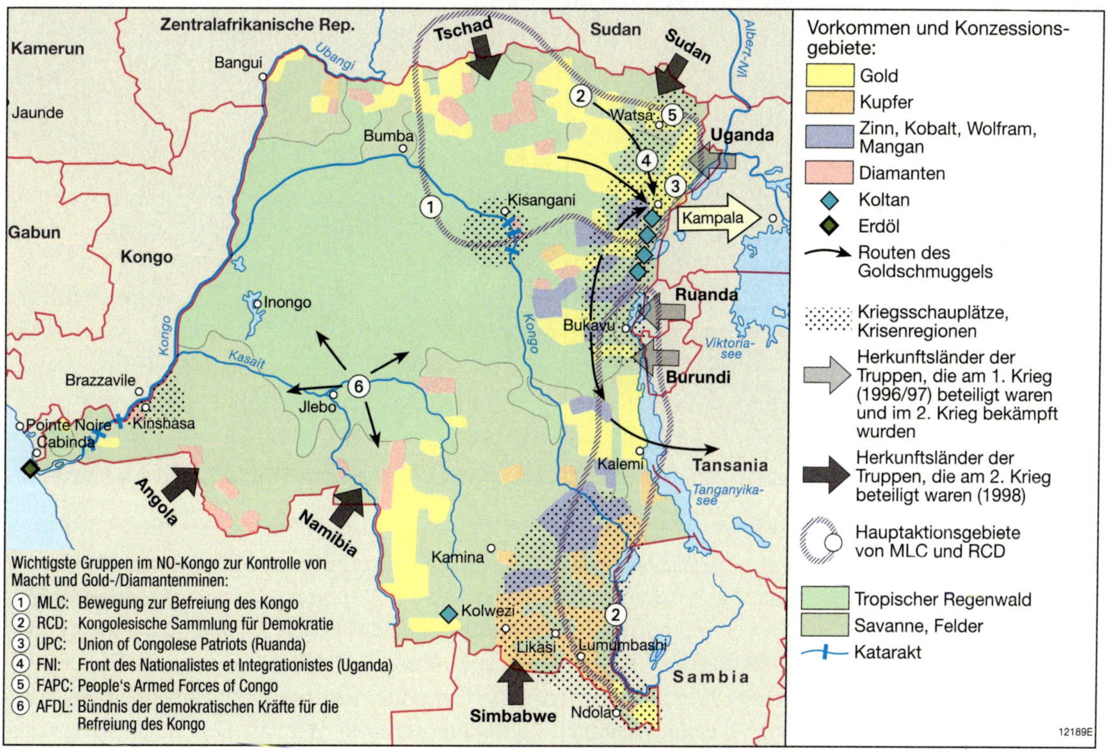

M 4: *Rohstoffvorkommen und Konfliktherde in der Demokratischen Republik Kongo*

Nachbarstaaten halfen, brach der „Zweite afrikanische Weltkrieg“ aus. Kabila ging es dabei auch um die Überprüfung der bisherigen Verträge mit den ausländischen Bergwerksgesellschaften mit dem Ziel, neue Vertragspartner und bessere Konditionen für sein Land zu erreichen. Dagegen setzten sich Uganda und vor allem Ruanda zur Wehr, die – von den USA gebilligt – die Kontrolle über die Bodenschätze in Ost-Kongo ausübten. Dieser zweite Krieg forderte – trotz Einsatz von UN-Blauhelmeinheiten und mehrmaligen Friedensvereinbarungen – bis zum Jahr 2005 3,5 Mio. Opfer und veranlasste 2,8 Mio. Menschen zur Flucht. Er war wieder von Plünderungen und massenhaften Vergewaltigungen (sogar von Kindern) begleitet und trug zur exzessiven Ausbreitung von AIDS bei.

Trotz der politischen Wirren nahm die Nachfrage nach Kupfer, Kobalt und vor allem Uran aus dem Kongo vor allem aufgrund des wachsenden Bedarfs aus China und Indien zu. Der Abbau dieser Erze setzt jedoch gewaltige und langfristige Investitionen ausländischer Unternehmen voraus. Das dafür notwendige stabile politische Umfeld wurde durch äußeren Druck, insbesondere von südafrikanischer Seite, durchzusetzen versucht. Im Jahr 2002 kam es zum Friedensvertrag zwischen den streitenden Parteien, dem Abzug aller ausländischen Truppen und der Gründung einer Übergangsregierung unter Joseph Kabila (Sun City Abkommen 2003), dem Sohn des 2001 ermordeten Präsidenten Laurent-Désiré Kabila. Seitdem gab es allerdings erneut zwei Putschversuche, aber auch einen Volksentscheid über eine neue Verfassung (2005) und Parlaments- und Präsidentschaftswahlen (2006).

M 1: *Goldschürfer im Nordosten des Kongo*

M 2: Quellentext über die Goldschürfer im Ostkongo
Stührenberg M.: Im Bauch der Finsternis. GEO 3/2006

„Die Ernte in den Minen des Kilo-Moto-Gebietes hat in 100 Jahren rund 400 Tonnen Gold ergeben. In der Goldgräberstadt sind die Leute trotzdem arm geblieben. Tausende von Schürferfamilien müssen ohne Strom und sauberes Trinkwasser auskommen. Der Hunger gehört zum Alltag, die Malaria zählt zu den unvermeidlichen Übeln. An Tuberkulose sterben heute mehr Leute als während der Kolonialzeit, als es noch Zugang zu Medikamenten gab. Wie ein in die Wildnis gestreutes

Dorf wirkt die Stadt. Kaum Häuser, nur Lehmhütten und Bretterbuden, umgeben von Feldern und Dickicht. Keine Autos gibt es, nur Mopeds, die als ‚Taxis' dienen. Entlang der Hauptstrasse, einer zerfurchten Lateritpiste, reihen sich die Läden der Goldkäufer; Buden, kaum größer als Telefonzellen, in jeder ein Tisch, ein Stuhl, ein Mann mit einer winzigen Waage. Als Gewichte benutzen die Händler kitchele, nicht mehr gültige Blechmünzen. Jede wiegt ein Gramm, und für ein Gramm Gold zahlen sie 12,50 US-Dollar. Für alle, die mit weniger kommen, wägen die Händler mit Streichhölzern ab. ‚Um zu überleben', sagt Atama, der eine Frau und einen Sohn ernähren muss, ‚brauche ich pro Tag ein halbes Gramm.' Vier Streichhölzer Gold.“

6) Ungeachtet dieser Entwicklungen auf Regierungsebene setzen sich die Ausbeutung des Landes und die Verarmung der Menschen sowie die Konflikte und Gräueltaten fort, zunehmend unter Einsatz von Kindersoldaten in Nordost-Kongo.

Dieses Mal geht es um Gold, Diamanten, Koltan, Kupfer, Kobalt, Zink, Silber, Eisen, Mangan, Erdöl, Uran, Kaffee, Tee, Kakao, Palmöl, Kautschuk, Baumwolle, Edelhölzer und Elfenbein. 2003 identifizierte ein vom UN-Sicherheitsrat eingesetztes Expertenteam als Hauptprofiteure verschiedene hinter den diversen Armeen und Milizen agierende „Netzwerke“, die sich aus führenden militärischen und politischen Köpfen mehrerer afrikanischer Staaten (allen voran Ruanda, Uganda, Simbabwe und Angola), aus lokalen Beamten und Rebellenführern sowie aus Waffenhändlern und dubiosen internationalen Geschäftsleuten zusammensetzen. Durch Ausnutzung und Anheizung ethnischer Konflikte, durch Finanzierung und Bewaffnung ethnisch homogenisierter Milizen werden die Territorien mit den reichsten Bodenschätzen gegen einander abgesichert. Deren Ausplünderung erhält einen legalen Anstrich durch die Umwandelung von Staatsbetrieben in Joint-Venture-Unternehmen, die von den Anteilhabern der Netzwerke kontrolliert werden. Charterfluglinien fliegen Kleinkaliberwaffen ein und Raubgut aus. Zahlreiche „seriöse“ transnationale Unternehmen sind bzw. waren jahrelang direkt oder indirekt durch Geschäftsverbindungen an der Vermarktung des Raubgutes und an dessen Profit beteiligt. ... Der Völkerraubmord in Kongo ist eine besonders mörderische Turboversion eines Prozesses der Neoliberalisierung, der derzeit weltweit mit der Privatisierung von Staats- und Gemeineigentum stattfindet“.

M 3: Quellentext zu den wirtschaftlichen Hintergründen des Bürgerkriegs im Kongo
Medica mondiale e.V.: Länderinformation – Demokratische Republik Kongo. www.medicamondiale.org

Viele afrikanische Länder haben eine ähnliche Geschichte. Doch beim Kongo lässt sich recht anschaulich nachweisen, was Jahrhunderte lange gewaltsame Eingriffe, politische Einmischung und fortwährende Ausbeutung bewirken können. Sie verhindern nicht nur jegliche Eigenentwicklung, sondern schaffen vor allem ein Bewusstseinsmilieu vor Ort, in dem Selbstbereicherung, Gewalt und Gräueltaten aller Art scheinbar als Normalität angesehen und akzeptiert werden. Dies ist ein Zustand, der im Sinne des eingangs zitierten britischen Premiers Toni Blair mit recht als „eine Wunde im Gewissen der Welt“ bezeichnet werden muss.

1. *Charakterisieren Sie die natürliche Ausstattung der Republik Kongo (S. 79 M 4, Atlas).*
2. *Kennzeichnen Sie die Zusammenhänge, die die Perspektivlosigkeit des Kongo erklären.*
3. *Beurteilen Sie, inwieweit aus der kolonialen Vergangenheit die Ursachen für die heutige Situation des Kongo abgeleitet werden können.*

3.2.2 Mauritius: Erfolg durch Globalisierung?

Mauritius gilt als eines der wenigen afrikanischen Länder, das die Chancen der Globalisierung erfolgreich genutzt hat. Das Pro-Kopf-Einkommen des Inselstaats ist eines der höchsten in Afrika. Doch der für die mauritische Wirtschaft so wichtige Absatz von Zucker und Textilien gibt nach. War der Aufschwung nur von kurzer Dauer?

Im Jahre 1668 wurde die unbewohnte Vulkaninsel Mauritius östlich von Madagaskar von der Holländischen Ostindischen Kompanie in Besitz genommen. An Frankreich gelangte sie 1715 und noch heute spricht die Bevölkerungsmehrheit Morisyen, eine auf dem Französischen basierende Sprache. Die Franzosen ließen Zuckerrohrplantagen von Sklaven aus Ostafrika und Madagaskar anlegen. Die Zuckerrohrmonokultur wurde auch fortgesetzt, als Anfang des 19. Jahrhunderts die Insel britische Kronkolonie wurde. Nach der Abschaffung der Sklaverei wurden durch die Briten Arbeitskräfte aus Indien herangeholt, um die Felder zu bewirtschaften. Im Jahre 1999 waren 68 Prozent der Bewohner Mauritius indischer Abstammung.

Als Mauritius 1968 unabhängig wurde, nahm Zuckerrohr noch immer über 90 Prozent der landwirtschaftlichen Nutzfläche ein (M 4). Die Arbeitslosigkeit betrug 14 Prozent und die Armutsquote 18 Prozent – typische Werte für die Mehrzahl der jungen unabhängig gewordenen Staaten Afrikas. Diese Situation verschärfte sich infolge sinkender und schwankender Weltmarktpreise für Zucker (z. B. fiel er 1976 um 50 %) und durch Reduzierung von langfristig zugesagten Abnahmegarantien durch die USA. Daraus folgte bis 1983 ein dramatischer Anstieg der Arbeitslosigkeit (40 %) und der Armutsquote (46 %). Den einsetzenden politischen Unruhen begegnete die Regierung mit dem Ausbau der sozialen Infrastruktur (z. B. Einführung von Sozialversicherung, Verbesserung von Gesundheits-, Bildungs-, Verkehrswesen), der Förderung des Tourismus und der Einrichtung der gesamten Insel als Exportproduktionszone (EPZ).

Armutsquote

Als arm gelten nach UNDP in Mauritius Familien mit einem Einkommen, das weniger als 75 Prozent des Durchschnittseinkommens eines Arbeiters der Zuckerrohrplantagen beträgt. Die Quote gibt in Prozent an, wie viele Familien über ein solches Einkommen verfügen.

Erfolg stellte sich aber erst ein, als es der Regierung gelang, die Konfliktgruppen im „sozialen Konsens“, eine Art „Runder Tisch“, mit dem

M 1

M 2

M 1, M 2: *Zuckerrohrmonokultur vor und nach der Ernte*

Auftrag zusammenzuführen, die akute Armut und Arbeitslosigkeit zu lindern. Dieses Gremium vermochte es, ein politisches Milieu zu schaffen, das bald ausländische Investoren auf der Suche nach kostengünstigen Produktionsstandorten in die EPZ Mauritius lockte.

Anreize der EPZ in Mauritius für Transnationale Unternehmen:

Finanzielle...
- zollfreier Import von Maschinen, Ausrüstungsgütern, Ersatzteilen, Rohstoffe;
- Befreiung von Einkommenssteuer für die ersten zehn Jahre;
- Befreiung von Körperschaftssteuer für der ersten 10 Jahre;
- unbegrenzter, steuerfreier Transfer von Gewinnen;
- einfacher Zugang zu Investitionsmitteln;
- Vorzugszinsen bei Krediten und Exportfinanzierung;

Infrastrukturelle...
- einfacher Zugang zu Wasser und Elektrizität;
- Bereitstellung von Werkhallen, Lagerflächen, Bauland;

Politische...
- garantierter Schutz vor Nationalisierung / Verstaatlichung;
- Daueraufenthaltsgenehmigung für Unternehmer, Angestellte;
- Aussetzung des nationalen Arbeitsrechtes in EPZ

Transnationale Unternehmen der arbeitsintensiven Bekleidungs- und Textilindustrie aus Europa und vor allem Hongkong (40 % aller Betriebe) nutzen das EPZ-Angebot und die geringen Lohnkosten sowie die Exportvorteile für den europäischen Markt, die das Lomé- und das Multifaser-Abkommen eröffneten. Auf diese Weise konnten asiatische Unternehmen die europäischen Einfuhrbestimmungen für Textilien und Bekleidung umgehen. Von 1980 bis 1995 stieg die Zahl der Betriebe in Mauritius von 101 auf 586, die mehrheitlich zur Textil- und Bekleidungsbranche gehörten. Sie boten über 90 000 Arbeitsplätze, die zu 82 Prozent mit Frauen besetzt wurden. Bald erkannten auch die einheimischen Unternehmer und Kapitaleigner ihre Chance. Anfangs eröffneten sie Zulieferbetriebe, bald aber auch selbstständige Fertigungsstätten (M3). Als Nebeneffekt wurden Baugewerbe, Handwerk und Handel angeregt. Der Tourismus lebte auf. Die extrem hohe Arbeitslosenquote zu Beginn der 1980er-Jahre sank bis 1991 auf 2,3 Prozent und auch die Armutsquote fiel auf 13 Prozent ab. Gleichzeitig nahmen die Kaufkraft und Anspruchshaltung der Bevölkerung zu. Diese Erfolgsgeschichte Mauritius machte weltweit die Runde.

Doch ab Mitte der 1990er-Jahre begann die Zuckerindustrie zu kriseln. Wenig später wurden davon auch die Textil- und Bekleidungsbranche der EPZ erfasst. Die Ursachen lagen außer im Anstieg der Löhne (Folge der gewachsenen Anspruchshaltung) in erster Linie in überlokalen Entwicklungen. Sie seien in vier Punkten zusammengefasst:

1) Das Cotonou-Abkommen (2000) sah den Abbau der bisher geltenden Handelsvorteile für die AKP-Staaten bis 2008 vor. Die bislang dank dieses

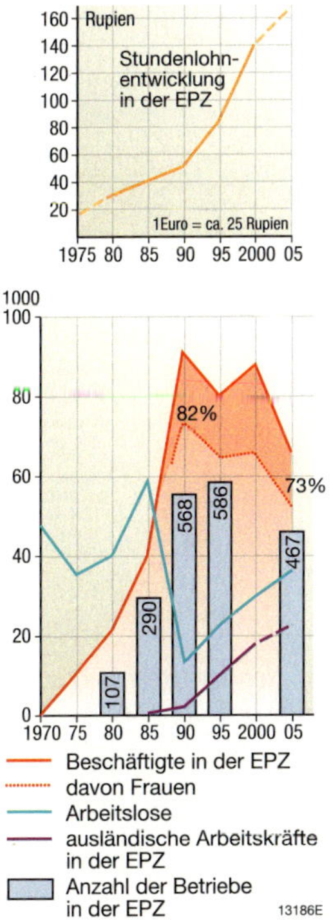

M 3: *Entwicklungen in der EPZ*

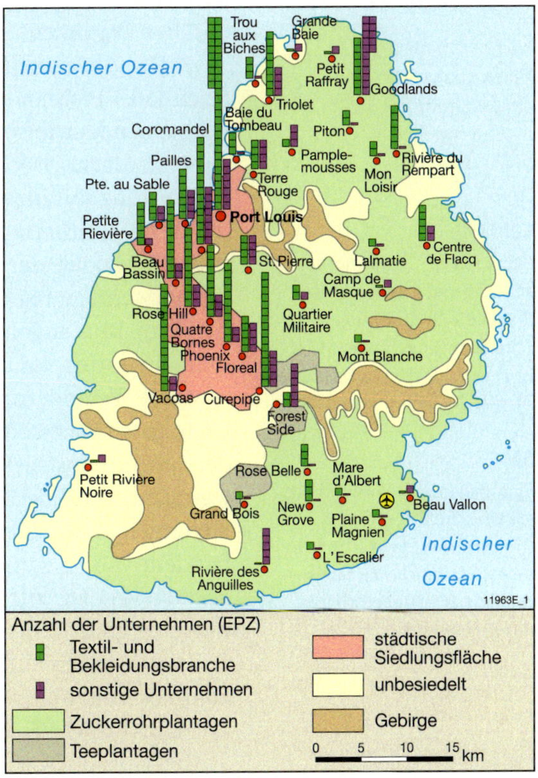

M 4: *Zuckerrohranbaufläche und Standorte der Exportproduktionszone nach Betrieben und Branchen in Mauritius*

M 1: *Näherinnen in einer Textilfabrik der EPZ*

Abkommens festen und weit über dem Weltmarktpreis liegenden Preise für mauritischen Zucker wurden dadurch gefährdet.

2) Die im Multi-Faser-Abkommen (MFA) für Bekleidungsartikel festgelegten Einfuhrbeschränkungen in die Industrieländer, wovon die AKP-Staaten ausgenommen waren, wurden auf Druck der WTO bis Anfang 2005 befristet. Dadurch wurde im Prinzip der atlantische Markt für die Erzeugnisse aller Länder geöffnet, und der mauritische Export von Textilien vor allem nach Europa geriet unter Wettbewerbsdruck durch die asiatischen Produzenten, insbesondere derjenigen aus China.

3) Der African Growth and Opportunity Act (AGOA), ein 2000 unterzeichnetes Freihandelsabkommen zwischen den USA und 70 subsaharischen und karibischen Staaten, ermöglicht zwar den zollfreien Zugang zum US-Markt. Doch gerieten die mauritischen Unternehmer auch in Konkurrenz mit inzwischen lohnkostengünstigeren Nachbarstaaten.

4) Die Southern African Development Community (COMESA) schuf zwar ebenso wie der Common Market of East and Southern Africa (SADC) die notwendige regionale Handelsliberalisierung. Beide Abkommen, denen Mauritius angehört, erhöhten jedoch auch die Konkurrenz mit Billiglohnstandorten vor allem in Ostafrika.

COMESA

Gemeinsamer Markt für das südliche und östliche Afrika. Regionale Organisation zur Schaffung einer Freihandelszone im südlichen und östlichen Afrika, 21 Mitgliedsstaaten

SADC

Südafrikanische Entwicklungsgemeinschaft, Regionale Organisation zur politischen und wirtschaftlichen Integration mit 14 Mitgliedstaaten aus dem südlichen Afrika

Diese Veränderungen im globalisierten Handel zwangen die beiden wichtigsten Wirtschaftszweige der Insel zu weit reichenden Reaktionen: In der Zuckerindustrie kam es rasch zu Zentralisierungs- (Betriebszusammenlegungen) und Mechanisierungsmaßnahmen sowie zu Produktdiversifizierungen (Aquakulturen, Gemüseanbau, Hirschfleischproduktion). Dabei handelte es sich vornehmlich um kapitalintensive Investitionen, wodurch es unabwendbar zur Reduzierung von Arbeitsplätzen kam. In der Zuckerindustrie ging binnen weniger Jahre ein Viertel der Arbeitsplätze verloren.

Die Textilien- und Bekleidungsbranche reagierte auf die drohende Lohnkostenkonkurrenz auf verschiedene Weise:

a) Schließung: 25 Prozent der Bekleidungsunternehmen wurden von 1991 bis 2000 geschlossen. Viele Kleinunternehmer gingen bankrott und verloren nicht selten ihr gesamtes mühsam erspartes Kapital. Häufig waren sie gezwungen, als Arbeiter zu überleben.

b) Delokalisierung: Viele Betriebe wurden nach Madagaskar verlagert, wo heute 50 mauritische EPZ-Unternehmen tätig sind und 50 000 Arbeitsplätze geschaffen haben.
c) Erschließung billigerer Arbeitskräfte: Zahlreiche der in Mauritius verbliebenen Unternehmen warben – trotz der großen Anzahl lokaler Arbeitsloser – Arbeitskräfte aus ärmeren Entwicklungsländern wie China, Indien, Sri Lanka, Bangladesch und Madagaskar an. 15 Prozent aller Beschäftigten waren 2 000 ausländische Arbeitskräfte.

Folge all dieser Maßnahmen war der Anstieg der Arbeitslosenquote auf 18,5 Prozent und der Armutsquote auf 41,2 Prozent (2 000). Die Regierung reagierte darauf, indem sie Mikro-Kredite zur Gründung von „Ich-AGen“ einführte, mit denen rasch Arbeitsplätze geschaffen werden sollten. Sie finanzierte und richtete Cyber-Parks für internationale elektronische Dienstleistungen ein. Mit Förderung kapitalintensiver, wissensbasierter Dienstleistungs-, Beratungs- und Forschungszentren sollte ebenso wie mit gehobenem Tourismus und neuen Luxushotels anspruchsvollere ausländische Nachfrage geweckt und bedient werden.

In diesem Sinne begann sich auch die Privatwirtschaft umzuorientieren. Die Bekleidungsindustrie strebt seither die Herstellung von Qualitätsprodukten für den kaufkräftigen Markt des Nordens an. Auch sehen die Unternehmer als selbstständige Produzenten für westliche Markenunternehmen (Brandmarks) eine Chance. Die relativ hohen Löhne, eines der Hauptprobleme für den wirtschaftlichen Niedergang seit Ende der 1990er-Jahre, wurde bisher weder von Seiten der Unternehmen noch der Regierung diskutiert. Dafür bestand von Seiten der Regierung auch kein Anlass, denn nach offiziellen Angaben waren die staatlichen und privaten Maßnahmen erfolgreich. Bis 2004 soll die Arbeitslosenquote auf 12,4 Prozent und die der Armen auf 33,5 Prozent gesunken sein. Doch nach Auffassung des Commissioners for African Programs (Juni 2004) stellt der *„Rückgang der Beschäftigtenzahl in der EPZ ... einen irreversiblen Prozess dar, der noch lange nicht abgeschlossen ist.“* Der Erfolg der Maßnahmen blieb aber auch bescheiden, weil das Potenzial an Arbeitskräften im Vergleich mit anderen „Billiglohnländern“ gering und die internationale Konkurrenz des sich ständig verändernden globalisierten Handels groß ist. Die Teilhabe Mauritus an den vermeintlichen Segnungen des globalisierten Marktes währte somit nicht lange. Es ist davon auszugehen, dass die afrikanischen Newcomer für die Billigherstellung von Textilien und Bekleidung nur vorübergehend „erfolgreich“ sein werden.

Literaturhinweis:
Koop, K.: Globalisierung und Armutsentwicklung auf Mauritus, 2004

1. *Beschreiben Sie, welche Bedeutung der Globalisierung für die Entwicklung von Mauritius zufällt.*
2. *Erörtern Sie Folgerungen, die andere Länder des Südens aus der Entwicklung von Mauritius ziehen können.*

M 2: *Touristenbungalows*

M 3: *Hütte eines Zuckerrohrarbeiters*

3.3 Lateinamerika: Autonomer Entwicklungsweg?

Die spanischen und portugiesischen Kolonien Mittel- und Südamerikas wurden seit Anfang des 19. Jahrhunderts unabhängig und sind seither vor allem Tummelfeld US-amerikanischer Interessen. Inzwischen zeichnet sich Lateinamerika durch eine bemerkenswerte politische Emanzipation aus. Und zu welchen Entwicklungen führt die Globalisierung?

M 1: *Zentrum und Peripherie in Lateinamerika*

Sowohl die Suche des Seeweges nach Indien in westlicher Richtung Ende des 15. Jahrhunderts, die zur Entdeckung Amerikas führte, als auch die darauf folgende brutale Eroberung des heutigen Lateinamerikas mit der Zerschlagung der indianischen Reiche geschahen in erster Linie aus ökonomischen Gründen. Zuerst angelockt von Gerüchten über unermessliche Gold- und Silberschätze wurden die Spanier und Portugiesen wenig später hauptsächlich von der Aussicht auf riesigen Landbesitz und agrarische Ausbeutung angetrieben. Damit sind die drei tragenden und bis heute bedeutsamen Wirtschaftsbereiche Lateinamerikas genannt:

1. „Mehrwert aus dem Nichts“: Rohstoffabbau früher Gold und Silber, heute Kupfer, Eisen und Erdöl.
2. Plantagen-Ökonomie: früher Zuckerrohr, Sisal und Baumwolle, heute auch Kaffee, Bananen, Ananas, Soja, Schlafmohn und Koka.
3. Hacienda-Wirtschaft: Neben pflanzlichen Erzeugnissen spielten schon immer Viehzucht und Fleischproduktion eine große Rolle.

Über diese Wirtschaftsbereiche war Lateinamerika früher in den transatlantischen Dreieckshandel eingebunden und ist es heute in den Welthandel. Seine Funktion bestand und besteht in erster Linie in der Bereitstellung von Rohstoffen und gegenwärtig auch als Lieferant billiger Arbeitskräfte. Zu eigenständiger industrieller Entwicklung kam es immer nur, wenn sich die Bindungen zu den Mutter- oder später zu den dominierenden Industrieländern lockerten. Das war immer dann der Fall, wenn diese in Kriege, Krisen oder Depressionen gerieten wie *„die europäische und besonders spanische Depression des siebzehnten Jahrhunderts, die Napoleonischen Kriege, der Erste Weltkrieg, die Depression der dreißiger Jahre und der Zweite Weltkrieg. Es ist eindeutig nachgewiesen worden und allgemein anerkannt, dass die bedeutendste, moderne industrielle Entwicklung – besonders Argentiniens, Brasiliens und Mexikos, aber auch anderer Länder, wie z.B. Chiles – genau während der Perioden der beiden Weltkriege und der dazwischen liegenden Depression stattgefunden hat.“*

Frank, A. G.:
Die Entwicklung der Unterentwicklung (1973)

Parallelen dazu eröffnen sich in den Strukturverkehrungen, die die Entwicklung Lateinamerikas auf den Kopf gestellt haben: So fungierte in Europa nach Entmachtung des grundbesitzenden Feudaladels das urbane Bürgertum als der Träger der Ideale der Französischen Revolution und der Modernisierung. In Lateinamerika hingegen war es gerade die Clique der Großgrundbesitzer, die das revolutionäre Gedankengut verkörperte. Sie missbrauchte es sogar, um eine Grundforderung der liberalen Bourgeoisie, nämlich die Beendigung des feudalen Privilegs der freien Verfügbarkeit über Boden, zu unterlaufen, indem sie die neuen Besitzvorstellungen der europäischen bürgerlichen Gesellschaft des 19. Jahrhunderts

Literaturhinweis:
Sandner, G.; Steger, H.-A.: Lateinamerika, 1973

benutzten, um einen Landraubfeldzug kontinentalen Ausmaßes durchzuführen. Das beispiellos reiche Großgrundbesitzertum, das Latifundium Lateinamerikas, wurde damit gerechtfertigt und hat hier seine Ursache.

Daher brachte auch die Beendigung der spanischen und portugiesischen Kolonialherrschaft seit Anfang des 19. Jahrhunderts keinen gesellschaftlichen Umbruch oder ökonomischen Neuanfang. Vielmehr wurden die bisherigen sozio-ökonomischen Strukturen wie Großgrund- (Latifundium), Kleinstbesitz (Minifundium), arme landwirtschaftliche Familienbetriebe, besitzlose Pächter und Landarbeiter sowie indianische Agrargemeinschaften fortgeschrieben. Auch an der kolonialen Raumstruktur mit Küstenstädten als Brückenköpfe und Extraktionszentren und dem Hinterland als ausgebeutete Peripherie wurde nichts geändert (M1). Selbst die Herodisierung der lateinamerikanischen Oberschicht blieb erhalten: Sie hielt sich zwar physisch in Lateinamerika auf, kulturell und geistig jedoch lebte sie in Europa. Dieses Verhalten offenbarte sich in rasch expandierenden Städten, deren Ökonomien und Leben von der Oberschicht geprägt und vom Waren- und Ideenimport aus Übersee bestimmt wurden (desarrollo hacia afuera – Entwicklung von außen).

Herodisierung
Ein von dem britischen Geschichtsphilosophen A. J. Toynbee (1889–1975) geprägter Begriff. Er geht auf das „Doppelleben". zurück, das der jüdische König Herodes d. Große (34–4 v. Chr.) führte. Physisch hielt er sich in Palästina, kulturell in Rom auf.

Während des Ersten Weltkrieges, als der kulturelle Austausch mit Europa plötzlich eingeschränkt war und der Kapitaltransfer unterbleiben musste, wurde insbesondere zur Deckung dieses städtischen Bedarfs in die eigene Wirtschaft und importsubstituierende Industrie vor Ort investiert (desarrollo hacia adentro – Entwicklung von innen). Die Chancen, die der nun einsetzende wirtschaftliche Aufstieg eröffnete, wurden – in Zusammenarbeit mit den einheimischen Eliten – hinfort von ausländischen Unternehmen genutzt. Damit begann eine Entwicklung, die zwar aus der Vergangenheit bekannt war, jetzt jedoch in wiederkehrenden Wellen bis in die Gegenwart fortdauert und quantitativ zunahm: Die externe Beherrschung und Kontrolle der lateinamerikanischen Wirtschaft.

Importsubstitution
Ersatz von Importgütern durch im Inland hergestellte Produkte

Die Vereinigten Staaten haben in Lateinamerika nie offizielle Kolonien gehabt – de facto jedoch gab es durchaus Territorien, die von Washington ebenso abhängig waren wie Kolonialgebiete. Vom Beginn des 19. Jahrhunderts an bis in die 1930er-Jahre hinein haben die US-Regierungen zudem immer wieder – unter Berufung auf die Monroe-Doktrin von 1823 – bewaffnete Interventionen unternommen. Die führten in der Regel zur Installation von einheimischen Diktatoren, die letztlich als verlängerter Arm Washingtons funktionierten – im Interesse des US-Kapitals und zum Unglück der Völker Lateinamerikas.

M 2: Quellentext zur Rolle der USA in Lateinamerika
Lemoine, M.: Herrliche kleine Kriege. Lateinamerika: eine kurze Geschichte der US-Interventionen. Le Monde diplomatique 5/2003

Seit der Monroe-Doktrin beherrschten die USA nicht nur die lateinamerikanische Wirtschaft. Auch die Eliten wurden seitdem vornehmlich im Norden ausgebildet. Selbst Kultur und Lebensweise der Oberschicht unterlagen durch Übernahme beispielsweise von Fastfood, Jazz, Jeans, Universitätsausbildung und Militäraufbau US-amerikanischer (und auch europäischer) Fremdbestimmung. Erste militärische Interventionen der USA fanden 1824 in Puerto Rico, 1831 in Argentinien, 1847 in Mexiko und 1857 in Nicaragua statt. Im Jahr 1898 unterstützten die USA die Unabhängigkeitsbestrebungen Kubas. Doch der jetzt freie Inselstaat musste diese Freiheit und die Garantien für die Unversehrtheit seiner Unabhän-

Monroe-Doktrin
Erklärung des fünften US-Präsidenten James Monroe (1817–1825), die 1823 die langfristige Außenpolitik der USA definierte. Darin wird den europäischen Mächten der Erwerb von Kolonien und die Einmischung in die inneren Angelegenheiten beider Amerika untersagt.

gigkeit unter dem Druck des US-Militärs damit bezahlen, dass er den USA Militärstützpunkte einräumte. Das heute berüchtigte Folterlager Guantánamo geht auf diesen Vertrag aus dem Jahr 1901 zurück. In der zweiten Hälfte des 20. Jahrhunderts folgten Interventionen unter anderem in Guatemala (wiederholt nach 1960), Chile (1973), Nicaragua (1980 – 1990 wiederholt), Grenada (1983) und Panamá (1989). In jüngerer Vergangenheit diente die Organisation Amerikanischer Staaten (OAS) den USA zur Rechtfertigung direkter oder indirekter externer Einmischung und Abwehr revolutionärer Umtriebe.

OAS

Internationale Organisation mit 35 Mitgliedstaaten aus Süd-, Mittel und Nordamerika, Sitz Washington D.C. Die OAS wurde 1948 auf Betreiben der USA mit folgenden Zielen gegründet: gemeinsame Abwehr von äußeren Bedrohungen; friedliche interne Konfliktregelung; Förderung wirtschaftlicher und kultureller Zusammenarbeit.

Es gibt mehrere Belege für die Sicherung US-amerikanischer Interessen mittels der OAS. Ein weltweit beachtetes Beispiel ist Chile: Im Jahre 1969 war der Sozialist Salvador Allende völlig legal zum Präsidenten gewählt worden. Der von ihm eingeschlagene Weg zum chilenischen Sozialismus führte zur Nationalisierung des Kupferabbaus, zu Agrarreformen und zur Verstaatlichung der Banken, bestimmter Industriezweige und des Außenhandels. Auch in der Außenpolitik orientierte er sich um. Diese Neuerungen berührten nicht nur die Interessen der lokalen Oberschicht, sondern auch die der US-amerikanischen Wirtschaft, deren Rüstungsunternehmen fortlaufend Kupfer benötigten. Allende wurde 1973 durch das Militär unter Führung von General Augusto Pinochet getötet und der von ihm eingeleitete sozialistische Entwicklungsweg mit brutaler Gewalt und US-amerikanischer Duldung beendet. Pinochet errichtete eine Schreckensherrschaft, der unzählige Oppositionelle zum Opfer fielen. Sie fand – wohl durch die allgemeine politische Liberalisierung und Linksorientierung in Lateinamerika und die nicht abreißende internationale Kritik – 2000 durch Wahlen ein Ende.

Diese erlebte gesellschaftliche, politische und ökonomische Außenbestimmung erklärt, warum gerade in Lateinamerika die Dependencia-(Abhängigkeits-)Theorie als Erklärung für Unterentwicklung entstanden ist (vgl. 4.2).

Die geschilderten externen ökonomischen Einflussnahmen, politischen Bevormundungen, die extern orientierte und gestützte, konservative Oberschicht sowie die extrem ungleiche Verteilung von Grundbesitz stellen exogene und endogene Hindernisse („Constraints") für eine gesamtgesellschaftliche Entwicklung Lateinamerikas dar. Sie wurden wiederholt zum Ziel von Kritik, Widerstand und gewaltsamer Auflehnung. Daran beteiligten sich die Landarbeiter, Pächter und verarmten Massen

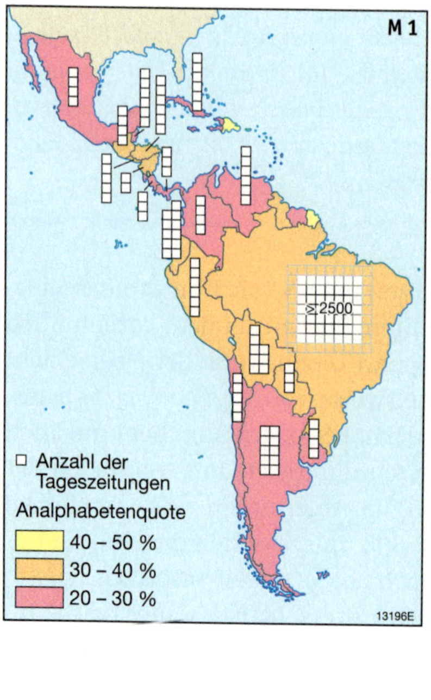

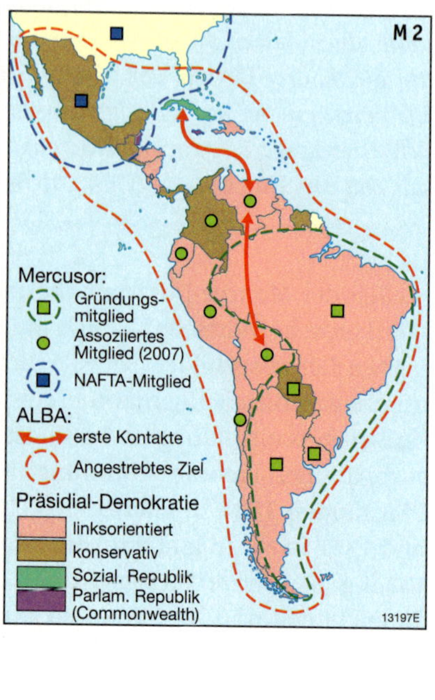

M 1: *Ausmaß des Analphabetismus und Anzahl der Tageszeitungen*

M 2: *Regierungsformen und Bündnisse*

der Städte ebenso wie die Intellektuellen, Gewerkschaften, Parteien und die gebildete, meist linksorientierte Mittelschicht. Diese Unruhen zogen Regierungsumstürze, Militärdiktaturen, Verfolgungen, Folter und Vertreibung, aber auch Wahlen, Reformen und immer wieder neue Entwicklungsansätze nach sich. Dank eines relativ hohen Bildungsstands und weiter Verbreitung von Tageszeitungen und Rundfunk (M 1) entstand bei den Menschen in Lateinamerika ein kritisches Bewusstsein, dass zu politischer Emanzipation mit einem bemerkenswerten Empfinden für Machtmissbrauch und einem Verständnis für wirklich volksnahe Demokratie führte. Augenblickliches Ergebnis: Am Ende des Jahres 2006 wurden 23 von 25 Staaten Lateinamerikas von gewählten Präsidenten regiert. Mehrere von ihnen sind sogar indigener Herkunft. Viele der neuen Regierungen, von denen 16 als sozialistisch oder sozialdemokratisch gelten, haben begonnen, an den bestehenden Besitzstrukturen zu rütteln und die Massenarmut ins Zentrum des politischen Handelns zu stellen (M2).

M 3: *Pro-Kopf-Einkommen (2004)*

Durch diese Entwicklung sind außerdem die Voraussetzungen geschaffen worden, endlich die von der Mehrzahl der lateinamerikanischen Politiker heute als dringend erachtete Zusammenführung ihrer Staaten in einer Wirtschaftsgemeinschaft zu erwirken. Auf diese Weise könnte eine wirkungsvolle Bewegung gegen die Globalisierung geschaffen werden. Denn die seit 1991 existierende Organisation zur regionalen Integration und Schaffung eines gemeinsamen Binnenmarktes Mercosur ist – wie die vergangenen Jahrzehnte gezeigt haben – in der bestehenden Form nicht geeignet und ausreichend, die großen sozialen Unterschiede innerhalb und zwischen den Staaten zu überwinden (M3) und vor allem den destruktiven Folgen neoliberalistischer Einflussnahme zu begegnen. Auch geht es darum, der von den USA favorisierten gesamtamerikanischen Freihandelszone FTAA ein tragendes Alternativmodell entgegenzustellen. Um das zu erreichen, wird die Wiederbelebung des Mercosur von den bisherigen Mitgliedern verfolgt und durch die Assoziierung von Bolivien, Chile, Ecuador, Kolumbien, Peru und Mexiko zu stärken versucht.

Mercosur

Gemeinsamer südamerikanischer Binnenmarkt der Länder Argentinien, Brasilien, Paraguay, Uruguay und Venezuela (Stand 2006)

FTAA

Seit 1990er-Jahren geplante „Amerikanische Freihandelszone" aller Staaten beider Amerika mit Ausnahme von Kuba

Doch es gibt auch andere Vorstellungen. Als treibende Kraft für einen Wirtschaftszusammenschluss aller lateinamerikanischen Länder fungiert seit 2004 der venezolanische Präsident Hugo Chávez. Politisch nicht unumstritten setzt er sich für die von ihm als Bolivarianische Alternative für Amerika (ALBA; nach dem südamerikanischen Unabhängigkeitskämpfer Simón Bolívar) bezeichnete kontinentumfassende Integration ein und hat dazu schon mit Kuba und Bolivien bilaterale Beziehungen hergestellt. ALBA ist gegen den „neoliberalen Freihandel" generell und auf die integrierende Entfaltung der eigenen, lateinamerikanischen Wirtschaft ausgerichtet. Sie soll in einem ersten Schritt mit der Erdölvereinigung Petrosur und dem gemeinsamen Satellitensender Telesur untermauert werden. Als Anreiz bringt Chávez den Erdölreichtum und die Öffnung seines Landes für Importe aus den Nachbarländern ein, die bislang aus den USA bezogen wurden.

M 4: *Hugo Chávez, Präsident von Venezuela*

Wie notwendig diese Bemühungen sind, sei am Fall Bolivien gezeigt: Das Land gilt mit seinen 9,01 Mio. Einwohnern (2004) als das ärmste Lateinamerikas. Über 58 Prozent der Bolivianer leben unterhalb der Armutsgrenze; auf dem Land beträgt der Anteil sogar über 90 Prozent.

M 1: *„Mehr staatliche Kontrolle über die riesigen Erdgasvorkommen" – Demonstration in Bolivien 2005*

Anfang der 1990er-Jahre begann die Regierung unter Führung des konservativen Präsidenten Losada, die Strukturanpassungsmaßnahmen des IMF umzusetzen. Er privatisierte mit Zustimmung der profitierenden Oberschicht wichtige Staatsbetriebe und verkaufte auch lukrative Unternehmen an US-amerikanische und europäische Interessenten: Eisenbahn, Bergwerke, Erdöl-/Erdgasförderung, Elektrizität, Telefon, Fluggesellschaft und selbst die lebenswichtige Wasserversorgung. Letztere kaufte die Gesellschaft Aguas de Tunari, ein Tochterunternehmen des US-amerikanischen Bechtel-Konzerns. Innerhalb kürzester Zeit verdreifachte das Unternehmen den Wasserpreis und löste den Guerra del Agua, den Wasserkrieg, aus. Schauplatz war die Stadt Cochabamba, wo es Anfang 2000 zu ersten heftigen Protesten, dann zum Generalstreik und schließlich zu Zusammenstößen der Demonstranten mit der Polizei kam. Die Gewalt eskalierte und die Regierung verhängte das Kriegsrecht über die Stadt. Doch war sie – nicht zuletzt wegen der internationalen Proteste – gezwungen, die Privatisierung zurückzunehmen. Ähnliche Vorgänge um das Grundbedürfnis Trinkwasser ereigneten sich in Argentinien, Chile, Kolumbien und Uruguay.

Die Idee, gemeinsam die nicht aufzuhaltende Liberalisierung von Handel und Kapitalverkehr für die eigenen Märkte zu kontrollieren und zu nutzen und sich damit der Übermacht der US-amerikanischen und europäischen Konzerne zu erwehren, ist aus Sicht der verarmten Massen Lateinamerikas notwendig. Auch ist die politische Lage dank der vorherrschenden linken Regierungen für reformerische Unternehmungen und soziale, armutsmindernde Maßnahmen augenblicklich günstig: Die externe Abhängigkeit könnte abgeschüttelt und die interne Ungleichheit im gesamtgesellschaftlichen Sinne verändert werden. Denn nur auf diese Weise sind die sozialen, ökonomischen und infrastrukturellen Probleme zu reduzieren oder zu überwinden: Armut, anhaltende Landflucht, unproduktiver Großgrundbesitz, hohe Verstädterung, berüchtigte Slums und Hüttenviertel, Land-, Obdach-, Arbeits-, Beschäftigungslosigkeit, Kriminalität, Kinderbanden, Bandenkriege, Rauschgift, Migration und extreme räumliche und soziale Fragmentierung.

Die geschilderte Außenabhängigkeit und die aufgezählten strukturellen internen Defizite, Ausdruck von Unterentwicklung, wirken in unterschiedlichem Ausmaße in allen Ländern Lateinamerikas und sind allerorts anzutreffen. An Kolumbien und Mexiko werden sie beispielhaft dargestellt.

1. *Begründen Sie, warum in Lateinamerika demokratische Strukturen vergleichsweise weiter verbreitet sind als in den anderen Entwicklungsregionen.*
2. *Erörtern Sie die Beweggründe für die ablehnende Haltung großer Teile der lateinamerikanischen Bevölkerung gegenüber den USA.*

3.3.1 Kolumbien: Ein zerrissenes Land?

Kolumbien ist ein Beispiel für eine behinderte Entwicklung als Folge Jahrzehnte währender, gewaltsamer interner Konflikte und externer Einflussnahme, bei denen es um politische und wirtschaftliche Interessen sowie um mafiosen Kokain-Handel geht. Folgen sind Hunderttausende Tote, Millionen Flüchtlinge und Gewalt gegen Zivilisten. Ist in einem solchen Klima Entwicklung möglich?

Das Entwicklungsniveau Kolumbiens entspricht etwa dem lateinamerikanischen Durchschnitt: die Lebenserwartung liegt bei 71,7 Jahren, der Anteil der Analphabeten bei neun Prozent, die Geburtenrate bei 2,2 Prozent und die Kindersterblichkeit bei drei Prozent. Doch nach dem Pro-Kopf-Einkommen von etwa 2 000 US$ gehört es zu jenen einkommensschwachen Staaten Südamerikas (vgl. S. 89 M3), in denen extreme soziale Gegensätze herrschen. So beträgt der Anteil des Haushaltseinkommens der ärmsten 10 Prozent der knapp 43 Mio. Kolumbianer gerade einmal ein Prozent des nationalen Einkommens, während die reichsten 10 Prozent über 44 Prozent verfügen (1999). Auch weist Kolumbien – neben Bolivien – mit 59 Prozent den größten Anteil absolut Armer aller südamerikanischer Staaten auf (2005). Diese Armut wird außerhalb des glitzernden Zentrums der Hauptstadt Bogota oder abseits der weltberühmten Panamericana überall sichtbar.

Verlässt man die Traumstraße der Welt und dringt weiter ins Landesinnere vor, werden die asphaltierten Straßen rar, tauchen verfallene Weiler auf, und die Campesinos klagen über ihr Leid. ‚Ich kann mich noch genau daran erinnern. Mein Vater hat für ein Ferkel 20 000 Pesos gezahlt und das Schwein für 320 000 verkauft. Heute kostet das Junge 80 000, und für das gemästete Tier bekommst du noch 200 000.' Bei den Rindern sieht es nicht anders aus. Eine ausgewachsene Kuh bringt zwar wie noch vor fünf Jahren 500 000 Pesos ein. Nur ist sonst alles teurer geworden, was für die Viehzucht benötigt wird. Auf winzigen Grundstücken drängen sich der Straße entlang die Häuser. Die üppigen, sanft ansteigenden Hänge der Fincas dagegen gehören den Reichen, die von auswärts gekommen sind. Dort verkaufen die Einheimischen ihre Arbeitskraft. So etwa ein Bauer, der mit starrem Blick auf seine Kaffeetasse vor sich hin erzählt: „Sie zahlen mir gerade den Minimallohn, 235 000 Pesos im Monat. Das reicht knapp fürs Essen.

M 3: Quellentext über Kleinbauern in Kolumbien
Lemoine, M.: Kolumbien – eine Nation, zwei Staaten. Le Monde diplomatique 5/2000

Der Dienstleistungsbereich ist der Hauptarbeitgeber (59 %) in Kolumbien. Auf ihn entfallen 58 Prozent des BIP. Die Landwirtschaft bietet zwar 22 Prozent der Erwerbspersonen Arbeit, ist am BIP aber nur mit 11 Prozent beteiligt; dabei ist der hohe Selbstversorgungsanteil nicht berücksichtigt. Die entsprechenden Werte der Industrie liegen bei 19 und 31 Prozent. Hauptexportgüter, von denen über 42 Prozent in die USA gelangen, sind Erdöl, Kohle, Mineralien (zusammen 41 %), Industriegüter (35 %) und landwirtschaftliche Erzeugnisse (24 %). Dabei rangiert Kaffee an erster Stelle, gefolgt von Schnittblumen, Bananen, Reis und Tabak.

Angesichts der vielfältigen wirtschaftlichen Ressourcen überrascht das relativ niedrige Entwicklungsniveau Kolumbiens. In Anbetracht der Masse Armer und Besitzloser ist aber auch die Tatsache erstaunlich, dass von den 1,138 Mio. km² Landesfläche (etwa dreimal so groß wie die Deutschland) bisher nur 2,4 Prozent agrarisch genutzt werden (die Anbaufläche für Koka inbegriffen). Worin liegen die Ursachen? Die Antwort erschließt sich aus den eingangs erwähnten innenpolitischen Wirren, die innerhalb Lateinamerikas zwar nicht nur für Kolumbien typisch sind, doch an diesem extremen Fall beispielhaft dargestellt werden sollen:

Die USA hatten 1902 den Franzosen das Recht auf den Bau eines Kanals abgekauft. Als sich Kolumbien den Ausbauplänen widersetzte, unterstützten die USA die Bildung des Freistaates Panamá. Als Gegenleistung erhielten sie den Kanalstreifen.

1) Das heutige Kolumbien war zum Zeitpunkt der Unabhängigkeit 1819 Teil von Groß-Kolumbien, das sich 1830/1 in Ecuador, Venezuela und Kolumbien auflöste. Damals gehörte noch Panamá dazu, das sich 1903 unter aktiver Mitwirkung der USA als Staat verselbstständigte. Aus jener Zeit stammen auch die zwei Parteien (Liberale, Konservative), die beide von der Oberschicht aus Großgrundbesitzern getragen werden. Sie regierten im Wechsel bis 1948 das Land wie eine „oligarchische Demokratie". Mit „milden" Reformen vermochten sie den sozialen Frieden zu bewahren und von der breiten Bevölkerung akzeptiert zu werden. So gab es bis Mitte des 20. Jahrhunderts nur zwei Konflikte mit jedoch verheerenden Auswirkungen: Von 1899 bis 1902, im „Krieg der 1000 Tage", wehrten sich die Kleinbauern gegen die vom Weltkaffeeboom ausgelöste Aneignung ihres Landes durch die Großgrundbesitzer. Über 100 000 fanden in den Kämpfen den Tod; mehr als in dem nordamerikanischen Bürgerkrieg in den 1860er-Jahren (M1). Im Jahr 1928 kam es in einem Arbeitskampf auf der Bananenplantage der US-amerikanischen United Fruit Company zu Massakern und unzähligen Opfern unter der Arbeiterschaft und den Kleinbauern.

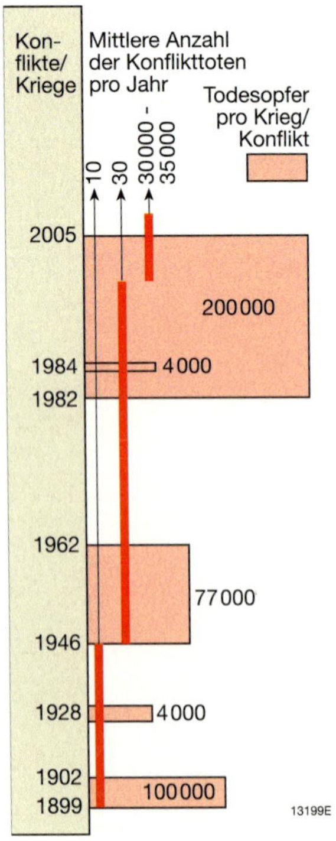

M 1: *Anzahl der Mordopfer bei den großen Konflikten in Kolumbien*

2) Spannungen und Missgunst zwischen Liberalen und Konservativen führten nach 1948 zu einem Bürgerkrieg („La Violencia"), in dem 77 000 Menschen den Tod fanden. Er endete 1958 dank US-amerikanischer Vermittlung, deren Ziel es war, stabile Verhältnisse herzustellen und die guten Beziehungen zu dem bislang verlässlichen Partner zu verstetigen. Basis dafür bildete das „Frente Nacionale-Regime", auf das sich die beiden Traditionsparteien einigten. Es sah einen paritätischen Machtausgleich und regelmäßigen Wechsel in der Regierungsübernahme vor. Darauf basiert das politische Geschehen des Landes bis in die Gegenwart. Ungeachtet der gerade regierenden Partei zeichnet sich die kolumbianische Politik durch konservative und traditionsverhaftete Züge aus und ist unfähig oder auch unwillig, die sozialen Nöte der Massen oder die internen Probleme im gesamtgesellschaftlichen Sinne zu lösen.

3) Als vorrangigstes innenpolitisches Problem erweist sich dabei die Schwäche der Staatsgewalt. Sein Gewaltmonopol wird seit 1958 zunehmend durch rechte Paramilitärs, linke Guerillagruppen, Drogenmafia, ausländische firmeneigene Sicherheitstruppen, unzählige kleine, lokal agierende Bürgerwehren und selbst durch das eigene Militär in Frage gestellt (M2). Diese Konfliktakteure sind verstreut im ganzen Land tätig (M3):

a) Paramilitärs (Paras): Als Reaktion auf die kubanische Revolution (1959) entwickelten die USA ein antikommunistisches Sicherheitssystem in den südlichen Nachbarländern. Es sollte vor allem zur Aufstandsvorbeugung und Bekämpfung der „inneren Feinde" dienen. In diesem Zusammenhang förderten die USA auch in Kolumbien die Aufstellung von Anti-Guerilla-Einheiten und bildeten Zivilisten für paramilitärische Aktivitäten aus. Die Zahl der paramilitärischen Gruppen in Kolumbien wurde 2004 von der UN-Menschenrechtskommission auf 140 geschätzt. Sie unterhalten nach dieser Quelle enge Verbindung zu Armee, Polizei und den Großgrundbesitzern, werden von den USA unterstützt und sollen sich mit dem Drogenhandel finanzieren. Unabhängige, internationale Beobachter machen sie für die Massaker an der Zivilbevölkerung, den Guerillas, linken Oppositionellen, Intellektuellen und für umstürzlerische Aktivitäten vor allem in Venezuela verantwortlich. Auch sollen sie maßgeblich die extreme Landflucht verursacht haben (M 4). Trotz dieser kriminellen Handlungen hat sich die Regierung nie eindeutig von diesen Paras distanziert, sondern ihnen mit dem vermeintlichen Ziel der Konfliktminderung sogar Amnestie eingeräumt. Mit der Autodefensas Unidas de Colombia (AUC, Vereinigte Bürgerwehren Kolumbiens) haben die paramilitärischen Gruppen seit 1997 sogar eine Art Dachverband, der sich weiterhin dem Kampf gegen die Guerillas verschrieben hat.

b) Guerillas: Unorganisierte linke Guerilla-Aktivitäten gab es in Kolumbien vereinzelt schon während der Violencia. Sie nahmen nach der Revolution in Kuba (1959) und später durch die Agitationen von Ché Guevara (1966) wie in vielen anderen lateinamerikanischen Ländern fassbare Formen an. Es bildeten sich die kommunistische Fuerzas Armadas Revolucionarias de Colombia (FARC) und die Kuba-nahe Ejército de Liberación Nacional (ELN) heraus. Als FARC Anfang 1984 das Angebot der Regierung unter Präsident Belisario Betancur zur Mitwirkung in der 1968 gegründeten demokratischen Partei Unión Patriotica annahm und damit aus dem Untergrund heraustrat, fielen über 4 000 ihrer Anhänger den Morden der Paras zum Opfer. Im Jahr 1998 gestand der amtierende Präsident Andrés

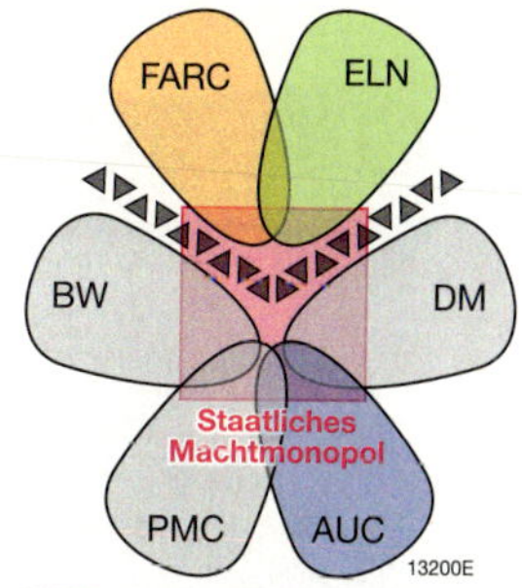

FARC = Fuerzas Armadas Revolutionarias de Colombia (Guerilla)
ELN = Ejérato de Liberación Nacional (Guerilla)
DM = Drogenmafia
AUC = Audodefensas Uridas de Colombia (Para)
PMC = Private Military Companies
BW = Bürgerwehren
▲▼▲▼ „ideologische" Feindfront

M 2: *Konfliktmodell*

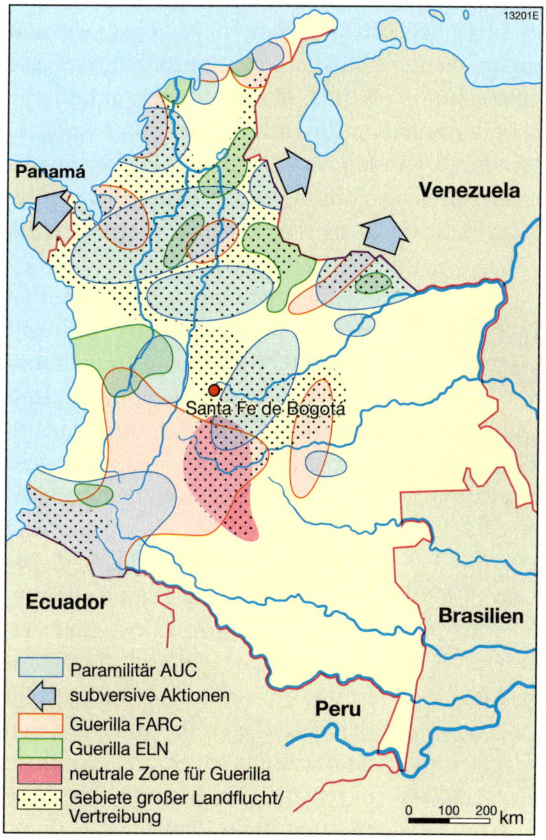

M 3: *Aktionsräume von Guerillas und Paramilitärs*

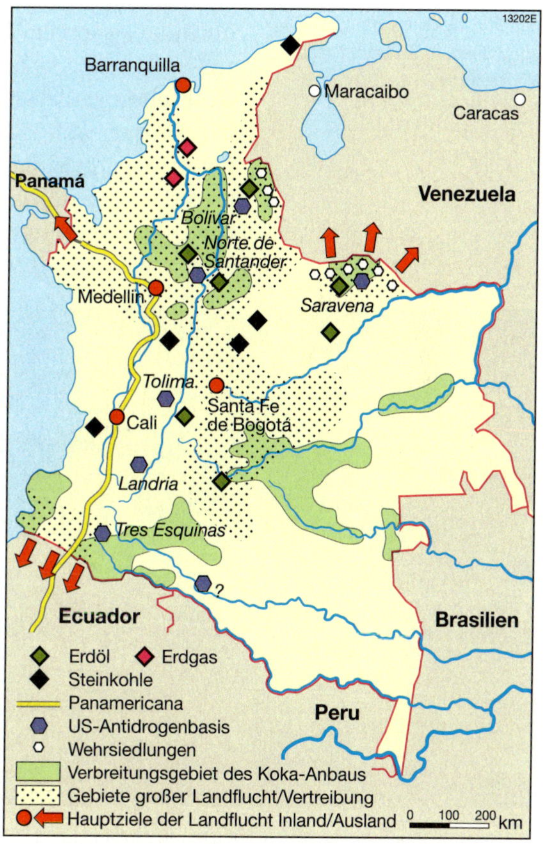

M 4: *Koka-Anbau, Landflucht und mineralische Vorkommen*

M 1: *Wandparolen der Guerilla FARC in der Universität Bogota*

Pastrana gegen den Willen der Militärs den Guerillagruppen südlich von Bogota eine vom kolumbianischen Militär freie Zone zu (42 000 km² = Größe der Schweiz), in die sie sich zurückziehen sollten. Daraufhin setzte eine landesweite Serie von Morden durch die Paras ein, die damit den Friedensprozess unterliefen, den die Regierung einzuleiten versucht hatte. Fortan waren die Guerillas nicht mehr bereit, ihre Deckung zu verlassen und ihre Waffen niederzulegen oder gar abzugeben.

c) Bauernmilizen, Bürgerwehren: Anfang 2002 wurde Alvaro Uribe Vélez zum kolumbianischen Präsidenten gewählt. Im Zuge seines wichtigsten politischen Ziels, dem Kampf gegen die Guerilla-Organisationen, propagiert er eine Politik der „demokratischen Sicherheit“. Dazu warb man bis zu einer Million Kolumbianer als Informanten an und bildete 25 000 Landbewohner zu einer Bauernmiliz aus. Taxifahrer und Transportunternehmer wurden in das Sicherheitssystem der Städte eingebunden. Lokale Bürgerwehren hatten zur Befriedung von Wohn- und Geschäftsvierteln und vor allem in den durch die Landflucht explosionsartig wachsenden Hütten- und Elendsvierteln für Ruhe zu sorgen. Die zahlreichen privaten Sicherheitsdienste wurden zur Weitergabe sicherheitsrelevanter Informationen verpflichtet. Diese wechselseitige Bespitzelung schuf ein Klima, dem sich niemand entziehen konnte, wollte er nicht der Kollaboration mit den Guerillas verdächtigt werden. In einigen Provinzen wurden unter Ausschaltung der Verfassung die Regionalregierungen durch das Militär ersetzt. Ende 2002 vereinbarte die Regierung mit den Paras bei Straferlass einen Waffenstillstand, der nie wirklich eintrat.

Literaturhinweis:
Taraschewski, T.: Bürgerkrieg und Flucht. Vertreibung in Kolumbien. In: Latenamerika-Nachrichten 354, 2003

d) Drogenmafia: Kolumbien ist neben Afghanistan der weltweit größte Produzent von Drogen und der bedeutendste Lieferant Gesamtamerikas für Kokain und Marihuana (M3). Seine Kokain-Produktion übersteigt die der benachbarten Erzeugerländer Peru und Bolivien um ein Vielfaches. Die den Drogenhandel kontrollierende Mafia, die trotz zahlreicher Verhaftungen der „Bosse“ fortagiert, ist undurchschaubar. Wahrscheinlich gehören zu ihr unter anderen Großgrundbesitzer und Anführer der Paras, die dadurch ihre Milizen und ihren Waffenbedarf finanzieren.

M 2: *Kolumbianischer Landwirt inmitten einer Anpflanzung von Kokasträuchern*

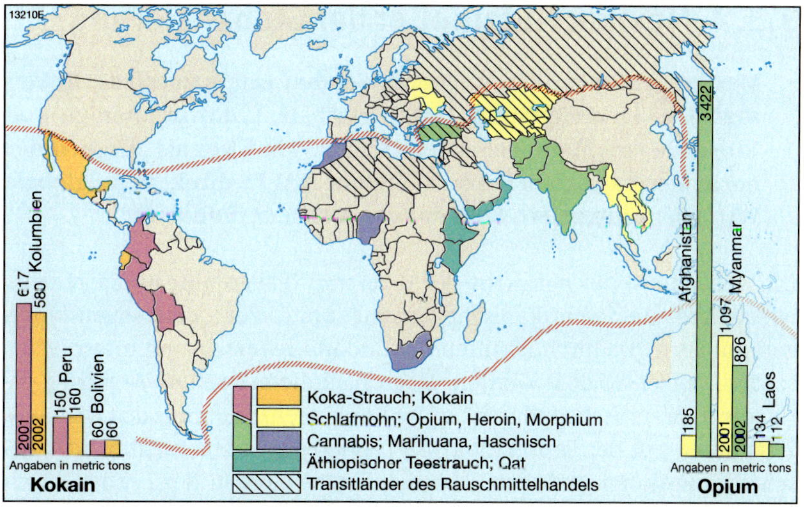

M3 : *Anbauländer und Produktion von Rauschmitteln weltweit*

e) Private Militärunternehmen: Schon seit Anfang der 1990er-Jahre werden zahlreiche Private Military Companies (PMC) aus den USA und Israel zum Schutz von in Kolumbien arbeitenden, US-amerikanischen Erdöl- und Minengesellschaften und gegen die Drogenmafia eingesetzt. Als die Regierung 1999 mit dem „Plan Colombia" ein Konzept gegen den Drogenhandel vorlegte, unterstützten die USA im Rahmen ihres Antidrogenkampfes den Plan mit der Bereitstellung von bislang insgesamt 3,5 Mrd. US$ („Militärhilfe"). Dazu kamen Militärberater, Ausbilder sowie die Einrichtung und Unterhaltung von Antidrogenbasen (vgl. S. 93 M4). Von dieser Militärhilfe profitieren aber auch die Paras und die PMCs. Mit dem Beginn des internationalen Antiterrorkampfes der USA („11.9.2001") wurden die Aktivitäten der PMCs erweitert. Sie richteten sich nun nicht mehr einzig gegen die „Drugterrorists", sondern in zunehmendem Maße auch gegen die jetzt als „terroristische Organisationen" klassifizierten Guerillas.

Private Military Companies
Wirtschaftsunternehmen, die im Auftrag eines Staates oder eines Unternehmens an Kriegen teilnehmen oder in Kriegs- oder Krisengebieten Sicherheitsaufgaben übernehmen.

Die Aktionsräume all dieser bewaffneten Gruppen verteilen sich über das gesamte Land (vgl. S. 93 M3). Ihre Handlungen sind brutal und gewaltsam. Ihnen fielen seit 1982 über 200 000 Menschen zum Opfer (vgl. S. 92 M1). Nach 2001 sollen jährlich 30 000 bis 35 000 Menschen in Kolumbien umgebracht worden sein. Dazu kommen 1,3 bis 2,0 Mio. Flüchtlinge auf dem Weg nach Venezuela, Panamá und Ecuador sowie in die größeren Städte des Landes (vgl. S. 93 M4). Dort wachsen die Slums und Hüttenviertel. Das Land entleert sich, Dörfer verfallen, Felder bleiben ungenutzt. Landesweit mangelt es an Nahrungsmitteln, Behausungen, Schulen und Krankenversorgung.

Unter diesen Bedingungen finden die Paras und Guerillas leicht ihre Anhänger und die Drogenproduzenten ihre willigen Arbeitskräfte. In einem solchen Konfliktgewirr können sich Gesellschaft, landesweite Infrastruktur, Wirtschaft und Industrie nicht entfalten und entwickeln. Auch bleiben die in- wie ausländischen Investoren aus. So lange keine Alternativen zu gewaltsamen Lösungen gesucht werden und die eigennützigen strategischen, ideologischen und ökonomischen Interessen der kleinen kolumbianischen Oberschicht und ihres Verbündeten USA fortdauern, wird sich – so ist aus der jüngsten Vergangenheit zu folgern – in Kolumbien und für die verarmte Masse wenig ändern.

1. *Erläutern Sie die gesellschaftlichen, wirtschaftlichen und politischen Folgen des Koka-Anbaus in Kolumbien.*
2. *Kolumbien ist innenpolitisch das wohl am meisten zerstrittene Land Lateinamerikas. Beurteilen Sie diese Aussage.*
3. *Erörtern Sie die Frage, ob die mörderischen Aktivitäten von Paras und Guerillas den ursächlichen Grund für die Unterentwicklung Kolumbiens darstellen.*

3.3.2 Mexiko: Nutznießer der Globalisierung?

Mexiko gehört zu den reicheren Staaten Lateinamerikas. Es verfügt über eine vielfältige Landwirtschaft, Erdölvorkommen und Tausende von Montagebetrieben. Seit 1994 ist es als Mitglied der nordamerikanischen Freihandelszone NAFTA direkt in die globale Wirtschaft integriert. Sind damit Vorteile verbunden?

Die weltweite Wirtschaftskrise der 1920- und 1930er-Jahre nutzte Mexiko wie andere lateinamerikanische Staaten zum Aufbau einer eigenständigen Industrie. Dadurch konnten die Importe reduziert und intern Wirtschaftskraft entwickelt werden. Doch nach dem Zweiten Weltkrieg geriet die mexikanische Industrie unter Konkurrenzdruck aus den USA, was zusammen mit der Freisetzung von Landarbeitern zu zunehmender Beschäftigungslosigkeit führte. Um den armen Norden des Landes durch Schaffung von Arbeitsplätzen zu fördern, kam die konservative Regierung 1965 der Suche nordamerikanischer Unternehmen nach kostengünstigen Produktionsstätten entgegen. Mit dem „Maquila-Programm" erlaubte sie US-Firmen entlang der Nordgrenze steuerfrei zu produzieren, zollfrei Rohstoffe und Vorprodukte zu importieren und Fertigerzeugnisse zollgünstig zu exportieren. Umweltauflagen und Arbeitsschutzvorschriften wurden weitgehend außer Kraft gesetzt. Die als Maquiladoras bezeichneten Betriebe fertigten in Billiglohnarbeit aus angelieferten Einzel- und Halbfertigteilen Endprodukte, anfangs nur für den nordamerikanischen, später auch für den Weltmarkt. 1980 befanden sich entlang der Grenze zu den USA über 600 Maquiladoras, die über 120 000 Menschen einen Arbeitsplatz boten (M 1).

Ungeachtet dieses positiven Wirtschafts- und Beschäftigungseffektes nahm jedoch die mexikanische Staatsverschuldung in Folge von Miss-, Vetternwirtschaft und Korruption sowie sinkender Einnahmen aus dem Erdölexport ständig zu. Im Jahr 1985 hatte der Schuldenberg ein Ausmaß erreicht, dass die Liquidität gefährdete und Mexiko gezwungen war, das Strukturanpassungsprogramm des IMF zu akzeptieren. Dazu gehörten die Privatisierung der Staatsunternehmen, die Beseitigung von Hindernissen für ausländische Direktinvestitionen, der Abbau von Einfuhrzöllen und die Öffnung des Landes für den internationalen Kapitalverkehr. Nach Umsetzung dieser IMF-Auflagen sahen 1994 die USA und Kanada die Voraussetzungen gegeben, mit Mexiko das nordamerikanische Freihandelsabkommen (NAFTA) abzuschließen. Mexiko war in der globalisierten Welt angekommen.

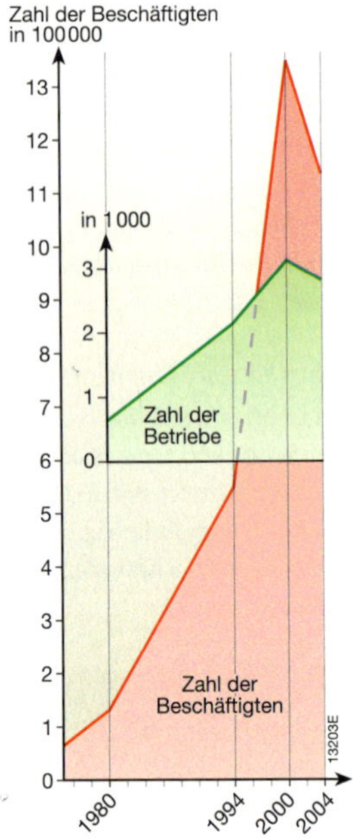

M 1: *Entwicklung der Maquiladoras und Beschäftigten von 1980 bis 2004*

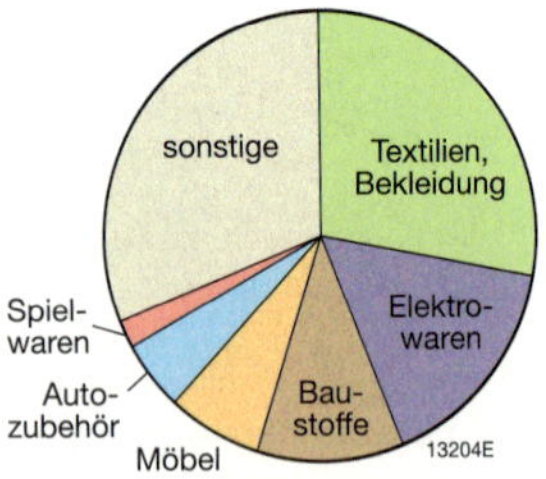

M 2: *Prozentuale Verteilung der Arbeitskräfte in den Maquiladoras nach Branchen*

M 3: Quellentext über die Maquiladoras in Nordmexiko
Wiechmann, J. C.: Die Stadt der verschwundenen Frauen. Stern 9 / 2007

Mitte der 90er-Jahre, nach Schaffung der nordamerikanischen Freihandelszone NAFTA, ist Juárez aufgestiegen zur Hauptstadt der Billigproduktion, zum Großlabor der Globalisierung, einmalig gelegen am Treffpunkt zwischen Erster und Dritter Welt. Die multinationalen Großkonzerne, befreit von lästigen Tarifen und Arbeitsbestimmungen, setzen immer mehr Montagehallen, genannt Maquiladoras, an den Stadtrand. In hochmodernen Fabriken lassen sie rund um die Uhr Kühlschränke, Autositze, Uniformen produzieren – für etwa 1,50 Dollar Stundenlohn, zehn Prozent dessen, was sie in den USA oder Deutschland bezahlen. Sie stellen Hunderttausende Arbeiterinnen an, vor allem junge, ungebildete Frauen, die sie für geschickter halten als Männer, für berechenbar und fügsam. In Rekordzeit durchpflügen General Electric und andere Giganten eine Kultur und verändern das Leben so radikal wie nichts zuvor, wie keine Revolution und kein Krieg.

Immer mehr transnationale Unternehmen aus den USA, Kanada und auch aus Ost-Asien nutzten die günstigen Produktionsmöglichkeiten der Maquiladoras. Sie sind heute in allen grenznahen Bundesstaaten vertreten; insbesondere in den Städten Tijuana und Juárez. Die Herstellung von Massenwaren (z.B. Bekleidung, Spielwaren), später aber auch von Technologiegütern (z.B. Autozubehör, Elektronik), stieg und trug zum Exportwachstum bei (M2). Aus Mexiko stammte in den 1980er- und 1990er-Jahren fast die Hälfte der gesamten Ausfuhr Lateinamerikas.

M 4: *Maquiladoras in Tijuana mit Hüttenviertel im Hintergrund*

Positive Effekte stellten sich ein: Die Arbeitslosigkeit sank, die Kaufkraft stieg an, der Binnenmarkt wurde angeregt und es bildete sich eine zwar kleine, aber relativ kaufkräftige und kaufaktive Mittelschicht heraus. Auch entstanden zahlreiche einheimische mittelständische Unternehmen. Da gleichzeitig die Binnen- und Exportnachfrage nach agrarischen Erzeugnissen zunahm, wuchs auch die ländliche Kaufkraft. Bis zum Ende der 1990er-Jahre erreichte der Export ebenso wie das BIP jährliche Steigerungsraten von drei bis über sechs Prozent (M5). Mit all diesen wirtschaftlichen Verbesserungen ging der Anstieg der Steuereinnahmen einher, die Außenverschuldung konnte abgebaut und die Liquidität wieder hergestellt werden. Doch bald traten neue Probleme auf:

1) Die privatisierten Staatsbetriebe waren vornehmlich an ausländische Großaktionäre gelangt. Sie entschieden einzig nach Wirtschaftlichkeit und nahmen dabei wenig Rücksicht auf örtliche Belange, die Arbeiterschaft und eine lokal angemessene Preisgestaltung. Entlassungen, Umsatzrückgang und Versorgungsengpässe blieben nicht aus.

2) Das wirtschaftliche Wachstum produzieren in erster Linie die Branchen Chemie, Elektronik und Automobile, die auf die Nachfrage aus den USA orientiert sind. Absatzengpässe dort wirken sich direkt auf die Beschäftigten in Mexiko aus. Da die Arbeiter keinen rechtlich gesicherten Status haben, reichen momentane Auftragsrückgänge schon zu ihrer Entlassung.

3) Die Maquiladoras unterliegen in ihrer innerbetrieblichen Produktionsorganisation und im Lohnniveau den Vorstellungen und Vorgaben der transnationalen Konzerne. Sie bevorzugen (aus Kostengründen) hauptsächlich weibliche Arbeitskräfte, denn sie können mit 70 bis 90 Prozent des Lohnes der Männer abgespeist werden. Daher konzentrieren sich in den Orten entlang der Grenze die Frauen. Sie sind hier aus Mangel an staatlichen Ordnungskräften schutzlos sowohl betriebsinterner als auch der Willkür der Straße ausgesetzt.

4) Die Montagebetriebe entlang der Grenze fungierten anfänglich hauptsächlich als Zulieferer für die amerikanischen und kanadischen Endfertiger. Um den ständig wachsenden Qualitätsanforderungen jedoch zu entsprechen, waren sie gezwungen, in hochwertige, teure Produkti-

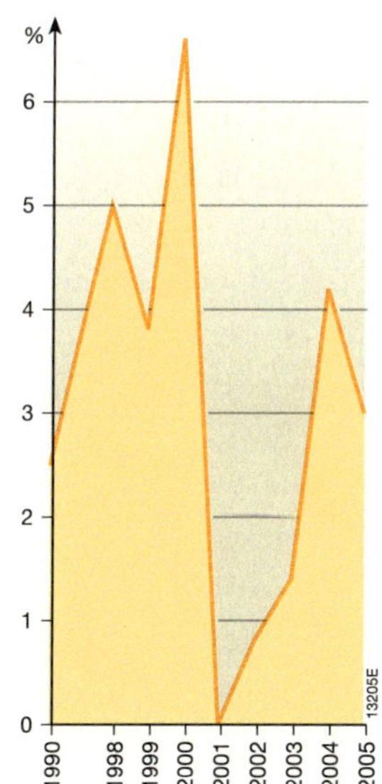

M 5: *Entwicklung des BIP in Mexiko 1990 bis 2005*

onsmittel aus den USA zu investieren und sich zu verschulden. Da mit dem Kauf bestimmter Maschinen die Betriebsausrichtung festgelegt und die Kapitalaufnahme ausgeschöpft war, konnten sie fortan nicht flexibel auf geänderte Nachfragen reagieren. Blieben die geeigneten Aufträge aus, waren Schließung oder Verkauf unvermeidlich.

5) Die Nachfrage nach Agrarerzeugnissen veranlasste zu Mechanisierung und Kommerzialisierung der Landwirtschaft. Dadurch wurden unzählige Landarbeiter, Pächter und Kleinbauern freigesetzt und vielerorts regelrecht Verdrängung und Landraub betrieben. Im ländlichen Raum kam es zur Unterversorgung mit Nahrungsmitteln und wiederkehrend zu politischen Unruhen (z.B. Aufstände linksgerichteter Rebellen in Chiapas, Oaxaca). Mit dem Import von subventioniertem Mais aus den USA versuchte die Regierung zwar gegenzusteuern, doch wurden dadurch die verbliebenen bäuerlichen Kleinproduzenten endgültig vom Markt verdrängt.

6) Ähnlich erging es den mittelständischen mexikanischen Unternehmern, die bisher mit ihren lokal angepassten Erzeugnissen den Bedarf befriedigt hatten. Sie unterlagen – eine Folge der Freihandelszone – der Konkurrenz billigerer Importwaren. Betriebsschließungen, Massenentlassungen und Arbeitslosigkeit waren auch hier die Folge.

7) Das Freihandelsabkommen schreibt vor, dass auf alle Importe der Maquiladoras aus Nicht-NAFTA-Ländern Zölle zu entrichten sind. Da inzwischen etwa 60 Prozent aller Betriebe asiatischen Unternehmen (zur Nutzung der Nähe zum nordamerikanischen Markt) gehören und aus Asien mit Halbfertigteilen beliefert werden, erhöhten sich nach in Kraft treten der NAFTA-Regelung 1994 die Produktionskosten. Die Verkaufspreise überstiegen in den USA daraufhin die der direkt aus Asien importierten Fertigerzeugnisse. Zahlreiche Betriebe wurden geschlossen oder wanderten ab.

Literaturhinweis:
Alscher, S.: Märkte, Migration, Maquiladoras: Auswirkungen des Freihandels auf Migrationsprozesse aus regionaler Perspektive, 2001

8) Neben diesen Problemen erhöhten sich beinahe unbemerkt die Lohnkosten in den Maquiladoras. Sie liegen heute vier Mal so hoch wie in China und Vietnam und sind selbst höher als in Südostasien oder den mittelamerikanischen Nachbarländern.

All diese Probleme, die bis Ende der 1990er-Jahre von einer positiven Wirtschaftsbilanz (vor allem Ergebnis gestiegener Erdölpreise) überdeckt waren, traten Anfang 2000 durch die Rezession in den USA offen zutage, als die Nachfrage von dort drastisch abnahm. In Folge schlossen immer

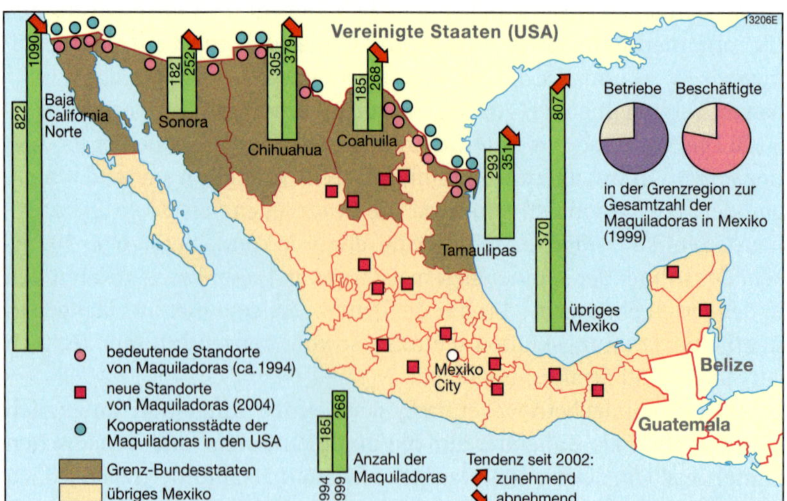

M 1: *Räumliche Verteilung der Maquiladoras*

mehr Maquiladoras-Betriebe in der nördlichen Grenzregion, die wegen der vielen Unternehmen und Arbeitsplätze, der Zuwanderung und der relativ hohen Einkommen als mexikanische Aufsteiger- und Gewinnerregion galt (M 1). Neuansiedlungen wurden immer seltener und die Zahl der Beschäftigten sank. Die Produktion der ausländischen und selbst der wenigen mexikanischen Unternehmen wanderten zu lohnkostengünstigeren Standorten ab. Als Alternativen boten sich zum Beispiel Mittel- und Südmexiko, die Nachbarstaaten Honduras, Guatemala, Nicaragua und Ecuador sowie China und Südostasien an.

Zwar wird in den fünf Bundesstaaten an der nördlichen Grenze weiterhin der größte Beitrag zum BIP des Landes erwirtschaftet, doch herrschen auch hier inzwischen ärmlichste Verhältnisse. In der größten Stadt, Tijuana, lebt die Mehrzahl der Bevölkerung in Hütten aus Sperrholz und Wellblech, die entlang schmutziger Straßen mit tiefen, von Abwasser erfüllten Spuren aufgereiht sind. Hier gab es nie einen Bebauungsplan. Die Stadtfläche wucherte mit immer neuen Industrieparks ins Umland, wo sich auch die Arbeitskräfte und deren Familien in Hütten und unter Schutzschirmen niederließen. Offiziell soll diese Hüttenstadt 1.5 Mio., nach Schätzungen sogar drei bis vier Mio. Menschen beherbergen und jährlich um 100 000 Zuwanderer wachsen, von denen sich viele auf dem Weg in die USA befinden. Nicht anders sieht es in der zweitgrößten Hüttenstadt der Grenzregion aus. In Ciudad Juárez hat sich seit Ende der 1960er-Jahre die Einwohnerzahl von etwa 200 000 auf über 2 Mio. erhöht. Durch die ständige Zuwanderung aus anderen Teilen Mexikos und den südlichen Nachbarstaaten nehmen in Tijuana und Juarez nicht nur die Arbeitslosigkeit, sondern auch Obdachlosigkeit, Raub, Mord und Prostitution zu.

M 2: *Hüttenviertel in Tijuana*

Zwischen 40 und 50 Mio. der 103,8 Mio. Mexikaner leben unter der absoluten Armutsgrenze und über 60 Prozent müssen ihre Existenz im informellen Bereich zu sichern versuchen. Trotz all der negativen Effekte und Auswirkungen konnte der Norden Mexikos immerhin von der Einbindung in die Freihandelszone und damit von der Globalisierung profitieren; doch eben nur diese Region und nur diejenigen, die eine Arbeit finden und dann auch nur so lange, wie die ausländischen Auftraggeber wollen. Das übrige Mexiko, insbesondere der Süden, wo sich die indigene Bevölkerung seit Jahren in heftigen, sogar gewaltsamen Protesten gegen Benachteiligung, Landraub und Perspektivlosigkeit wehrt, dient einzig als Reservegebiete für Arbeitskräfte und Auffangbecken der im Norden Gescheiterten. Selbst die Hauptstadt Mexiko-City scheint wenig Gewinn aus der Globalisierung ziehen zu können. Sie wuchert wegen der extremen Zuwanderung zu einem Stadt-Monster mit heute vermutlich 18 Mio. Einwohnern und allen negativen Begleiterscheinungen einer Megacity. Das Beispiel Mexiko führt facettenreich und so ernüchternd wie konkret das „Wohl" und „Aber" und damit die Perspektiven der Länder des Südens in einer globalen Wirtschaft vor.

1. *Nennen Sie die Vorteile, die Mexiko aus der NAFTA-Mitgliedschaft erwachsen.*
2. *Argumentieren Sie, ob die Maquiladoras zu den globalisierten Orten zu rechnen sind.*

3.4 Asien: Eigendynamischer Aufstieg?

Während man noch vor wenigen Jahrzehnten mit Asien nur unbeschreibliche Armut verband, steht es heute für extremes Wirtschaftswachstum und verheißungsvolle Zukunftsperspektiven. Gilt das für alle Länder und sind damit die sozialen Probleme der Vergangenheit überwunden?

Asien ist der vielfältigste der drei Entwicklungskontinente: Einige Länder waren nie fremdbeherrscht, die Mehrzahl jedoch Kolonien oder ganz oder teilweise externem Einfluss ausgesetzt (M3). Der Prozess der Unabhängigwerdung vollzog sich ebenso oft friedlich (z.B. Kuwait, Hongkong) wie kriegerisch (z.B. Vietnam, Indonesien). Die relative Rohstoffarmut ließ die fremde Begehrlichkeit erst erwachen, als Ende der 1960er-Jahre der unermessliche Erdölreichtum der Region des Arabischen Golfes für die Weltwirtschaft erschlossen wurde (z.B. Saudi-Arabien, Irak, Iran). Als verlängerte Werkbank des Nordens wurde Asien entdeckt, als die steigenden Produktionskosten in den Industriestaaten zur Suche nach günstigeren Standorten zwangen (z.B. Taiwan, Korea, Singapur) und seit die Globalisierung Handel und Kapital beweglicher gemacht hat (z.B. China, Bangladesch). In diesem Zusammenhang erlangten in einigen Ländern auch IT-Dienstleistungen globale wirtschaftliche Bedeutung (z.B. Indien, Dubai).

M 1: *Erdölförderung in Bahrain*

M 2: *Halbleiterproduktion in Ulsan, Südkorea*

Doch die von außen herangetragenen Möglichkeiten nutzten die Länder unterschiedlich intensiv und schnell. Verantwortlich dafür sind zum einen die großen Unterschiede in der Naturausstattung (Wüsten bis tropische Regenwälder; Landmasse gegen Inselwelt), die verschiedenen Religionen (Islam, Hinduismus, Buddhismus, Taoismus, Schamaismus, Konfuzianismus, Christentum, Animismus) und die extremen sozialen (z. B. Landlord versus Kleinbauern, Pächter, Landlose, Gelegenheitsarbeiter) und räumlichen Gegensätze (Globalisierte Orte und Regionen versus Neue Peripherie).

Bei all diesen Unterschieden spielen das koloniale Erbe an Infrastruktur und Bildung, das Funktionieren des vermittelten Demokratieverständnisses, die ideologischen Barrieren und Blockzugehörigkeiten und die innenpolitischen Spannungen, Unruhen und Kriege ebenfalls eine entscheidende Rolle. Zudem unterliegen die einzelnen Länder unterschiedlichen externen Interessen und Zwängen. So versuchte der Westen, mehrere strategisch wichtige süd- und südostasiatische Staaten (Pakistan, Philippinen, Thailand) gegen die kommunistische Bedrohung aus der UdSSR, China und Nordvietnam in Truppenbündnissen (SEATO, CENTO) zu vereinen. Ihre Loyalität sicherte er sich durch Wirtschaftsförderung und Entwicklungshilfe. Bilaterale Verträge garantierten den Zugang zum Erdöl der Golfregion. Die östliche Seite förderte linksorientierte Bewegungen und Parteien, schürte Unruhen oder lancierte kommunistische Unterwanderung und bewaffnete Aufstände. Zwischen diesen ideologischen Lagern und Interessen wurde mit dem Zusammenschluss der Blockfreien auf der Bandung-Konferenz 1955 ein dritter Weg gesucht und eingeschlagen. Die Anregung dazu kam aus Asien. Insbesondere in (Süd-)Ostasien finden seit Anfang der 1990er-Jahre wirtschaftliche Prozesse statt, die dem pazifischen Raum bislang ungeahnte Perspektiven eröffnen.

Diese Vielfalt an sozialen und politischen Interessen, die die Entwicklung der einzelnen Länder in den vergangenen Jahrzehnten bestimmten, hat in Asien zu ganz unterschiedlichen Entwicklungsresultaten geführt. Doch gibt es – bei aller Vielfalt – benachbarte Länder mit entwicklungsstrukturellen Parallelen. Auf dieser Basis seien hier sechs Entwicklungsregionen (= ER) definiert und in ihren wesentlichen Zügen skizziert:

SEATO

1954 geschlossenes 1977 aufgelöstes Sicherheitsbündnis unter Vorsitz der USA und Mitwirkung von Frankreich, Großbritannien, Australien, Neuseeland, Pakistan, Thailand und Philippinen

CENTO

Ursprünglich 1955 als Nahost-Pakt formiertes Verteidigungsbündnis zwischen Türkei und Irak, dem nach dem Ausscheiden des Irak 1959 Großbritannien, die USA, Pakistan und Iran beitraten, schloss die Verteidigungslücke zwischen NATO und SEATO, 1979 aufgelöst.

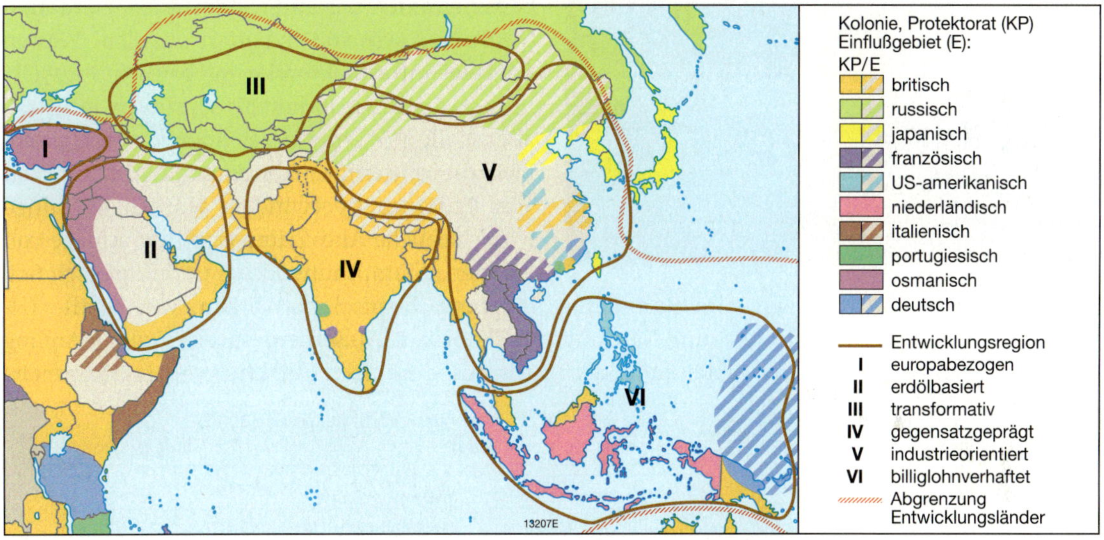

M 3: *Kolonialgebiete und heutige Entwicklungsregionen*

1) Türkei und Zypern (ER I) profitierten stets von ihrer Europanähe. Der Inselstaat Zypern war als britische Kronkolonie und ist seit der Unabhängigkeit (1960) durch seine Commonwealth-Zugehörigkeit sowie über seine Beziehungen zu Griechenland mit Europa verbunden. Nach dem Ersten Weltkrieg und dem Ende des Osmanischen Reichs öffnete sich die Türkei unter dem „Erneuerer“ Präsident Kemal Atatürk in den 1920er- und 1930er-Jahren kulturell, rechtsstaatlich und wirtschaftlich nach Europa. Diese Öffnung wurde nach dem Zweiten Weltkrieg politisch durch die Aufnahme der Türkei in die NATO verfestigt. Dazu trugen seit den 1960er-Jahren die Abwanderung von türkischen Arbeitern nach Westeuropa, die von ihnen getätigten Rücküberweisungen, die Entstehung wechselseitiger Wirtschaftsbeziehungen und Produktionsauslagerungen in die kostengünstigere Türkei bei. Der Ausbau der türkischen Mittelmeer- und

M 1: *Verbindung zwischen Asien und Europa: Die neue Bosporus-Brücke in Instanbul*

Schwarzmeerküste für den westeuropäischen Tourismus setzte in den 1980er-Jahren diesen Trend fort. Er könnte durch die Aufnahme der Türkei in die EU seinen Höhepunkt finden.

Doch das Land zeichnen extreme infrastrukturelle, soziale und ökonomische West-Ost-Disparitäten aus. Innenpolitische Irritationen (z.B. Folterungen, Verfolgung von Intellektuellen und Regierungskritikern), die Unterdrückung der Kurden und das unbewältigte Armenier-Problem belasten seine internationale Anerkennung. Dazu kommen islamistische Unruhen und die durch den Bau des Atatürk-Staudammes im Südosten des Landes entstandenen Spannungen (Streit über Wassernutzung) zu den Nachbarn Syrien und Irak. All das überlagert die vor allem in der Westtürkei erfolgreiche wirtschaftliche und gesamtgesellschaftliche Entwicklung.

2) Die Region rings um den **Arabischen Golf** (ER II) gehörte noch Ende der 1960er-Jahre zu den rückständigsten und ärmsten Gebieten der Erde. Als die reichen Erdöllagerstätten (61,9% der Weltreserven) erschlossen wurden und der kommerzielle Export einsetzte, verfügten die Länder binnen weniger Jahre über riesige Kapitalmengen (M3). Die Regierungen – Monarchien, Volks- oder Islamische Republiken – nutzten sie mehrheitlich zum Ausbau ihrer Länder und zur Verbesserung der Lebensbedingungen ihrer Bevölkerung. Unter Einsatz von zeitweise bis zu sechs Mio. Arbeitsmigranten aus Süd-, Südostasien, Nord- und Ostafrika sowie von Experten aus dem Westen fand eine infrastrukturelle und bauliche Entwicklung statt, die wiederholt als „Sprung vom Mittelalter in die Moderne" bezeichnet wurde. Mit dem Ziel, die einseitige ökonomische Abhängigkeit vom Erdöl zu überwinden, wurden vielfältige wirtschaftliche Aktivitäten ergriffen: Anlage von Werften, Aluminium-, Eisen- und Kupferschmelzen, von Raffinerien und petrochemischen Werken, von Textil-, Getränke- und Nahrungsmittelfabriken. Außerdem erweist sich seit Anfang der 1990er-Jahre der Tourismus – trotz der Golfkriege – als erfolgreiche

M 2: *Shopping im Gold-Souk (Markt) in Dubai, VAE*

M 3: *Erdöl- und Erdgasreserven in West- und Mittelasien*

Region	gesicherte Reserven (2005): Erdöl – Absolut in Millionen barrels	Erdöl – Anteil an Weltreserven in %	Erdgas – in Billionen m^3	Erdgas – Anteil an Weltreserven in %
Welt insgesamt	1200,7	100,0	179,8	100,00
Ehem. Sowjetunion insg.	122,9	6,2	58,3	36,2
Aserbaidschan	7,0	0,6	1,4	0,8
Kasachstan	39,6	3,3	3,0	1,7
Russland	74,4	6,2	47,8	26,6
Turkmenistan	0,5	-	2,9	1,6
Usbekistan	0,6	-	1,9	1,0
Mittlerer Osten insgesamt	742,7	61,9	72,1	40,1
Bahrain	0,1	-	-	-
Iran	137,5	11,5	26,7	14,9
Irak	115,0	9,6	3,2	1,8
Jemen	2,9	2,9	0,5	0,3
Katar	15,2	1,3	25,8	14,3
Kuwait	101,5	8,5	1,6	0,9
Oman	6,6	0,5	1,0	0,6
Saudi-Arabien	264,2	22,0	6,9	3,8
Syrien	3,0	0,2	0,3	0,2
VAE	97,8	8,1	6,0	3,4

13208E

Branche. Und seit Ende jenes Jahrzehntes sehen insbesondere die kleinen Scheichtümer in Informationstechnologie und IT-Dienstleistungen für sich eine Zukunftsperspektive. In allerjüngster Zeit werden mit spektakulären Luxusbauten und gewinnverheißenden Traum-Wohnanlagen verlockende Anlage- und sorgenfreie Lebensmöglichkeiten offeriert. In diesem Sinne plant insbesondere Dubai für seine Zukunft und macht damit tatsächlich global auf sich aufmerksam (vgl. S. 15).

All das erscheint eindrucksvoll und insbesondere die Einheimischen profitieren davon. Doch dabei darf Folgendes nicht übersehen werden: Die Länder verfügen einzig über Energie und Kapital. Alle anderen Produktionsfaktoren wie Know-how, Arbeitskräfte, Fertigungsanlagen und Rohstoffe müssen bislang und wohl noch für unabsehbare Zeit eingeführt werden. Auch fehlt es an Absatzmärkten in der Region. Sie wird durch den Israel-Palästina-Konflikt, revolutionäre, fundamentalistische Unruhen (Iran, Saudi Arabien) und wiederkehrende Kriege überschattet, die zwischen Nachbarn entstehen (Iran-Irak = 1. Golfkrieg, 1980; Israel-Libanon-Syrien) oder von außen – wie im Fall Irak (2./1991 und 3. Golfkrieg/2003) durch die USA – hineingetragen werden. In Palästina (Gaza, Westjordan-Land) und in Irak resultieren daraus bislang nur Chaos, in Iran Stagnation und Resignation und in Saudi-Arabien Verunsicherung; alles Hemmnisse für gesamtgesellschaftliche, nachhaltige Entwicklung.

3) Die **mittelasiatischen Staaten** (ER III), die ebenfalls über beträchtliche Energie- (Erdöl = 6,2 %, Erdgas = 36,2%) und Rohstoffreserven (z.B. Mongolei: Kohle, Gold, Uran, Wolfram) verfügen, vollzogen nach dem Zusammenbruch der Sowjetunion formal die Transformation von der kommunistischen Plan- zur kapitalistischen Marktwirtschaft: Auflösung der Kolchosen und Sowchosen, Privatisierung von Boden, Viehzucht und Fabriken, Demokratisierung und Liberalisierung von Waren und Kapitalverkehr. Doch faktisch herrschen hinter den (quasi-)demokratischen Fassaden noch überall Strukturen der alten Verwaltungs- und Kaderwirtschaft vor. Zeitgleich sind neuer Reichtum (z.B. Kasachstan, Turkmenistan) und bislang unbekannte Armut (z.B. Kirgisien, Mongolei) entstanden. Selbstbereicherung der vom Westen hofierten Eliten, Prachtentfaltung und Luxuskonsum in den Hauptstädten sowie Kapitaltransfer in den Westen sind allerorts feststellbar. Für den Ausbau der notwendigsten Infrastruktur (z. B. Straßen, Elektrizität) und einer bedarfsdeckenden Industrie und Landwirtschaft fehlen bislang Einsicht und Interesse.

M 4: *Inneres einer Jurte verarmter Tierhalter in der Mongolei*

M 5: *Regierungspalast in der kasachischen Hauptstadt Astana*

HDI: Bangladesch = 0,461; Bhutan 0,483; Indien = 0,563; Nepal = 0,474; Pakistan = 0,522; Sri Lanka = 0,733. Mittelwert alle Länder des Südens = 0,642.

Pro-Kopf-Einkommen, US$: Bangladesch = 1.361; Bhutan = 1.536; Indien = 2.077; Nepal = 1.157; Pakistan = 1.715; Sri Lanka = 2.979. Mittelwert aller Länder des Südens = 3.277.

4) Die Länder **Südasiens** (ER IV), seit 1947 unabhängig, gehören einschließlich Afghanistan nach den HDI-Werten und dem Pro-Kopf-Einkommen allesamt zu den ärmeren und rückständigeren Staaten der Erde. Doch bezüglich der heute möglichen globalen Teilhabe bestehen beträchtliche strukturelle Unterschiede: Sri Lanka hat sich ähnlich wie Nepal als international nachgefragtes Tourismusziel profiliert. Beide Länder dienen sich auch als Standorte für Billigarbeitskräfte an. Nicht weniger engagiert sucht Bangladesch als Anbieter massenhaft billiger, vor allem weiblicher Arbeitskräfte für die Bekleidungs- und Textilbranche seine Chance. Es hat sich auch durch das effektive Wirken seiner zahlreichen NGOs sowie durch ländliches Sparen und Mikro-Kredite als Entwicklungsstrategie international einen Namen gemacht (siehe 5.1.3)

M 1: *Militärparade zu Ehren von Pakistans Staatsgründer Muhammad Ali Jinnah in Islamabad 1999. Pakistan entwickelte im Wettrüsten mit Indien Mittelstreckenraketen, die auch mit atomaren Sprengköpfen bestückt werden können.*

Pakistan vermag sich aus seinen internen Konflikten seit 1947 nicht zu befreien. Sie bestehen zwischen den verschiedenen Volksgruppen (Pashtunen, Belutschen, Sindhis, Punjabis, Serakis), zwischen Bürokratie, Großgrundbesitz und Industrie, zwischen Militärs und demokratischen Kräften (seit 1947 vier Militärdiktaturen). Die Auseinandersetzungen werden zusätzlich geschürt durch Fundamentalisten, Separatisten und Parteienintoleranz: Auch die Muhajars, Flüchtlinge aus Indien, kämpfen trotz ihrer beispielweise in der Hafenstadt Karachi wirtschaftlich führenden Bedeutung noch immer um ihre Anerkennung. Überschattet und immer wieder angeheizt werden diese internen Spannungen durch das ungelöste Kashmir-Problem, die Kriege und Herrschaftsverhältnisse im benachbarten Afghanistan sowie die militärische und politische Konkurrenz mit Indien. Dabei darf nicht die wiederkehrende Einflussnahme der USA auf Regierung und Militär vergessen werden, die immer wieder gewaltsame Demonstrationen und massive Proteste auslöst. Pakistan hat die Chance, die es als Billiglohnland beispielsweise zur Herstellung von Teppichen oder Lederbekleidung einmal innehatte, nicht bewahren können. Afghanistan, strukturell Pakistan verwandt, nimmt selbst innerhalb Asiens eine Sonderrolle ein (vgl. 3.4.1).

Literaturhinweis:
Kreutzmann, H.: Die doppelte Teilung – Ursachen und Hintergründe der Spaltung Pakistans. Geographische Rundschau 11, 2003

Indien hingegen, eine bemerkenswert stabile Demokratie, gilt heute zusammen mit China als die Wirtschaftsmacht der Zukunft. Dafür sprechen die Erfolge als weltweit agierender IT-Dienstleister, expandierender Produzent von Computern, Chips und Datenträgern aller Art. Außerdem gilt Indien als Anbieter von Billiglohnarbeitskräften, Lieferant von preisgünstigen Massenwaren und Ziel schier unbegrenzter touristischer Vielfalt. Bei all den positiven Attributen zeichnen sich alle Länder der ER IV durch extreme soziale Ungleichheit und räumliche Gegensätze zwischen den wenigen Globalisierten Orten und Regionen und der ausgegrenzten Neuen Peripherie aus.

5) In **Südost- und Ostasien** (ER V) haben Hongkong, Singapur, Südkorea und Taiwan schon in den 1970er-Jahren mit viel Erfolg den industriellen Aufbau eingeleitet und inzwischen im internationalen Vergleich beachtliche Erfolge erzielt. Malaysia und Thailand sowie inzwischen auch Vietnam, Laos und Kambodscha sind heute im Begriff zumindest als verlängerte Werkbänke des Nordens am globalen Handel zu partizipieren. China nimmt dabei seit Anfang der 1990er-Jahre eine besondere Rolle ein und ist im Begriff zu einer industriell führenden Weltmacht aufzusteigen. Doch die Masse der Bevölkerung partizipiert daran bislang nur auf unterster Einkommensebene. Und die boomende industrielle Entwicklung beschränkt sich auf die küstennahen Landesteile.

6) Die Regierungen der **pazifischen Inselwelt** (ER VI) stehen nicht nur wegen der territorialen Zerstückelung vor logistischen und infrastrukturellen Problemen bei der Entwicklung ihrer Länder. Hinzu treten ethnische und religiöse Gegensätze, eine unterschiedliche koloniale Erblast, innenpolitische Spannungen und wiederkehrende Naturbedrohungen (Tsunami, Erdbeben, Vulkanausbrüche, Wirbelstürme). Als „Schneidereien" und „Schuhmachereien" transnationaler Konzerne nehmen Indonesien und die Philippinen am Weltmarkt teil, ohne dass sich dadurch die Lebensbedingungen für die Mehrheit der Bevölkerung verbessert haben.

Diese Ausführungen zum Entwicklungskontinent Asien weisen auf bemerkenswerte wirtschaftliche Entwicklungsprozesse hin. Doch sie bleiben auf wenige Länder und daselbst auf einzelne Standorte und kleinere Bevölkerungsgruppen beschränkt. Denn industrieller, wirtschaftlicher Erfolg ist nicht gleichbedeutend mit dauerhafter Verbesserung der Lebensbedingungen für alle; insbesondere nicht in Zeiten der Globalisierung.

Asien ist zu vielfältig, um diese Entwicklungsregion an typischen Ländern vertieft vorstellen zu können. Dennoch seien zur Veranschaulichung der strukturellen Problemvielfalt beispielhaft Afghanistan und Bangladesch näher behandelt.

Literaturhinweis:
Ausführlich befasst sich mit den ER V und ER VI „Diercke Spezial – Der Asiatisch-Pazifische Raum", 2006.

1. *Vergleichen Sie die Regionen Asiens hinsichtlich des erreichten Entwicklungsstandes und der Entwicklungsperspektiven.*
2. *Erörtern Sie, ob China und Indien oder die arabischen Erdölförderländer als Entwicklungsländer angesprochen werden sollten und ob Asien insgesamt zur unterentwickelten Welt zu zählen ist.*

M 2: *Hongkong*

3.4.1 Afghanistan: Last der Stammestradition?

Seit über dreißig Jahren herrschen Krieg, Terror und Verfolgung in Afghanistan. Vor allem mit militärischen Mitteln versucht die Weltgemeinschaft jetzt das Land zu befrieden, zu stabilisieren und damit die Grundlagen für landesweite Entwicklung zu schaffen. Was gilt es dabei zu berücksichtigen?

M 1: *Powindahs, verarmte afghanische Nomaden*

Literaturhinweis:
Schetter, C.: Geopolitics and Afghan territory. Geographische Rundschau, Internationale Edition 4, 2006

Afghanistan ist ein karges Gebirgs- und isoliertes Binnenland. Einzig fünf Prozent der Landesfläche (652 225 km²) sind ackerbaulich nutzbar. Ein Viertel der Bevölkerung lebt als Nomaden (Powindahs). Rohbaumwolle, Trockenfrüchte, Knüpfteppiche, Häute und Felle (z.B. Karakul) sowie die (Halb-)Edelsteine Lapislazuli und Karneol bildeten ehemals die wichtigsten Exportprodukte. Industrie spielte nie eine Rolle.

Als Großbritannien die Nordwestflanke seiner Kolonie Indien zu sichern und das zaristische Russland von Mittelasien aus seinen Machtbereich bis zum Arabischen Meer auszudehnen suchte, erlangte der östliche Teil des iranischen Hochlandes internationales Interesse. Ergebnis dieser Interessenüberschneidung, das als „Great Game" in die Geschichte einging, war die Bildung des Pufferstaates Afghanistan. In den gegen Ende des 19. Jahrhunderts gezogenen Grenzen umfasste der neue Staat lediglich den mittleren Teil des afghanischen Reiches, das 1747 vom Anführer des Stammes der Durrani, Ahmed Shah, gegründet worden war (M 1).

Die Pufferfunktion Afghanistans spiegelt sich noch heute in den an der jeweiligen Grenze endenden Eisenbahnnetzen. Sie wurden von beiden Seiten nach rein strategischen Gesichtspunkten angelegt. Diese Abgrenzung der Interessenssphären überdauerte die beiden Weltkriege und setzte sich in der Zeit des Kalten Krieges fort. So gab sie beispielsweise die räumliche Verteilung der stets spärlichen internationalen Hilfe vor: Der Norden galt als Betätigungsfeld der UdSSR und der übrigen Staaten des Ostblocks (z.B. Bau der Straße von Kabul bis Mazari Sharif und Erschließung der Erdgasfelder). Der Süden war den USA, Japan und Westeuropa vorbehalten (Bau der Straße Kabul-Kandahar-Herat, Finanzierung und Durchführung des Hilmend-Bewässerungs- und -Siedlungsprojektes).

In der Vergangenheit gehörte Afghanistan zu jenen Ländern, auf die sich Weltöffentlichkeit und internationale Hilfe immer dann besannen, wenn sie von Kriegen heimgesucht oder von Krisen geschüttelt wurden. Diese Situation endete für Afghanistan 1973, als der seit 1933 amtierende König Zahir gestürzt wurde. Es folgten erbitterte Machtkämpfe. Sie lösten den Einmarsch der Sowjetarmee (1979) aus und diese wiederum Kämpfe gegen die sowjetischen Okkupatoren. Daran beteiligten sich ethnisch verschiedene und von Warlords geführte Interessengruppen, zu denen bald die anfänglich von den USA geförderten islamistischen Taliban gehörten. Sie eroberten 1996 die Herrschaft in Afghanistan. Das Regime der Taliban nahm rasch menschenverachtende Formen an und sie unterstützten ganz offenkundig das Terrornetzwerk Al Qaida. Nach dem Terroranschlag in New

1. *Erarbeiten Sie sich einen Überblick über die neuere Geschichte Afghanistans (M 2, Internet, Atlas).*
2. *Analysieren Sie die ethnische Struktur Afghanistans und das Konfliktpotenzial, das damit verbunden ist (Atlas).*
3. *Wiederkehrende Kriegshandlungen verhinderten bislang jegliche positive Entwicklung in Afghanistan. Finden Sie Belege für diese These.*
4. *Welchen Beitrag könnten zivilgesellschaftliche Organisationen für die Stabilisierung des Landes leisten?*
5. *Erläutern Sie, das in der afghanischen Stammesgesellschaft verbreitete Werteverständnis.*

York (11.9.2001) war daher für die USA der Anlass gegeben, den Taliban unter Einsatz alliierter NATO-Kontingente ein Ende zu bereiten (7.10.2001). Damit waren aus westlicher Sicht die Voraussetzungen für einen afghanischen Neubeginn gegeben.

Nach dem Sturz der Taliban begann die internationale Gemeinschaft mit der Förderung zahlreicher Entwicklungsmaßnahmen. Auch unterstützte sie die Regierungsbildung und die für notwendig erachtete Demokratisierung der Gesellschaft. Doch bislang konnte das staatliche Gewaltmonopol durch die Regierung in der Hauptstadt Kabul noch nicht landesweit durchgesetzt werden. Auch die Querelen mit den Warlords, den selbsternannten regionalen Kriegsherren oder Rebellenführern, dauern an und die Kämpfe mit den Taliban flammen wieder auf. Ein Ende des für die arme Bevölkerung des Landes unsäglichen Kriegsgeschehens ist – trotz oder wegen der ausländischen Militärpräsenz – noch nicht absehbar.

Seit 1973 herrscht somit in Afghanistan der Kriegszustand. Große Teile der Bevölkerung (ca. 6 bis 8 Mio.) verließen das Land und leben in Lagern in Iran und Pakistan. Nur wenige sind zurückgekehrt. Es ist davon auszugehen, dass gegenwärtig über 70 Prozent der Bevölkerung unterhalb der absoluten Armutsgrenze vegetieren. Die Infrastruktur ist zerstört und ihr Wiederaufbau schreitet kaum voran. Es mangelt an Trink- und Bewässerungswasser, da die traditionellen unterirdischen Wassersammelsysteme (Kareze, Qanate) zerstört sind. Die nomadische Tierhaltung, ehemals Lebensgrundlage etwa eines Drittels der Landesbevölkerung, ist durch grenznahe Minengürtel, Zollkontrollen, Wanderrestriktionen und Terrorpräventionen erschwert oder unterbunden. Die nomadischen Familien hausen mehrheitlich in unsäglichen Verhältnissen. Trotz allem sind Entwicklungserfolge zu verzeichnen. Sie gehen auf Einzelinitiativen zurück und sind lokal eng begrenzt.

Eine „Erfolgsgeschichte" ist dagegen der Anbau von Schlafmohn, Grundlage zur Herstellung von Opium, Heroin und Morphin (vgl. S. 91 M2). Seit Anfang der 1980er-Jahre hat sich die Weltopiumproduktion verdreifacht. Hauptproduzent ist heute mit einem Anteil von über 62 Prozent Afghanistan, wo schon immer Schlafmohn angebaut und Opium produziert wurde. Ein groß angelegter Schlafmohnanbau begann jedoch gegen Ende der Sowjetokkupation (M3). Während der Bürgerkriegs- und Warlord-Wirren stieg die Produktion an, ging unter den Taliban zurück und nimmt seither – trotz Verbots durch die Regierung in Kabul und internationaler Ächtung – mit einer Unterbrechung (2001) wieder zu. Im Jahr 2004 erreichte der Erlös 1.2 Mrd. US$, was etwa 60 Prozent des afghanischen BIP entsprach (vgl. S. 108 M1). Schlafmohn wird zwar in allen Landesteilen angebaut. Die wichtigsten Hauptproduktionsgebiete liegen im Nordosten (11% der Gesamtanbaufläche), im Osten (27%) und vor allem im Süden (40%). Nutznießer dieses einträglichen „Geschäftes" sind zwar auch die lokalen Bauern.

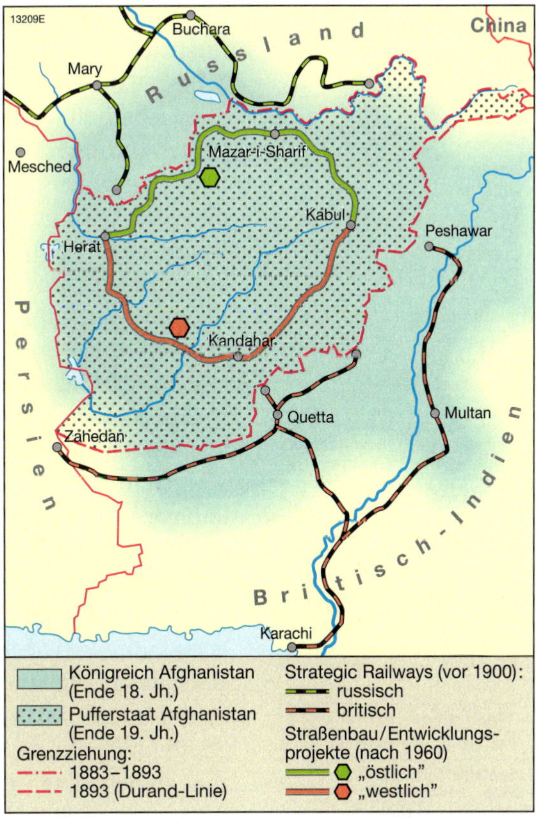

M 2: *Ausdehnung des ehemaligen Königsreichs Afghanistan, Lage der Strategic Railsways und Verteilung der Entwicklungshilfe*

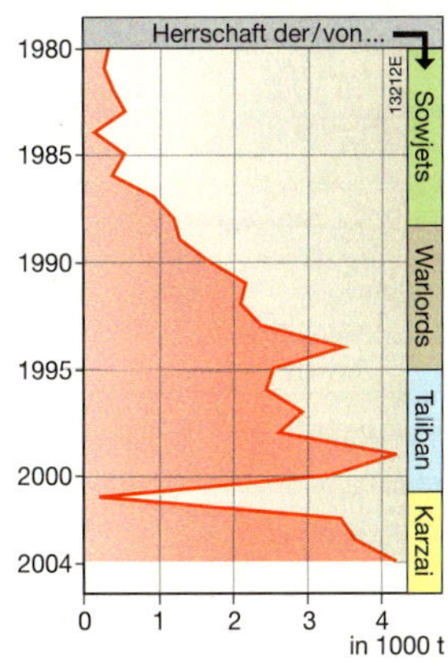

M 3: *Entwicklung der Opiumproduktion 1980 bis 2004*

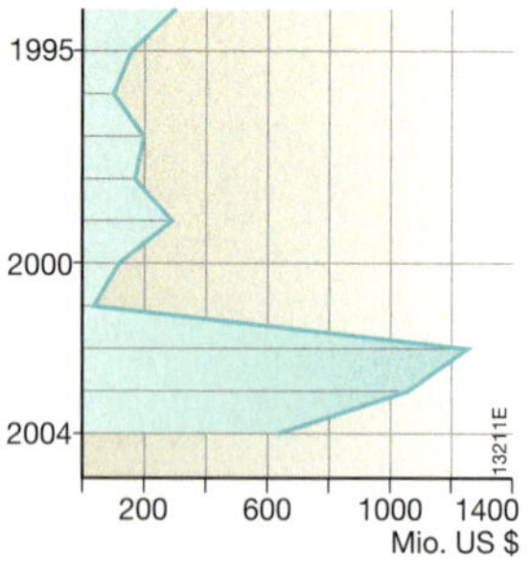

M 1: *Einnahmen aus dem Opiumhandel 1995 bis 2004*

Name	Bevölkerungs-anteil in %
Pashtunen (S)	44
Tadschiken (S,SI)	28
Usbeken (S)	9
Hazara (S)	7
Aimaq (S)	4
Turkmenen (S)	3
Belutschen (S)	1
Araber (S)	< 1
Nuristani (S)	< 1
Pashai (S)	< 1
Sonstige: Tatar, Qizilbash, Kirgisen, Jatki, Gujarati, Lasi, Ormur, Parachi, Moghul, Hindus, Sikhs u.a.	
S = Sunniten SI = Schiiten	

M 2: *Ethnische Gruppen nach Bevölkerungsanteil*

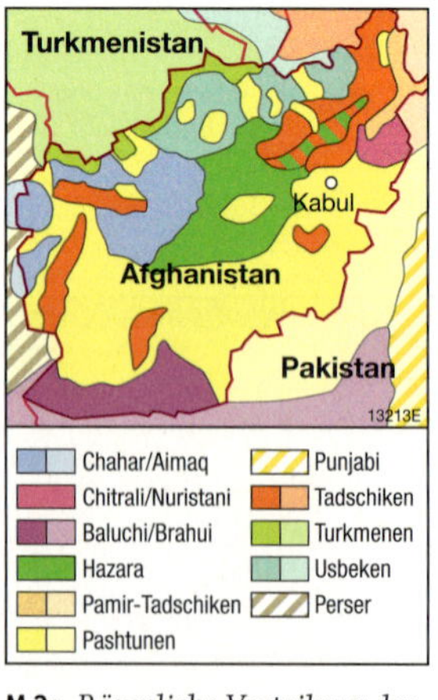

M 3: *Räumliche Verteilung der Volks- und Stammesgruppen Afghanistans*

Doch den großen Gewinn ziehen in erster Linie die Warlords daraus. Sie finanzieren damit die Bewaffnung ihrer Gefolgschaft und ihre Scharmützel gegen die Regierung zur Durchsetzung ihrer Interessen.

Wiederholt wird die Frage nach den Ursachen für die nicht enden wollenden Unruhen sowie kriegerischen und nun auch terroristischen Ereignisse in Afghanistan gestellt. Eine alles erhellende Antwort steht bislang noch aus. Doch immer wieder wird in der Vielzahl ganz unterschiedlicher Völkerschaften ein wichtiger Grund gesehen. Sie identifizieren sich zwar alle mit Afghanistan, folgen aber in erster Linie ihrem jeweiligen ethnischen oder stammlichen Eigenverständnis; ein Faktum, das eine landesweite und gesamtgesellschaftliche Entwicklung nicht fördert. Diese afghanische Besonderheit gilt es etwas ausführlicher vorzustellen.

Mit der kolonialherrlichen Grenzfestlegung Ende des 19. Jahrhunderts war auf die räumliche Ausdehnung der traditionellen Lebens- und Wirtschaftsräume der zahlreichen ethnischen Gruppen sowie auf den Verlauf der Wanderwege und die Lage der Weidegebiete der hier streifenden Nomaden (um 1900 ca. 50% der Bevölkerung!) keine Rücksicht genommen worden. Unterschiedlichste Völkerschaften, ethnische Gruppen und Grüppchen fanden sich plötzlich in einem „Nationalstaat“ europäischen Verständnisses wieder. Afghanistan zählt daher heute unter seinen grob geschätzten 28,5 Mio. Einwohnern 33 verschieden große und bedeutsame Gruppen. Sie trennen Sprache, Kultur und Religion (M2). Die quantitativ größte und politisch bedeutsamste einzelne Volksgruppe sind mit 44 Prozent an der afghanischen Gesamtbevölkerung die Pashtunen (Pathanen). Ihr Stammesgebiet wurde durch die Durand-Grenzziehung (1893) geteilt und gehört heute zur Hälfte zu Pakistan. Die Pashtunen, aus deren Mitte der Begründer des ersten afghanischen Reiches (1747), Ahmed Shah Durrani, stammt, stellten seither das Königshaus und beanspruchen daher die Führungsrolle des afghanischen Staatsvolks.

Das ursprüngliche Verbreitungsgebiet der Pashtunen, ehemals reine Nomaden, befand sich in der südlichen Hälfte des Landes. Mit dem Ziel der territorialen Absicherung des Reiches wurde im 18. und 19. Jahrhundert eine landesweite Sicherungskolonisation mit dem Ziel der Pashtunisierung Afghanistans betrieben (M3). Seither rekrutieren sich aus den Stämmen der Pashtunen die Regierungsmitglieder, die überwiegende Mehrheit der Verwaltungsbeamten und des Militärs. Ihnen gehört der größte Teil des

M 4: *Ethnische Vielfalt in Afghanistan*

bewässerbaren Landes und sie kontrollieren den einträglichen Überlandtransport, Handel und Schmuggel aller Art. In den 1970er-Jahren profitierten die Pashtunen vom Haschischhandel und heute beherrschen sie weitgehend den Schlafmohnanbau.

Das pashtunische Volk ist in große Stammesgruppen (z. B. Ghilzai, Durrani, Yoosofzai, Kakar) gegliedert (M 6). Sie setzen sich jeweils aus zahlreichen gleichgestellten Stämmen und Teilstämmen zusammen und diese wiederum werden von gewählten Anführern (Khan, Malik) vertreten. Alle Entscheidungen basieren auf dem Ehrenkodex, dem Pashtunwali. Er regelt die Versammlungen (Jirga), auf denen die Entscheidungen einstimmig gefasst werden müssen. Das betrifft alle gesellschaftlichen, politischen, ökonomischen und zwischenstammlichen Belange. Dieser Ehrenkodex ist gewohnheitsrechtlich begründet und vermag in der Praxis sogar das islamische Recht (Sharia) zu modifizieren. Er basiert auf drei unverrückbaren Werten:

M 5: *Jirga, Versammlung der Stammesältesten*

1) Der Gewährung von Asyl (Nanawatiya): Jeder Pashtune ist verpflichtet, Asyl, Schutz und Hilfe jedem – selbst einem Todfeind – zu gewähren, der als Bittsteller kommt. Dieses Recht ist auf die Heimstatt des Asylgewährers beschränkt. Da der Begriff Heimstatt nicht genau definiert ist, kann er außer auf die einzelne Behausung, das Dorf oder das Stammesgebiet sogar auf ganz Afghanistan angewendet werden (wie im Fall von Osama bin Laden). Die Unverrückbarkeit dieser Asylgewährung findet eindrucksvoll in dem Pashtu-Sprichwort Niederschlag: „Selbst wenn ein Schwein (nach dem Koran die unsauberste aller Kreaturen) in jemandes Haus Zuflucht sucht, dann muss sie gewährt und Schutz geboten werden."

2) Der Pflicht zur Bewirtung (Melmastiya): Jeder Pashtune muss einen Besucher oder Fremden, wenn es dessen Wunsch ist, bewirten und beherbergen. Dafür gibt es in jedem Dorf oder Lager ein Gästehaus oder Zelt (Hujra). Die Verpflegung des Gastes erfolgt reihum. Für die Zeit der Bewirtung genießt der Gast den vollen Schutz des Stammes. Das lokale Sprichwort dazu lautet: „Bedenke stets, dass auch du in der Fremde Hilfe benötigst."

3) Der „heiligen" Verpflichtung zur Blutrache (Badal): Sie rangiert für jeden Pashtunen an erster Stelle und ist ungeachtet des Ortes, der Kosten und der Folgen vorzunehmen. Sie verjährt nicht, geht über vom Vater auf den Sohn und setzt sich sogar über Generationen fort. Sie endet erst, wenn die Schuld ausgeglichen ist.

Diese drei Grundwerte, zu denen noch die Verteidigung der Ehre der Frauen (Purdah) oder das allgemeine Zugangsrecht zu Wasser und Weide (Shamilat) gehören, bilden die „Eckpfeiler" einer in konkurrierende Stämme segmentierten, ehemals rein nomadischen Gesellschaft.

Der Pashtunwali wurde durch die Pashtunisierung auch zur Grundlage des Miteinanders der zahlreichen anderen Stammesgruppen Afghanistans. Daher sind – wie die Erfahrung aus der älteren und vor allem jüngeren Vergangenheit lehrt – ohne seine angemessene Berücksichtigung weder Entwicklungsprojekte noch Regierungsbildung, Verwaltungsaufbau oder eine landesweite Entwicklung möglich und erfolgreich.

M 6: *Stammesaufbau und Pashtunwali*

3.4.2 Bangladesch: Arm und glücklich?

Mit dem Namen Bangladesch verbindet man Hochwasserkatastrophen, Armut und Unterentwicklung. Eine internationale Studie fand hingegen heraus, dass dort die glücklichsten Menschen leben. Ist Bangladesch ein Sonderfall unter den Ländern des Südens?

Mit einem jährlichen Pro-Kopf-Einkommen von 440 US$ (2006) zählt Bangladesch zu den ärmsten Staaten Asiens. Unter den 177 Ländern, die der HDI erfasst, nahm es 2004 die 136ste Position ein. In einer Weltrangliste der Bevölkerungsdichte läge Bangladesch hingegen mit 943 E/km² an führender Stelle. 30 Prozent der Bevölkerung ist unterernährt, der Anteil der Fehlernährten ist mehr als doppelt so hoch. Seit 1990 leben fast unverändert etwa 40 Prozent in absoluter Armut (1 US$ pro Kopf und Tag). Und der Prozentsatz derjenigen, die mit weniger als 2 US$ auszukommen haben, wurde für 2004 sogar auf 83 beziffert. Zweifellos beeindruckend ist das Wachstum der Bevölkerung. Im Jahre 1901 lebten auf dem Territorium des heutigen Bangladeschs gerade einmal 30 Mio. Menschen. Bis 1961 hatte sich diese Zahl verdoppelt. Für eine weitere Verdoppelung brauchte es nur 30 Jahre (1961–1991). Für 2006 wurde die Einwohnerzahl mit 139,2 Mio. angegeben (nach Schätzungen 2025: 210 Mio.; 2050: 265 Mio.).

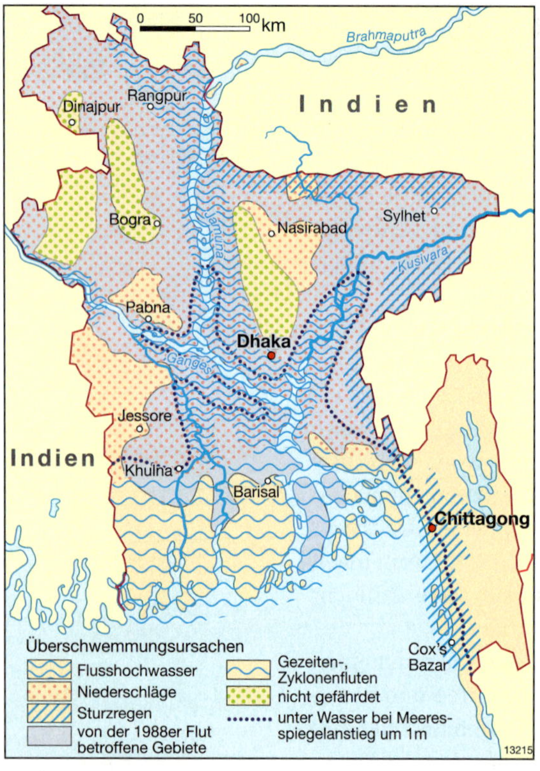

M 1: *Überflutungsursachen und Überflutungsgebiete 1988*

Diese extreme Bevölkerungszunahme trägt sicher ebenso zu dem geringen Entwicklungsniveau von Bangladesch bei wie die ungleichen agrarischen Besitzverhältnisse, die Korruption und das Missmanagement der Regierung oder die alljährlich wiederkehrenden Hochwasserkatastrophen (M1), die das ganze Land erfassen können. Ernten werden vernichtet (M2), Anbauflächen erodiert, Straßen, Brücken, Behausungen, Fischteiche, Deiche und Polder zerstört. Verkehr und Versorgung kommen zum Erliegen. Immer wieder ertrinken Tausende oder sogar Hunderttausende bei den Überschwemmungen.

Das eigentlich fruchtbare Land, in dem bis zu drei (Reis-)Ernten möglich sind, ist fortwährend auf Nahrungsmittelimporte angewiesen. Diese zehren gemeinsam mit den unverständlich hohen Militärausgaben (Waffenkäufe) die mühsam erwirtschafteten Devisen auf, die dringend für den Import von Produktionsgütern, den Ausbau der technischen und sozialen Infrastruktur sowie die Flutsicherung benötigt werden. Im Export, früher zu 80 Prozent aus Rohjute- und Jutefertigerzeugnissen sowie Tee und Shrimps bestehend, herrschen heute Textilien, Bekleidung und Lederwaren (Schuhe) mit 77 Prozent vor (M3).

Die Verlagerung zu der auf Niedriglohn basierenden (Massen-)Produktion von Bekleidungsartikeln aller Art setzte Anfang der 1980er-Jahre ein, als die Regierung die ersten Exportproduktionszonen (EPZ) eröffnete. Mit Steuer- (für 10 Jahre) und Zollfreiheit auf alle Importerzeugnisse (Vor-

	metric tons
1963 =	62 000
1964 =	640 000
1968 =	1 400 000
1970 =	1 900 000*
1971 =	1 150 000
1972 =	335 000
1973 =	1 500 000*
1974 =	2 000 000*
1976 =	1 050 000
1980 =	500 000
1984 =	925 000
1987 =	800 000
1988 =	2 500 000*

Angaben für andere Jahre liegen nicht vor
* Jahre großer Hungersnot

M 2: *Vernichtung der Ernten durch Hochwasser*

M 3: *Hüttenlager in Dhaka nach einem monsunalen Regenguss*

produkte) sowie einem riesigen Angebot an billigen Arbeitskräften, Werkhallen und produktionsdienlicher Infrastruktur versuchte sie, ausländische Unternehmen anzulocken. Im Jahr 2006 gab es in Bangladesch sieben EPZ und insgesamt 3 760 Textilbetriebe mit über zwei Mio. Beschäftigten. Sie konzentrieren sich auf die zweitgrößte Stadt Chittagong und vor allem auf die Megacity Dhaka (Einwohnerzahl: 1941 = 240 000; 2006 > 10 Mio., 2015 ~ 19,5 Mio., 2025 ~ 30 Mio.). Sie ist das Hauptziel der (überwiegend weiblichen) Zuwanderer vom Land. Die Binnenmigranten werden mehrheitlich von der Hoffnung angezogen, Arbeit in einer Textilfabrik zu finden. Den meisten bleibt jedoch nur der informelle Sektor und damit die absolute Armut, in der 66 bis 69 Prozent der Stadtbewohner vegetieren müssen. Ausdruck dafür sind die riesigen Hüttenlager (Bustees), in denen nach Angaben der Stadtplanungsbehörde 1999 über die Hälfte der Einwohner hausten.

Doch das massenhafte Angebot an extrem billigen Arbeitskräften ohne Beschäftigungsalternative ist genau das Argument, auf das Dhaka und Bangladesch als Produktionsstandort für lohnkostenintensive Fertigtextilien bauen. Den transnational agierenden Unternehmen bieten sich als Partner vor Ort mittelgroße lokale Unternehmen an. Diese „formalen" Unternehmen lagern jedoch – aus Kosten- und nicht selten aus Zeitgründen (Just-in-time-production) – Teile der Fertigung zu „informellen" Kleinstunternehmern und Heimarbeitern aus. Durch dieses Outsourcing werden selbst die billigsten Arbeitskräfte, überwiegend Frauen nicht selten auch Kinder, für den globalen Markt erschlossen.

Schaltstelle dieses global orientierten Wirtschaftens, Sitz der lokalen Partner und ihrer ausländischen Auftraggeber ist in Dhaka der Stadtteil Banani, in dem fast alle namhaften Sportartikel- und Bekleidungsproduzenten der Welt vertreten sind. Hier lassen sich auch alle funktionsräumlichen Fragmente fassen, die für „Globalisierte Orte" typisch sind (vgl. S. 112 M 1):

1. Ein Central Business District mit Bürohochhauskomplexen, der notwendigen globalen Infrastruktur und Informationsvernetzung.
2. Mehrere in unmittelbarer Nachbarschaft dazu gelegene exklusive Residenzviertel für die zugehörigen ausländischen und lokalen Akteure. Hier konzentrieren sich auch die Sitze der internationalen Organisationen und die Botschaften.
3. Daran anschließend ausgedehnte Wohnquartiere aus Hütten, Not- und Massenunterkünften sowie trostlosen Wohnsilos.
4. Darin nestartig eingeschachtelt mehrgeschossige Werkhallen, in denen die Fertigtextilien für den globalen Markt produziert werden, und Hüttenkomplexe. Diese Viertel sind infrastrukturell höchst unzureichend und nur punktuell erschlossen sowie hoffnungslos überbevölkert. Dennoch leben hier die wenigen „Glücklichen" aus dem Heer der billigen Arbeitskräfte. Sie haben einen „Job" gefunden und profitieren

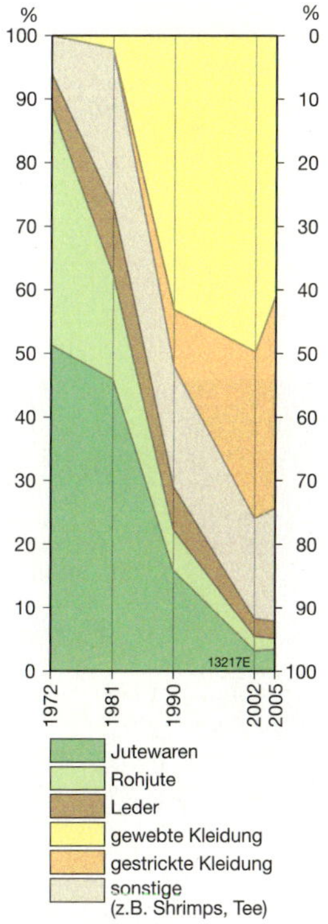

M 4: *Export nach Warengruppen 1972 bis 2005*

Literaturhinweis:
Islam, N.: Dhaka from city to megacity, 1996

M 1: *Dhaka-Banani: funktional-räumliche Differenzierung eines globalisierten Ortes*

vom „Global Outsourcing"; wenn damit auch keine langfristige Perspektive verbunden ist.

M 2: Quellentext über die Lebensbedingungen in einem Hüttenlager
Originalbeitrag des Autors

Dort, wo heute die Hütten von Balur Math liegen, wurde 1975 noch Reis angebaut. Hier leben auf engstem Raum ungefähr 20 000 Menschen und wird die höchste Wohndichte aller Elendsviertel von Dhaka erreicht. Die ärmlichen Unterkünfte stehen daher ganz eng. Die Gassen, meist schulterbreit, winden sich zwischen den Hütten, die in der Regel nur einen Raum von 10 bis 15 m² für unzählig viele Menschen bieten. Ihre Wände bestehen aus Bambusmatten. Zwei Drittel sind heute dank Hilfe einer NGO mit Wellblech gedeckt. Sonst herrschen Plastikplanen sowie Gras- und Strohmatten vor. Das Abwasser fließt in offenen Rinnsalen entlang der engen Gassen. Nachts wurde hier – bis vor zwei Jahren – die Notdurft verrichtet. Und tagsüber dienen sie den Kindern als Spielplatz. Bei Regen oder Hochwasser ist das Lager überschwemmt. Infektionskrankheiten sind unausbleiblich. Am Rande von Balur Math wachsen die Müllhaufen. Sie enthalten wirklich nur noch das, was nicht mehr verwendet werden kann. Hier vermehrt sich Ungeziefer. Von hier gehen Gestank und nicht selten giftige Gase aus. Dennoch wird versucht, hier Gurken und Kürbisse anzupflanzen.

Die Bewohner stammen aus ländlichen Regionen. Niemand fand bislang eine Arbeit in einer Kleiderfabrik. Die Frauen versuchen sich mit Näharbeiten, dem Verkauf von frittierten Teigtaschen, als Putzhilfen oder dem Zerkleinern von Ziegelsteinen zur Betonherstellung. Die Männer lungern mehrheitlich beschäftigungslos herum. Einige versuchen, sich als Tagelöhner (auf Baustellen) oder Puller von Fahrrad- und Fahrer von Motor-Rikschas zu verdingen. Die Kinder durchstöbern die Abfallhaufen der benachbarten Wohnviertel nach Essbarem oder ziehen zum Betteln aus. Auf diese Weise vermag eine Familie im Mittel pro Monat etwa 700 Taka (= 14 Euro) zusammenzutragen. Um die Bedeutung dieser Einkommen ermessen zu können, sei darauf hingewiesen, dass ein Kilo einfachster (Bruch-)Reis 16 Taka (0,32 Euro) kostet und eine sechsköpfige Familie täglich mindestens drei bis vier Kilo benötigt.

M 3: *Das Hüttenviertel Balur Math ist illegal und daher ständig vom Abriss bedroht.*

M 4: Quellentext zur Lebenswirklichkeit eines Rikscha-Pullers in Dhaka
Originalbeitrag des Autors

Abdul Rahim ist 40 Jahre alt und wiegt etwa 50 kg. Seit 29 Jahren lebt er in Dhaka und seit 24 arbeitet er als Rikscha-Puller. Wie 400 000 bis 600 000 andere Männer ist er sechs Tage in der Woche von 6.30 bis 21.00 Uhr im Einsatz. Seine mittlere Tagesstrecke liegt bei 40 km. Da ihm die Rikscha gehört, bleiben ihm seine Einnahmen von monatlich durchschnittlich 6 000 Taka (120 Euro) erhalten. Diese vergleichsweise hohe Summe verdankt Abdul seinen selbsterworbenen Englischkenntnissen. Sie erlauben ihm, ausländische Besucher anzusprechen und sie als Kunden zu erschließen.

Abdul bewohnt mit seiner siebenköpfigen Familie (Frau, Mutter, drei eigene Kinder, ein aufgenommenes Waisenkind) im Osten Dhakas eine Hütte von circa 15 qm, die fast jährlich vom Hochwasser überflutet wird. Sie gehört zu einem Komplex (ca. 10 mal 25 m) aus zehn unterschiedlich großen Hütten. Sie werden von insgesamt 82 Menschen bewohnt, die sich eine Kochstelle, eine Wasserpumpe und eine provisorische Latrine teilen müssen. Für die Hütte sind monatlich 1.600 Taka (22 Euro) Miete fallig. Die Nahrung der Familie besteht einzig aus Reis, der mit einer scharfen Soße (Marsalla) oder etwas Gemüse verzehrt wird. Jedes Familienmitglied verfügt nur über zwei Kleidungsstücke.

Die finanzielle Basis ist extrem knapp und dennoch versucht Abdul, seine Mittel sinnvoll für die Zukunft einzusetzen (M 5): Seine beiden ältesten Kinder erhalten Englisch- und Nachhilfekurse, um die Voraussetzungen für die Aufnahme in eine weiterführende Schule zu schaffen. Ebenso finanziert er Medikamente und Arztbesuche für alle Familienmitglieder, den Kauf von Schulbüchern und Schulkleidung. Auch gilt es, die Fahrtüchtigkeit seiner Rikscha zu erhalten. Seine Tochter soll, so seine Hoffnung, nach der Schule in einem Internet-Café arbeiten und sein Adoptivsohn Lehrer werden.

Einnahmen	120,00
Ausgaben:	
Miete	18,00
Englisch-Kurs	14,00
Nachhilfe	8,00
Schulbücher, Schulkleidung	4,00
Medizin, Arzt	12,00
Kleidung	6,00
Nahrung der Familie	50,00
Nahrung für Abduhl	8,00

M 5: *Monatliche Einnahmen und Ausgaben von Abdul Rahim 2003 (in Euro)*

M 7

M 6, M 7: *Abdul Rahim mit seiner Rikscha und vor seinem Wohnviertel*

M 8: Quellentext zur Lebensperspektive einer Textilarbeiterin in Dhaka
Originalbeitrag des Autors

Swapna, nach eigener Schätzung 16 Jahre alt, lebt und arbeitet seit etwa einem Jahr in Dhaka. Sie ist wie hunderttausend andere junge Frauen nach Dhaka migriert, da ihr Leben und das ihrer Familie im Heimatort nicht mehr gesichert war. Die Flut von 1998 hatte nicht nur ihren Vater getötet, sondern auch dessen gesamten Landbesitz weggespült. Swapna zog nach Dhaka, um sich als Arbeiterin in einer Textilfabrik zu verdingen und so ihre Familie zu unterstützen.

Zuerst arbeitete sie als Nähhelferin ohne Vertrag für 24 Euro im Monat. In der Fabrik gab es keine angemessenen sanitären Einrichtungen, keine medizi-

M 1, M 2: *Swapna am Arbeitsplatz und in ihrem Zimmer, das sie mit fünf Frauen teilt*

Verdienst	32,00
Ausgaben:	
Miete	4,80
Wächter	1,60
Arbeitsvermittler	1,00
Kleidung Seife	2,00
Nahrung	6,00
Überweisung an Familie	15,00
Rücklage	~ 2,00

13219E

M 3: *Monatlicher Verdienst und Ausgaben von Swapna 2003 (in Euro)*

nische Betreuung und vor allem auch keine Schutzmaßnahmen gegen die häufig auftretenden Brände. Die Aufseher, mehrheitlich Männer, sparten nicht mit Kraftausdrücken und Belästigungen. Sie trieben auch mit Schlägen zum Arbeiten an. Sieben Tage pro Woche, von 8 Uhr morgens bis 8 Uhr abends, manchmal 16 oder sogar 18 Stunden musste sie schuften. Um die Arbeiterinnen am Weglaufen zu hindern, wurde – wie in Bangladesch allgemein üblich – der Lohn nie pünktlich ausbezahlt und die Vergütung der Überstunden monatelang hinausgezögert. Durch Vermittlung einer Verwandten fand Swapna jedoch nach elf Monaten als Näherin Arbeit in einer anderen Fabrik. In dieser herrschen zwar die gleichen Arbeitsbedingungen. Doch die regulären Arbeitsstunden werden sofort ausbezahlt (im Mittel etwa 32 Euro). Die Vergütung der vielen erzwungenen Überstunden erfolgt aber ebenfalls erst mit Verzögerung von einem Monat.

Swapna lebt genügsam, vor allem, um die Familie zuhause unterstützen zu können. Ihre Unterkunft teilt sie sich mit fünf anderen Frauen. All ihre Hoffnung setzt sie auf eine Heirat mit einem „guten Ehemann". Ein Mann aus Dhaka kommt nicht in Frage, denn hier fehlen familiärer Rückhalt und damit Sicherheit versprechende gesellschaftliche Kontrolle. Doch zu Hause im Dorf sind die Aussichten auch nicht vielversprechend. Aus Sicht ihres Dorfes arbeitet und lebt sie in einem Sündenpfuhl und gilt als befleckt. Um überhaupt geheiratet zu werden, müsste Swapna eine Mitgift bezahlen, die noch höher als bei den im Dorf verbliebenen Mädchen wäre. Deshalb wird Swapna vorerst in Dhaka bleiben und versuchen, mehr zu verdienen und zu sparen. Sparen für die Mutter, die jüngeren Geschwister und für die Hoffnung, einmal doch wieder nach Hause gehen und heiraten zu können.

Dieser in Bangladesch allgegenwärtigen Armut suchen nicht nur internationale Geber zu begegnen. In Bangladesch haben sich dieser Armut auch über 1 200 NGOs und so genannte Ländliche Banken wie die Grameen Bank angenommen (vgl. 5.1.3). Viele begannen ihre Arbeit, als sie entdeckten, dass selbst, als nach der großen Flutkatastrophe 1970 und dem Unabhängigkeitskrieg mit Pakistan die internationale Hilfe ausblieb und daraus Massenelend resultierte, die arme Bevölkerung und vor allem die Frauen sich durch Unverzagtheit und Eigeninitiative auszeichneten. Diese Eigenschaften basieren auf einer besonderen Fähigkeit der Bengalen, nämlich aus Hoffnung Zuversicht zu schöpfen. Der bengalische Philosoph und Dichter Rabindranath Tagore hat diese Fähigkeit erkannt und in seinem Werk „Gitanjali" (1914) in die Worte gefasst: *„Glücklich sind, die hoffen können"*.

1. *Beschreiben Sie die auf natürlichen Ursachen beruhenden Entwicklungsprobleme Bangladeschs.*
2. *Bangladesch unterliegt weltwirtschaftlichen Zwängen. Analysieren Sie, ob darin die Hauptursachen für seine Unterentwicklung liegen.*
3. *Nach einer Studie der London School of Economics über die glücklichsten Menschen der Welt rangieren die Bangladeschis auf dem ersten Rang, die Deutschen nur auf Rang 42. Diskutieren Sie diese Ergebnisse.*

4 Entwicklungsforschung: Immerwährende Ursachensuche?

Warum gibt es Ungleichheit zwischen Norden und Süden? Warum haben wir sie und nicht sie uns kolonisiert? Die Fragen nach den Ursachen für Unterentwicklung und Rückständigkeit haben die Wissenschaft bewegt, seit von Entwicklungsländern gesprochen wird. Viele widerstreitende Theorien wurden formuliert, interessante Zusammenhänge und Hintergründe aufgezeigt und Antworten versucht. Die Diskussion wird nicht abbrechen, wenn gegenwärtig auch mehr die praktische Frage beschäftigt, weshalb Unterentwicklung trotz jahrzehntelanger Entwicklungshilfe noch immer andauert.

4.1 Unterentwicklung aus Mangel an Dynamik?

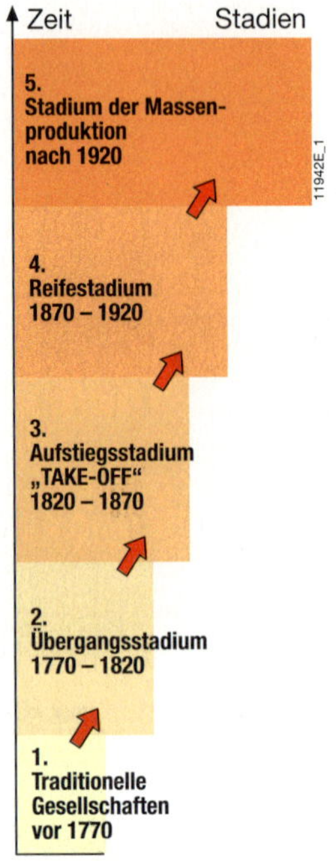

M 1: *Modell der Entwicklungsstufen*

Unterentwicklung ist Rückständigkeit. Rückständigkeit ist Ausdruck von Unvermögen. Unvermögen ist Veranlagung. Daher ist Unterentwicklung selbstverschuldet. Könnte Unterentwicklung mit einer solchen Argumentation ernsthaft erklärt werden?

Von Anbeginn bestimmte der Entwicklungsweg der westlichen Industriestaaten die entwicklungspolitische Vorstellung: nachholende Entwicklung von Ländern als Ganzen. Gedankliche Grundlage dafür war das 1960 von dem amerikanischen Nationalökonom Walt Whitman Rostow entwickelte Modell der „Stadien wirtschaftlichen Wachstums" (M 1), auf dem die ökonomische Wachstums- und die umfassendere Modernisierungstheorie beruhen. Länder, die wirtschaftlich kein Wachstum verzeichnen, können sich nach diesen Vorstellungen auch nicht gesellschaftlich entfalten. Sie sind im Vergleich zu ökonomisch erfolgreichen Staaten unterentwickelt und rückständig. Ökonomisch sind sie als arm zu bezeichnen (M 2). Diese Rückständigkeit und Armut werden als das Ergebnis (traditioneller) interner Faktoren interpretiert, die aus der speziellen Kultur, Gesellschaft, Demographie, Wirtschaft und Ressourcen-, Naturausstattung der Länder des Südens entspringen. Wichtigster Faktor ist das Fehlen dynamisierender Impulse, die dem Kapitalismus der Industrieländer eigen sind.

Diese These hat der Berliner Entwicklungssoziologe Richard Fritz Behrendt in der „Theorie des dynamischen Kapitalismus" begründet. Dabei griff er gedanklich auf die calvinistische Prädestinationslehre zurück, aus der zu Beginn der Neuzeit ein Arbeitsethos erwuchs, das den Sinn des Lebens in der Pflichterfüllung sah („Wer nicht arbeitet, soll auch nicht essen"). Aus diesem Ethos, das zuerst die bürgerliche Schicht der mitteleuropäischen Städte ergriff und später das kapitalistische Wirtschaften in ganz Europa bestimmte, erwuchsen Impulse zur Modernisierung des gesamten Lebens. Es schuf jene kapitalistische Dynamik, die alle ökonomischen, kulturellen, gesellschaftlichen und zivilisatorischen Erfolge des Nordens begründete. Die Tatsache, dass die heutigen Entwicklungsländer keine den Industrieländern vergleichbare Entwicklung durchgemacht haben und trotz der Kontaktnahme mit Europa und USA bis heute dazu nicht fähig waren, wird nach dieser Theorie damit erklärt, dass diese dynamischen Impulse in ihren Wertordnungen und den darauf basierenden gesellschaftlichen Strukturen fehlen.

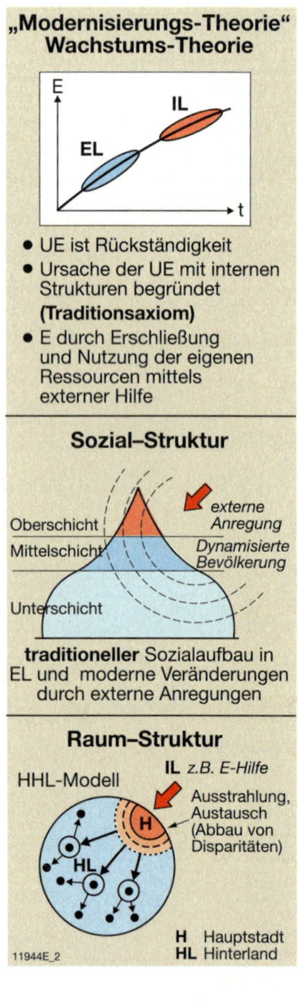

Prädestination

Vorherbestimmung, Erlangung göttlicher Gnade schon im Diesseits. Erkennbarer Beleg dafür ist (materieller) Erfolg des beruflichen Strebens und ökonomischen Handelns.

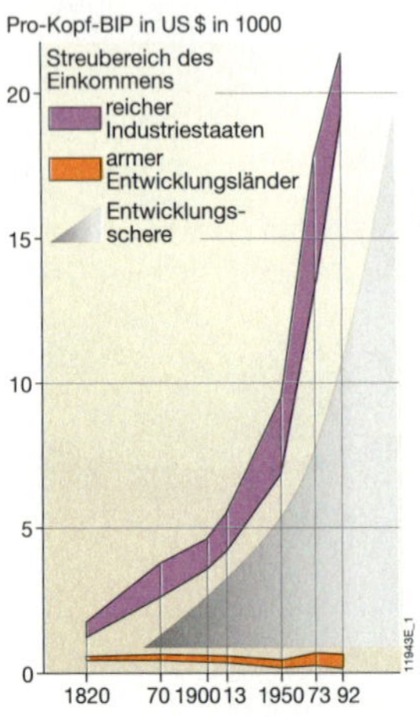

M 2: *Einkommensschere von ausgewählten Industrie- und Entwicklungsländern*

4.2 Unterentwicklung durch Fremdbestimmung?

Wer kolonialer Beherrschung und Bevormundung unterliegt, dessen Bedürfnisse werden fremdbestimmt. Derart unfreie Individuen oder Gesellschaften können sich nicht entfalten. Was spricht für diese Erklärung von Unterentwicklung?

Die These, Unterentwicklung aus Abhängigkeit abzuleiten, beruht auf empirischen Befunden. Beispielsweise sind die in den meisten Ländern des Südens heute anzutreffenden Sozial- und Raumstrukturen das Ergebnis kolonialer Einflussnahme und Dominanz. Die Kolonialherren beuteten unter Einsatz von Sklaven die mineralischen und agrarischen Rohstoffe des Südens aus und begründeten damit ihren Aufstieg zu wohlhabenden Industriestaaten. Gleichzeitig vernichteten sie durch den Export ihrer Waren die auch im Süden aufkeimende oder vorhandene industrielle Produktion (M3). Entwicklung und Unterentwicklung sind damit gleichzeitlich an unterschiedlichen Orten verlaufene, funktional aber aufeinander bezogene Vorgänge desselben historischen Prozesses: nämlich der Entwicklung einer weltweit geltenden Arbeitsteilung in Industrie- und Rohstoffländer (M2). Nach diesen Überlegungen bedeutet Unterentwicklung nicht bloß Hinterherhinken und Rückständigkeit, sondern Deformation.

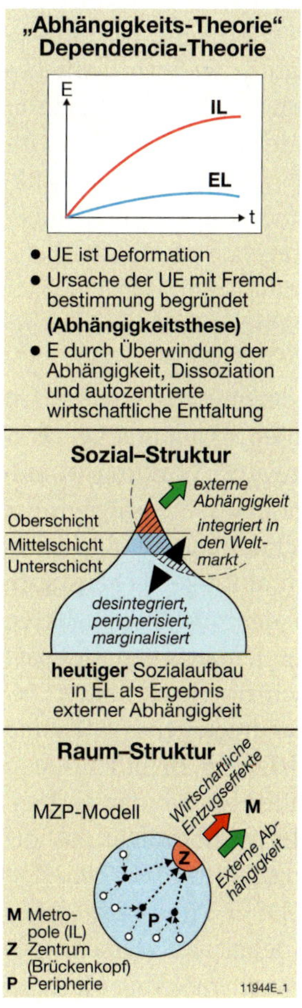

Aus diesen Beobachtungen leitete der Politologe Dieter Senghaas 1974 die „Theorie des peripheren Kapitalismus" ab. Sie basiert auf der These, dass selbst die Entfaltung der Produktivkräfte in den heutigen Entwicklungsländern (= Peripherie) nicht nach den Bedürfnissen der einheimischen Bevölkerung erfolgen konnte. Vielmehr wurde sie direkt und indirekt von außen und damit von den Wirtschaftsinteressen der jeweiligen Kolonialherrschaft bestimmt. Dadurch bildete sich das Nebeneinander unterschiedlicher Produktionsweisen heraus: a) einerseits dominierende kolonialistische Ausbeutung agrarischer und mineralischer Rohstoffe sowie Absatzmärkte und Aneignung von Land und Arbeitskräften; b) andererseits unterlegene lokalen Dorf-, Sippen-, Stammesgemeinschaften auf Subsistenzniveau. Eine derart zusammengesetzte, kapitalistisch dominierte Ökonomie in Übersee folgt nicht den Bedürfnissen der Bevölkerung in der Peripherie. Vielmehr stehen die Gewinninteressen der Akteure aus den kolonialherrlichen Mutterländern im Vordergrund. Dadurch bildet sich beispielsweise die Hierarchie Metropole-Zentrum-Peripherie heraus und gesellschaftlich steht eine „desintegrierte" Mehrheit einer kleinen „integrierten" Clique gegenüber.

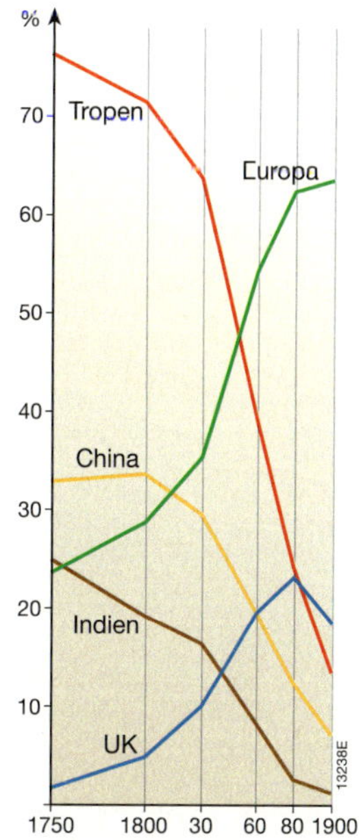

M 3: *Industrieproduktion im Vergleich 1750 bis 1900*

Literaturhinweis:

Zur Modernisierungstheorie:
Behrend, R.F.: Lob des Westens, 1971

Zur Abhängigkeitstheorie:
Senghaas, D.: Elemente einer Theorie des peripheren Kapitalismus, 1974

4.3 Unterentwicklung durch Globalisierung?

In Zeiten der Globalisierung dominiert Wettbewerb das Wirtschaftsgeschehen. Doch wo Wettbewerb herrscht, kann es nur wenige Gewinner geben. Wie stehen die Chancen für den Süden in einer globalisierten Welt?

An die Stelle der bis in die 1980er-Jahre geltenden internationalen Arbeitsteilung in Rohstoffliefer-, sprich Entwicklungsländer, und Produzenten hochwertiger Luxus- und einfacher Massenwaren, sprich Industrieländer, trat durch Globalisierung eine neue globale Arbeitsteilung (vgl. 1.6). Dabei stehen sich konkurrierend Anbieter von Rohstoffen, billigen Dienstleistungen und Massenwaren einerseits und Anbieter von hochwertigen Konsumgütern, Kapital, Know-how und Marktmacht andererseits gegenüber. Als Akteure firmieren nicht mehr Regierungen, sondern Transnationale Unternehmen, die Global Players. Und als Standorte fungieren nicht mehr einfach Länder, sondern Globale und Globalisierte Orte oder Regionen und dabei stets nur Fragmente derselben (vgl. S. 21 M2).

Auf diesen Beobachtungen basiert die „Theorie der fragmentierenden Entwicklung", die als eine erklärende Beschreibung und Analyse der Entwicklungsrealität in der Ära der Globalisierung zu verstehen ist. Im Unterschied zu der Auffassung, dass Globalisierung einen ökonomisch und sozial homogenisierenden Transformationsprozess darstellt, wird in dieser Theorie davon ausgegangen, dass sie ein zutiefst widersprüchlicher und heterogener Vorgang ist, der durch die Maxime optimaler Gewinnrealisierung geprägt wird. Damit verbunden sind Entpersönlichung von Kapital, Produktionsmitteln und Produktion sowie vor allem exzessiver Wettbewerb. Dadurch mussten Konsens und Solidarität, bisher tragende gesellschaftliche Werte, der Forderung nach Erfolg, Konkurrenz und Verdrängung weichen, die das wirtschaftliche und zunehmend das gesellschaftliche Handeln bestimmen.

Räumlich Ausdruck findet diese Fragmentierung in den „Globalen Orten", als den Schaltstellen ökonomischer Entscheidungen mit globaler Reichweite und Wirkung: Handlungsraum der Gewinner. Ihnen hierarchisch nachgeordnet sind die „Globalisierten Orte", als den Empfangs- und Ausführungsstandorten globaler Produktionsaufträge: Lebensraum der Scheingewinner. Von diesen Globalen und Globalisierten Orten bruchhaft gesondert, eben fragmentiert, befindet sich die „Neue Peripherie", inzwischen auch als „Neuer Süden" bezeichnet. Dabei kann es sich um die Randregionen von Staaten oder auch um ganze Nationalstaaten handeln. In dieser Neuen Peripherie, geographisch heute im Süden wie Norden verbreitet, lebt die ausgegrenzte Mehrheit der Weltbevölkerung, die dreifach Überflüssigen: Ihre Arbeitskraft wird nicht benötigt, als Konsumenten spielen sie keine Rolle und ihre Erzeugnisse werden global nicht gebraucht und lokal von Massen- und Secondhandwaren verdrängt. Diese Fragmentierung bleibt je-

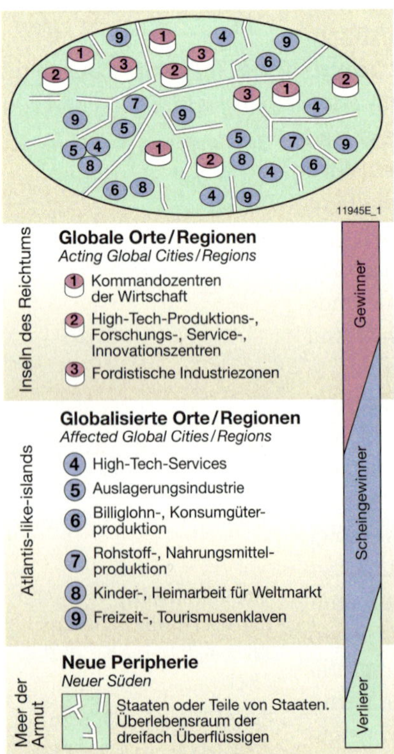

M 1: *Modell der globalen Fragmentierung*

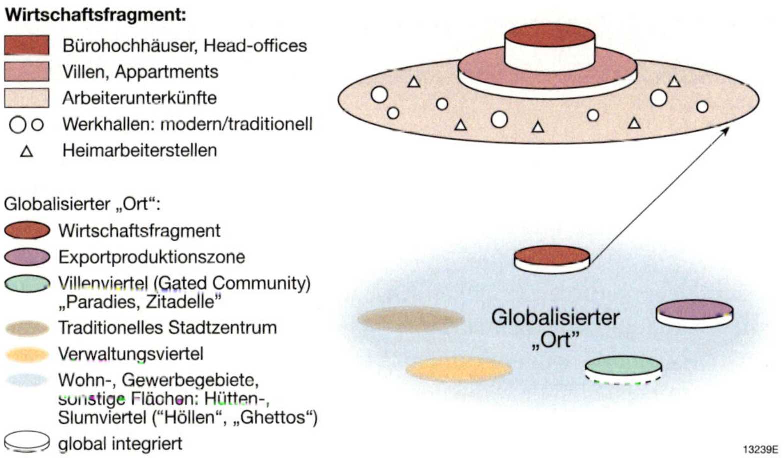

M 2: *Modell lokaler Fragmentierung*

doch nicht auf den globalen Raum beschränkt. Sie setzt sich bis auf die lokalen Ebene fort. Denn die einzelnen Globalen oder Globalisierten Orte sind ebenso wie ihre Bevölkerungen nie als Ganze erfasst. Es handelt sich stets nur um Fragmente derselben, die zu partizipieren vermögen (Zitadellen, Paradiese). Der Rest ist abgekoppelt; öde Domäne von Armut und Ausgrenzung (Ghettos, Höllen; M 2).

Die verschiedenen räumlichen Fragmente stehen funktional in ständiger Konkurrenz, so dass sie als Standorte keine hohe Persistenz (Beharrungsvermögen) und bleibende Nachhaltigkeit besitzen und so von ihnen kaum Entwicklungseffekte ausgehen. Insbesondere die Globalisierten Orte können sich nicht auf Erreichtem ausruhen. Gemäß der Logik des globalen Wettbewerbs besteht die Gefahr für sie, ganz oder partiell wieder in die Neue Peripherie zurückzufallen. Der Aufstieg daraus ist ebenfalls eher ein Zufallsakt, da die Entscheidung darüber weniger bei den lokalen Akteuren liegt, sondern in erster Linie bei den Global Players. Auch die Personengruppen, die zum Beispiel an den Arbeitsangeboten Transnationaler Unternehmen partizipieren oder sich direkt unternehmerisch dem Wettbewerb stellen, können keine nachhaltige Teilhabe per se erwarten. Vielmehr sind sie ganz konkret exzessiver Konkurrenz ausgesetzt und fortwährend von Verdrängung bedroht (Scheingewinner).

Am globalen Wettbewerb und seinen nachweisbaren Segnungen partizipieren somit nicht Länder an sich und nicht deren Bevölkerung als Ganze, sondern nur bestimmte Orte und Regionen und auch dort wiederum nur Teile der Bewohnerschaft. Dies währt nur so lange, wie es die Wettbewerbsbedingungen erlauben. Das schließt keineswegs aus, dass einzelne Orte oder Regionen nicht Erfolg haben können. Auch werden immer wieder Einzelpersonen, Personengruppen und Unternehmen zu den Global Players aufschließen können. – Doch stets partizipieren daran nur jene Orte und Personen, die sich eben dem Wettbewerb stellen und die daher – wollen sie erfolgreich sein oder überleben – einzig dem Eigeninteresse verpflichtet sind. Nach der Wettbewerbslogik können es – wovon bei der These von einer nachholenden Entwicklung in der Vergangenheit tendenziell ausgegangen wurde – nie Länder, Regionen oder Populationen als Ganze sein. Unterentwicklung wird daher in der Ära der Globalisierung nicht nur fortbestehen, sondern sich sogar verschärfen: nämlich im unvermittelten, bruchhaften Nebeneinander punkthaften Wohlstands (Inseln des Reichtums) und flächenhafter Armut (Meer der Armut).

1. *Definieren Sie den Begriff Globaler bzw. Globalisierter Ort. Erklären Sie an einem Beispiel, was einen Globalen bzw. Globalisierten Ort auszeichnet.*
2. *Analysieren Sie, welche theoretischen Argumente für Entstehung und Fortdauer von Unterentwicklung Bestätigung in der empirischen Wirklichkeit finden (vgl. Kap. 3).*
3. *Erläutern Sie das Modell der fragmentierenden Entwicklung und belegen Sie es mit Beispielen.*

4.4 Unterentwicklung aus Sicht der Praxis

Immer hat es neben der theoriegeleiteten Ursachensuche auch Bemühungen gegeben, Unterentwicklung aus der praktischen Erfahrung abzuleiten. Wie überzeugend können solche Erklärungen sein?

Bei der Suche nach den Ursachen für Unterentwicklung geht es – wenn heute überhaupt noch thematisiert – eigentlich nicht mehr um die Ursachenanalyse per se, sondern um die Frage nach den Gründen für ihr Fortbestehen trotz Jahrzehnte währender Entwicklungshilfe. Dabei wird auf die reiche Praxiserfahrung zurückgegriffen und auf Einzelphänomene verwiesen, die von traditionellen Bräuchen bis Analphabetismus reichen. Doch an erster Stelle rangiert Bad Governance. Sie steht für die zunehmende Unfähigkeit von Regierungen in vielen Ländern des Südens, wesentliche (demokratische) Grundstandards für erfolgreiche Regierungsarbeit zu schaffen, selbst einzuhalten und durchzusetzen. Zu diesen Grundstandards gehören:

- Transparenz der Entscheidungsprozesse und Trennung zwischen privaten und öffentlichen Interessen;
- Verantwortlichkeit der Administration gegenüber der Bevölkerung;
- Pluralismus bei gesellschaftlich tragenden Einrichtungen (z.B. Gewerkschaften, Parteien, Presse);
- Partizipation der Bevölkerung an gesellschaftlich und politisch relevanten Entscheidungsprozessen;
- Rechtsgarantien zur Sicherung unabhängiger juristischer Prozessabläufe und für das Individuum (z.B. Frauen, Kinder);
- Gesellschaft selbstständiger Vertreter (Bürger) für Entscheidungsfindung und Durchführung aller der Allgemeinheit dienlicher Angelegenheiten.

M 1: *Simbabwes Diktator Robert Gabriel Mugabe mit dem iranischen Präsidenten Mahmud Ahmadinedschad*

Ausdruck dieser Unfähigkeit sind Korruption, Bereicherung und Klientelismus, Rechtsbruch, Enteignungen und Gesetzlosigkeit, mafiose Machenschaften sowie Machtmissbrauch, Gewaltanwendung und Meinungsunterdrückung. Als greifbarer Niederschlag dafür gelten Unfreiheit, Rechtlosigkeit, Folter, militante Konflikte, Massenmorde, Bürgerkriege und Staatszerfall. Diese internen Entwicklungshemmnisse werden in den entwicklungspolitischen Nord-Süd-Dialog selbst auf höchster diplomatischer Ebene mahnend und sogar fordernd eingebracht. Vertreter des Südens gestehen sie sogar selbstkritisch ein.

Doch dabei bleiben all jene von außen kommenden Aspekte ausgeblendet, ohne die Bad Governance eben nicht möglich wäre: Rohstoffsicherung, politische Einflussnahme, Militärbasen, Waffenexporte, Militärhilfe und in jüngster Zeit Terrorbekämpfung. Auch dürfen die überwiegend negativen Effekte der Strukturanpassungsmaßnahmen von IMF/WB und die Handelsregelungen der WTO nicht unerwähnt bleiben, die den ärmsten Ländern des Südens bislang die verheißenen Erfolge nicht gebracht haben. Last but not least müssen die Auswirkungen der Globalsierung angesprochen werden. In diesem Zusammenhang wird die Konkurrenz zwischen den traditionellen Industrieländern und den neuen Aufsteigern aus Asien (China, Indien) um die Natur-, Mineralien-, Human- und Arbeitskräfteressourcen sowie um die Märkte des Südens immer bedeutender.

1. *Erörtern Sie anhand eines Beispiels, ob Bad Governance für die Erklärung der Fortdauer von Unterentwicklung ausreicht.*

4.5 Niger – ein konkreter Fall

Kein Land kann für die Vielfalt an Ursachen stehen, die Unterentwicklung bewirkt haben. Doch sind die Ursachen auf struktureller Ebene wirklich so verschieden, dass sie nicht an einem Land beispielhaft erläutert werden könnten?

Die bislang aufgezeigten Ursachen für Unterentwicklung sind von allgemeiner Relevanz. Doch fassbar werden sie erst am konkreten Fall. Als Beispiel wurde der Binnenstaat Niger ausgewählt, der seit Jahrzehnten fast unverändert immer nur auf letzten Positionen in der Rangliste des Pro-Kopf-Einkommens oder des Human Development Index (HDI) steht. Folgende Strukturen und Probleme kennzeichnen diesen Staat:

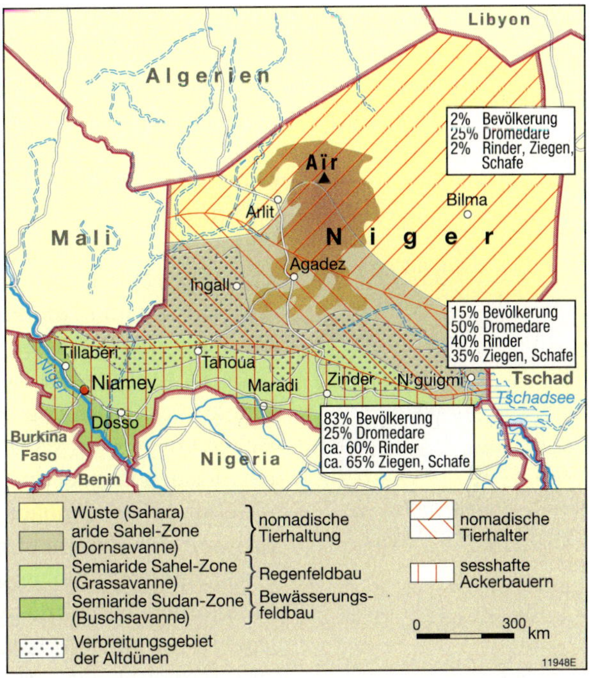

M 2: *Ressourcenausstattung und wirtschaftliche Nutzung in Niger*

1) Die natürliche Ausstattung des Sahel-Sahara-Landes Niger ist karg: geringe Niederschläge, hohe Temperaturen, degradierte Böden, zerstörte Vegetation. Die Nutzungsmöglichkeiten sind extrem begrenzt. Mobile Tierhaltung (Nomadismus) und unsicherer, ertragsarmer Regenfeldbau auf einfachstem technischem Niveau herrschen vor. Hirse, Reis, Mais, Bohne, Baumwolle und Erdnuss sind die wichtigsten Anbaugewächse. Eine industrielle (Verbrauchs-)Güterproduktion ist nicht entwickelt. Hauptexportgut ist Uranerz (41 %), gefolgt von Lebendvieh und Rohhäuten (17 %). Als wichtigster Handelspartner (ca. 74 %) fungiert seit der Unabhängigkeit (1960) unverändert das ehemalige Mutterland Frankreich.

2) Der Staatshaushalt besteht zum kleineren Teil aus selbst erwirtschafteten Einnahmen (Zölle, Mineralienexport). Der größere stammt aus Zuschüssen von Geberländern. Die Außenhandelsbilanz ist beständig negativ. Die Auslandsverschuldung erreicht fast das BIP.

3) Für den Ex- und Import ist das Binnenland auf Häfen und Straßen seiner Nachbarn, insbesondere Benin, angewiesen. Das Netz durchgehend asphaltierter Straßen erfasst nicht einmal alle Provinzhauptstädte. Öffentliche Transportmittel fehlen.

4) Die Trinkwasserreserven sind unzureichend und unhygienisch. Die Versorgung mit Elektrizität, medizinischen und schulischen Einrichtungen ist lokal eng begrenzt, unsicher und überfordert. Von den wiederkehrenden Hungerkatastrophen (ausgelöst durch Trockenheit und Heuschreckenplagen) sind nicht selten ein Drittel der Bevölkerung betroffen und stets mehrere hunderttausend Kinder.

5) Auch kann von Demokratie und menschenwürdiger Gleichheit kaum gesprochen werden. Etwa die Hälfte der Bevölkerung – Mädchen und Frauen – werden als Menschen zweiter Klasse behandelt: Sie tragen

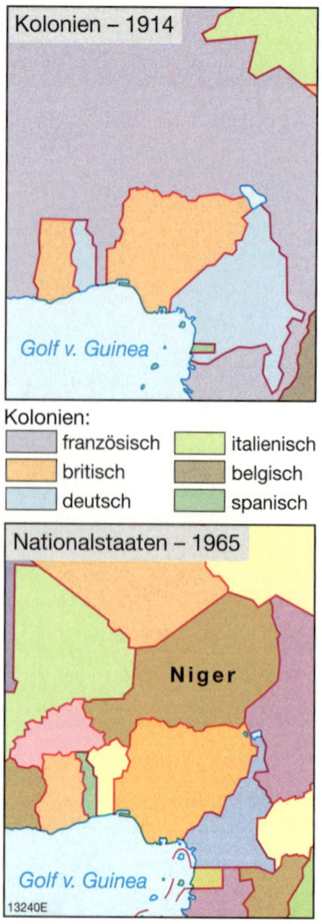

M 1: *Territoriale Aufteilung Westafrikas um 1914 und 1965*

zwar die Hauptlast der Arbeit, doch haben sie keinen Zugang zu den Ressourcen Boden, Kredite, Bildung und Recht.

Die Gründe für diese Situation sind im Zusammenwirken ganz unterschiedlicher interner und externer Faktoren zu suchen:

1) An erster Stelle sind zweifellsfrei die natürlichen Rahmenbedingungen anzuführen. Seit Ende der 1960er-Jahre nehmen die Niederschläge ab. Bedeckungsgrad und Artenvielfalt der Vegetation sowie die Weideareale schwinden. Gleichzeitig steigt die Bevölkerung (2004 = 13.5 Mio.) an, was naturgemäß den Bedarf an und den Druck auf die Nutzflächen erhöht.

2) Die natürlichen Grundlagen für Landwirtschaft und Nahrungsmittelproduktion sind extrem begrenzt. So entfallen zum Beispiel von der 1,267 Mio. km² großen Fläche Nigers gerade einmal fünf Prozent auf die semiaride Buschsavanne der Sudan-Zone. Hier ist in günstigen Jahren Regenfeldbau möglich. Nur 0,05 Prozent jedoch sind Bewässerungsland und erlauben Dauerackerbau. Dort herrscht der Anbau exportwürdiger „Cash-crops“ wie Baumwolle und Erdnüsse vor, wovon jedoch nur wenige profitieren. In der Nahrungsmittelversorgung, einst durch die Knollengewächse Yams und Taro sowie durch Hirse gesichert, werden importierter Weizen und Mais immer wichtiger.

3) Ein Großteil des Getreides geht auf internationale (Welt-)Hungerhilfe zurück. Doch von dieser Hilfe profitieren in erster Linie die politischen Eliten. Über sie gelangen die Hilfslieferungen gewinnbringend in den illegalen Handel und unterminieren den Markt für lokale Nahrungsmittel und deren Anbau, da die lokalen Bauern preislich und qualitativ nicht mit dem Exportgetreide konkurrieren können.

4) Keineswegs nur positiv wirkt sich die Entwicklungshilfe auch auf die internen Verhältnisse aus. So hatte zum Beispiel die EU nach der Sahel-Katastrophe Anfang der 1970er-Jahre geholfen, Tierhaltung und Basisversorgung der Bevölkerung mit tierischen Nahrungsmitteln zu verbessern. Zunahme der Tierzahl und wachsender Fleischkonsum waren die Folge. – Als Anfang der 1990er-Jahre die Weltbank Niger zur Annahme des Strukturanpassungsprogramms zwang, kam es auch zur Öffnung des Marktes. Die EU nutzte diese Chance zum Abbau ihres Fleischüber-

M 2: *Gebrauchtwaren aus Deutschland im Hafen von Cotonou*

schusses. Mit subventionierten (preisgünstigen) Exporten bedrängte sie die heimischen Produzenten. Die zuvor mit EU-Mitteln entwickelte lokale Tierproduk-tion und -vermarktung brachen zusammen.

5) Extern abhängig ist Niger auch im Außenhandel, denn die nachgefragten Exportprodukte Nigers, Uranerz und Baumwolle (in kleinbäuerlichen Betrieben erzeugt), unterliegen schwankenden Weltmarktpreisen. Dadurch sind die Deviseneinnahmen nicht verlässlich. Niger leidet aber auch deshalb an ständiger Zahlungsunfähigkeit, da die auf dem Weltmarkt begehrten Rohstoffe Molybdän und Uran von ausländischen Firmen abgebaut werden. Niger erhält nur Royalities (Ertragsanteile).

6) Selbst bei Waren des täglichen Bedarfs ist Niger außenabhängig. Importiert werden vor allem Gebrauchtwaren aus Europa: Kraftfahrzeuge, Reifen, Elektrogeräte, Matratzen, Kleidung und Schuhwerk. Dadurch werden die lokalen Produzenten entbehrlich.

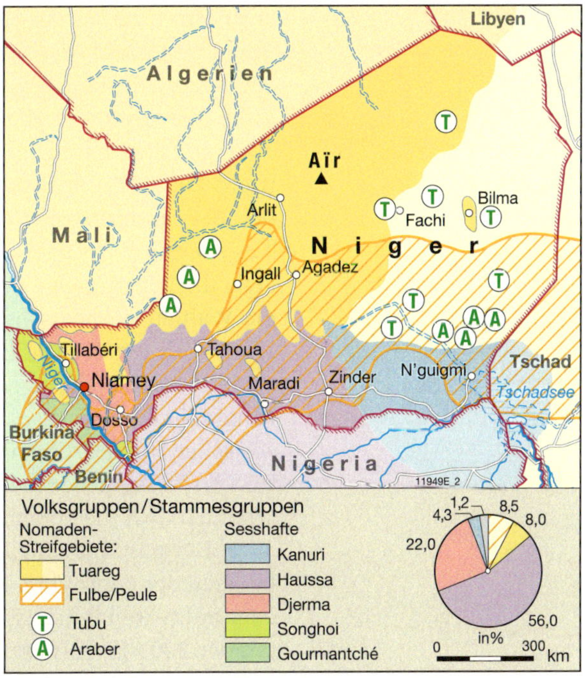

M 3: *Verbreitung der Stammes- und Volksgruppen in Niger und Nachbarländern*

Neben diesen exogenen dürfen die endogenen Ursachen nicht übersehen werden:

1) Dazu zählen in besonderem Maße die wiederkehrenden Konflikte (1974 – 1989 mehrere Militärputsche) und Unruhen (z. B. 1990 gewaltsame Unruhen; Konflikte um Mehrparteiensystem; sozialistische Wirtschaft). Sie resultieren aus dem Nebeneinander unterschiedlicher Volks- oder Stammesgruppen, die durch willkürlicher kolonialherrliche Grenzziehung 1960 aufgesplittert, sich nun in verschiedenen Staatsgebieten europäischen Verständnisses wiederfinden (M1, M3). Vor allem im klimatisch günstigeren Süden konkurrieren die Stämme um die Existenz- und Überlebensgrund-

M 4: *Vertreter verschiedener Stammesgruppen in Niger: Tuareg, Haussa, Fulbe*

lagen. Im Umkreis der Hauptstadt existieren sieben sprachlich, kulturell und physiognomisch verschiedene Gruppen dicht nebeneinander und streiten um die Ressourcen. Darin werden sie jeweils aus politischen Interessen und aus Machterhalt von Seiten der Regierung unterstützt.

2. Seit der Unabhängigkeit von Frankreich (1960) zeichnet sich die politische Entwicklung nicht durch Eigenständigkeit und politische Kontinuität aus. Der französische Einfluss dauert an. So ist die politische Klasse Nigers eng mit Paris verbunden. Die verschiedenen politischen (Unabhängigkeits-)Bewegungen und Parteien haben dort ihren Ursprung. Selbst die Wahlen und Putsche wurden in Paris vorbereitet. Das gilt zum Beispiel auch für die Parlamentswahlen 1993, die ersten demokratischen Wahlen seit 20 Jahren. Selbst die seither schrittweise vollzogene Einführung demokratischer, parlamentarischer Spielregeln geschieht mit französischer Hilfe. Grundlage dafür bildet das French Civil Law. Amts- und Universitätssprache sind Französisch und gute Beziehungen zu Paris entscheiden über die Vergabe von Ämtern.

3. Der postkoloniale Einfluss Frankreichs deckt sich mit den Eigeninteressen der politischen Elite des Landes, denn sie vermag ohne direkten oder indirekten französischen Beistand nicht zu überleben. Doch seit September 2001 ist Frankreich ein Konkurrent erwachsen. Die USA setzten mit ihrer „Pan-Sahel Initiative“ auf Kooperation der Sahel-Staaten bei der Eindämmung der Terroraktivitäten am Südrand der islamischen Welt. Dabei sind die Amerikaner nicht nur militärisch präsent. Sie bilden und rüsten Antiterroreinheiten aus und stecken erhebliche Geldmittel in die ihren Zielen dienende Landesentwicklung (Ausbau strategischer Objekte, Förderung ausgewählter Partner etc.).

Die heutige Situation Nigers resultiert somit sowohl aus dem Zusammenwirken verschiedener interner Ursachen (natürliche Ausstattung, religiös/traditionelle, gesellschaftlich/tribale und politische Strukturen etc.) als auch externer Zwänge (koloniale und postkoloniale Einflussnahme, permanente politische und wirtschaftliche Außenabhängigkeit etc.). Diese Ursachen sind in ähnlicher Form und bei vergleichbarem Zusammenwirken wohl bei der Mehrzahl der Entwicklungsländer zu beobachten und nachzuweisen.

1. *Beschreiben Sie die für Niger modellhaft dargestellten Ursachen und Merkmale für Unterentwicklung (M 1) im Einzelnen.*
2. *Vergleichen Sie die internen und externen Faktoren.*
3. *Erörtern Sie, inwieweit Niger ein „typisches“ Entwicklungsland ist.*

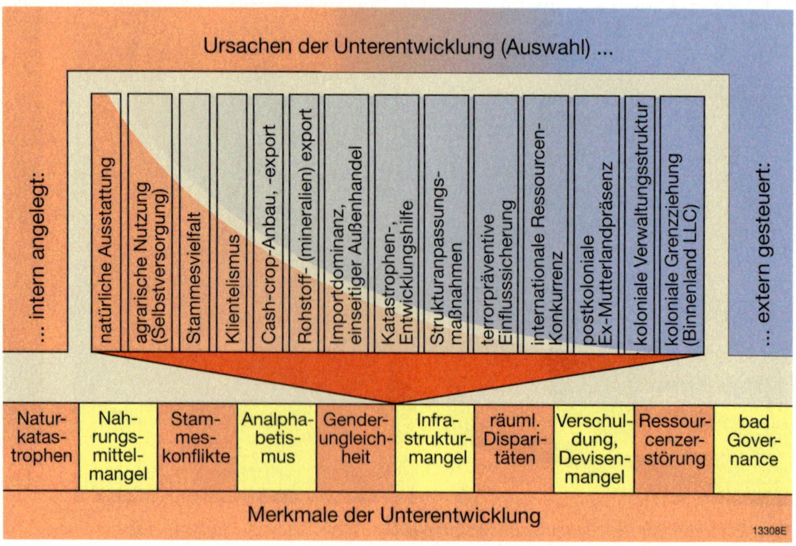

M 1: *Modellhafte Zusammenstellung der Ursachen von Unterentwicklung (Beispiel Niger)*

5 Entwicklungspolitik: Ideen, Strategien und Akteure

Entwicklung ist seit Ende des Zweiten Weltkrieges eine permanente Herausforderung für die Weltgemeinschaft. Trotz der allerorts greifbaren Tatsache fragmentierender Entwicklung wird dabei aber weiterhin von der Vorstellung nachholender Entwicklung von Ländern als Ganzen ausgegangen. Für ihre Realisierung werden von verschiedensten Seiten zahlreiche Ideen und Konzepte diskutiert sowie Instrumente, Strategien und Maßnahmen formuliert und umgesetzt. Doch niemand vermag die Zahl der Institutionen und Organisationen sowie die der Initiativen privater Gruppen und Einzelpersonen zu nennen, die an der Entwicklungshilfe mitwirken. Sie ist weder bekannt noch überschaubar.

5.1 Konzepte und Maßnahmen zur Entwicklung

5.1.1 Entwicklung von oben oder unten

Über den Weg, wie Entwicklung stattfindet, wo die Anstöße dazu herkommen oder wer sie auslöst, besteht gemeinhin kein Zweifel: Von „oben", dem Staat, der Regierung. Doch es gibt auch andere Auffassungen.

Aus der Sicht der Vertreter der Theorie des dynamischen Kapitalismus ist nachholende Entwicklung nur durch externe Hilfe in Form technischer, finanzieller und wirtschaftlicher Zusammenarbeit und damit von „oben" möglich (vgl. 4.1). Denn einzig auf diese Weise sind intern dynamisierende Kräfte zu mobilisieren und vorhandene Entfaltungsmöglichkeiten pädagogisch zu instrumentalisieren. Dadurch können Bedürfnisse geweckt, Aktivitäten zu ihrer Befriedigung angeregt, Marktkreisläufe und Industrialisierung generiert werden. Erst dann sind lokale Ressourcen selbst in Wert zu setzen, Demokratisierung einzuleiten und gesellschaftliche Mobilität zu initiieren. Auf diese Weise können der Gesamtraum von Staaten gleichermaßen erschlossen sowie der Abbau von Disparitäten und gesellschaftliche Dynamisierung erreicht werden (M 1).

Von Seiten der Vertreter der Theorie des peripheren Kapitalismus müssen für aufholende Entwicklung alle Formen von Abhängigkeit beseitigt und die Möglichkeit zur Dissoziation der Länder vom Weltmarkt gegeben sein. Denn nur dann können sie ihre Produktivkräfte nach eigenen Bedürfnissen, Möglichkeiten und Zwängen entfalten, eine Tiefenstruktur der Produktion erlangen und internationale Konkurrenzfähigkeit für ihre Erzeugnisse erreichen. Eine solche autozentrierte Entwicklung führt auch zu eigenständiger Befriedigung der internen gesellschaftlichen Bedürfnisse sowie zum Ausbau von landesweiter Infrastruktur. Die dadurch erlangte Position interner Konsolidierung und konkurrenzfähiger Produktionskompetenz erlaubt die Reintegration in den Weltmarkt als gleichwertiger Partner. Sie setzt aber auch weltweit praktizierte paritätische, gleichberechtigte Teilhabebedingungen voraus.

In Anbetracht fortschreitender Verelendung des Südens trotz Entwicklung von „oben" fand seit Ende der 1970er-Jahre die Auffassung Beachtung, dass Entwicklung bei den Menschen, in ihren Köpfen ansetzen und auf ihrer kreativen und aktiven Beteiligung aufbauen muss. Gesellschaftlich gesehen muss sie von „unten" nach „oben" und räumlich von der Peripherie zum Zentrum fortschreiten. Diese Bottom-up-Strategie basiert auf der Vorstellung, unternehmerisches Engagement und kleine Wirtschaftskreisläufe auf

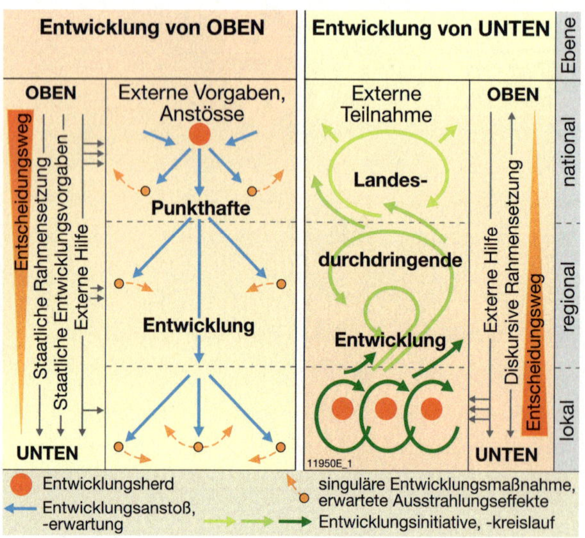

M 1: *Modell der Entwicklung von „oben" und von „unten"*

unterster landwirtschaftlicher, gewerblicher und handwerklicher Ebene (Betrieb, Dorf) anzuregen und erste Marktkreisläufe auszulösen. Dadurch ließen sich lokal Kaufkraft und damit Nachfrage fördern, die vor Ort vorhandenen Produktivkräfte steigern, die Produktion technisch weiter verbessern, Arbeitsplätze schaffen und immer mehr Menschen einbinden. Eine solche Entwicklung greift allmählich von der Lokalität auf die Region und das ganze Land über (M 1). Für die Umsetzung einer solchen Strategie muss beispielsweise der Zugang zu Land und lokal vorhandenen Ressourcen gegeben sein. Auch sollten angepasste und lokal kontrollierbare Technologien zum Einsatz kommen. Der Einsatz externer Hilfe ist nur dann sinnvoll, wenn sie wirklich einzig den lokalen Zielen dient.

5.1.2 Ländliche Regionalentwicklung

Wichtigstes Ziel aller Entwicklungsmaßnahmen ist die Bekämpfung der Armut. Dabei sollten vor allem Maßnahmen Anwendung finden, die sich dadurch auszeichnen, dass sie an die Bedürfnisse der Menschen angepasst sind. Die Ländliche Regionalentwicklung ist ein solches Konzept, das Erfolg verspricht.

In dem entwicklungspolitischen Bericht der Bundesregierung vom 5. März 1982 heißt es: „*Die Hauptzielgruppe der deutschen Entwicklungszusammenarbeit sollten die ärmsten Bevölkerungsschichten sein*“. Dabei sollen „*die Bemühungen vom Einzelprojektansatz zu integrierten Planungen*“ übergehen. Auf dieser Vorstellung basiert der Ansatz der „Ländlichen Regionalentwicklung“ (LRE) und folgt dabei dem Bottom-up-Konzept.

Als oberstes Ziel strebt die LRE-Strategie an, die arme ländliche Bevölkerung in die Lage zu versetzten, die Armut nachhaltig zu vermindern sowie die Lebensverhältnisse dauerhaft zu verbessern und selbstverantwortlich zu gestalten. Dabei muss von den Bedürfnissen der Zielgruppe und ihrer aktiven Partizipation ausgegangen werden. Auch sind alle lokalen und regionalen Potenziale zu berücksichtigen und Nachhaltigkeit zu beachten. Räumliche Ansatzstelle ist eine Region, die sich durch homogene physische Ressourcen und einheitliche soziale Strukturen auszeichnen soll.

Literaturhinweis:
Rauch, T.; Bartels, M.; Engel, A.: Regional Rural Development. A regional response to rural poverty, 2001

Dieser ganzheitliche Ansatz umfasst folgende konzeptuelle Vorgaben:

1) Armutsorientierung: Alle Maßnahmen zur wirtschaftlichen Verbesserung haben in erster Linie jener Bevölkerungsschicht zu dienen, die durch Armut am stärksten betroffen ist.

2) Grundbedürfnisbefriedigung: Entwicklung ist nur über eine sichere Befriedigung der elementaren Bedürfnisse zu erreichen.

3) Zielgruppenbezug: Die Maßnahmen müssen all jene Gruppen zu erfassen suchen, die unter Armut leiden. Ethnische, religiöse, soziale und wirtschaftliche Unterschiede dürfen keine Rolle spielen.

4) Partizipation: Bei allen Arbeitsschritten ist die Zielgruppe aktiv an Planung, Durchführung und Nutzung des Projektes zu beteiligen. Dadurch soll sie lernen, Verantwortung zu tragen.

5) Institutionenbildung: Durch Organisierung der Zielgruppe in selbstverantwortlichen Institutionen, wie beispielsweise für Bewässerung oder Straßenbau, wird sie aktiv an die praktische Abwicklung herangeführt.

1. *Vergleichen Sie die Entwicklung von oben und unten. Nehmen Sie Stellung, welche Strategie sie überzeugender finden.*
2. *Begründen Sie, warum die Strategie der ländlichen Regionalentwicklung als wirkungsvolle Armutsbekämpfung angesehen wird.*

6) Ländliches Sparen: Förderlich für eine erfolgreiche Durchführung ist die materielle Beteiligung der Zielgruppe an der Maßnahme. Eigenleistungen in Form manueller Arbeit (Work-for-Cash) und gemeinschaftliche Spar-Programme (Rural Saving; vgl. 5.1.3) sind dabei probate Mittel.

7) Nachhaltigkeit: Eine Maßnahme ist nur dann erfolgreich, wenn sie umweltschonend erfolgt und über den Förderungszeitraum hinaus wirksam und erhalten bleibt.

M 1: *Partizipative Gruppenarbeit in einem LRE-Projekt in Nord-Pakistan*

Die weltweit anerkannte LRE-Konzeption, die im Ansatz 1983 erstmals formuliert und seither ständig verbessert wurde, hat sich trotz vieler Vorbehalte als die wohl wirksamste Strategie zur Armutsbekämpfung erwiesen. Regierungen fragen sie nach und mehrere NGO (z. B. Aga Khan Foundation, Grameen Bank) praktizieren sie. Trotzdem wird sie in der deutschen Entwicklungshilfe nicht mehr in dem früher üblichen Umfang eingesetzt und propagiert, obwohl sie eine Investition in den Menschen darstellt, eine grundlegende Vorrausetzung für Nachhaltigkeit.

5.1.3 Kapital für die Armen

Geld ist notwendig zur Finanzierung von Entwicklungsmaßnahmen. Arme verfügen aber über keine Geldmittel und können sich daher nicht selbst helfen. Eröffnen einfache Spar- und Kreditprogramme hier eine Perspektive?

Selbst für einfachste Entwicklungsmaßnahmen ist Kapital erforderlich. Doch auch kleinste Beträge sind bei der Bevölkerungsmehrheit des Südens nicht vorhanden. Daher erhalten sie von Geschäftsbanken keine Kredite, sind im Bedarfsfall auf private Geldverleiher angewiesen und deren Wucherzinsen ausgesetzt. Damit ist nicht selten regelrechte Schuldknechtschaft verbunden, die sich auf die Kinder vererben kann. Die Einführung von speziellen Spar- und Kreditprogrammen für Mittellose war daher eine logische Entwicklung. Auf diese Weise erhalten die Menschen Zugang zu Mitteln für Maßnahmen, durch die sie Einkommen erwirtschaften und selbstverantwortlich ihre Lebensbedingungen verbessern können.

Ländliches Sparen (Rural Saving) ist eine solche Maßnahme, die auf unterster sozialer Ebene ansetzt. So werden in Dörfern durch Förderprogramme Spargemeinschaften (Saving Groups) gebildet. Die Mitglieder halten regelmäßig Treffen ab, um sich über ihre Bedürfnisse auszutauschen und gemeinsam nach deren Befriedigung zu suchen. Dies geschieht unter Anleitung eines Mitarbeiters der Projektleitung, die das Ländliche Sparen umzusetzen sucht. Bei den Treffen muss jedes Mitglied eine Summe

M 2: *Versammlung mehrerer ländlicher Spargruppen in Bangladesch*

— und sei sie noch so klein — auf ein gemeinsames Konto (Community Savings Fund) einzahlen. Nach einiger Zeit wird der ersparte Betrag zusammen mit dem, den das Projekt zur Verfügung stellt, als Sicherheit bei der Aufnahme eines Bankkredites eingesetzt. Mit diesem Kredit kann nun eine Maßnahme verwirklicht werden, die Arbeitsplätze oder Einkommen für die Beteiligten schafft. Auch nach der Kreditaufnahme bleibt die Spargemeinschaft zusammen, um weiterhin regelmäßig zu sparen, den Kredit zu tilgen und einen neuen Kredit aufzunehmen. Die praktische Verwirklichung eines solchen Sparprogramms erfordert Ausdauer bei den Beteiligten. Es ist nur dann erfolgreich, wenn es langfristig angelegt ist, denn die Ergebnisse stellen sich erst nach Jahren ein; also in Zeiträumen, in denen Menschen, die Not leiden, nur schwerlich zu denken in der Lage sind.

M 3: *Prof. Mohammed Yunus, Gründer der Grameen Bank und Friedensnobelpreisträger 2006*

Diese Erfahrungen und die Notlage unzähliger Bangladeschis veranlassten Prof. Mohammed Yunus aus Bangladesch, 1976 das Konzept der Mikro-Kredite (Micro Credits) zu entwickeln und mit eigenen Mitteln die Grameen Bank (= dörfliche Bank) zu gründen. Den ländlichen Armen fehlen — so seine Beobachtungen — selbst die wenigen Mittel, die sie für Saatgut, Dünger und Geräte benötigen. Auch ist den Bedürftigen wie beim Ländlichen Sparen kaum zuzumuten, erst einmal Spareinlagen zu erbringen, um einen Kredit zu erhalten. Daher will die Grameen Bank den Armen unverzüglich Zugang zu Krediten mit dem Ziel ermöglichen, einkommensschaffende Maßnahmen zu realisieren. Zielgruppe bilden alle Mitglieder von Familien (heute zu über 90 % Frauen), die weniger als 0,2 ha kultivierbares Land besitzen.

Grundelement des Konzeptes sind demokratisch funktionierende Kleingruppen (Centres) mit klar differenzierten Funktionsträgern, die von den Mitgliedern gewählt werden und sogar Aufstiegschancen innerhalb der Organisation haben (Centre Chief, Group Chair-Persons, Members). Zu ihren Aufgaben gehört die regelmäßige Abhaltung von Zusammenkünften mit dem Ziel, die Kredit- und Rückzahlungsmodalitäten zu erklären sowie Selbstverantwortung, Eigeninitiative und Sparverhalten zu üben. Sie werden dabei von Angestellten der Grameen-Bank (Bankworkers) unterstützt, die die einzelnen Gruppen regelmäßig aufsuchen, um sie vor Ort zu betreuen und zu beraten. So unterstützen die Bankworker die Gruppen zum Beispiel bei Auseinandersetzungen mit lokalen Macht-

M 1: *Bankworker bei der regelmäßigen Zusammenarbeit mit einer Spargruppe*

habern wie Landlords und Geldverleihern und regen die interne Kooperation an. Wichtig ist auch ihre Beratung bei Einsatz und Verwendung der erhaltenen Kredite. Bei den Bankworkers handelt es sich um gut ausgebildete und hoch motivierte junge Leute, die zwischen Bank und Zielgruppe eine persönliche Beziehung in der Absicht aufbauen, überlokal Verantwortung zu übernehmen und zu handeln. Auf unterster Ebene wird damit ein Beitrag zur Verbreitung und Festigung demokratischen Denkens geleistet.

Anfänglich umfassten die Aktivitäten der Grameen-Bank außer der Kreditvergabe auch ganz praktische Entwicklungsmaßnahmen wie Beschaffung von Behausungen, Nahrung, medizinische Versorgung und Schulunterricht. Doch das Hauptaugenmerk gehörte bald nur noch den Mikro-Krediten für Existenzgründungen. Die Höhe der Kredite, die zwischen fünf bis maximal 50 Euro liegen können, ist aus westlicher Perspektive verschwindend gering; doch für die Menschen vor Ort eine „ungeheuerliche" Summe.

Die Vergabe der Kredite erfolgt, wenn der potenzielle Kreditnehmer in Anwesenheit aller Gruppenmitglieder glaubhaft darstellt, die Mittel für eine einkommensschaffende Maßnahme zu verwenden und in dem vorgegebenen Zeitrahmen zurückzuzahlen. Die Rückzahlung erfolgt nach Realisierung der Maßnahme in monatlichen Raten. Sie wird von der Spargruppe kontrolliert und in besonderen Fällen von ihr auch mitgetragen. Bemerkenswert sind – trotz der Armut in Bangladesch – die guten Rückzahlungsergebnisse. Sie erreichten 2005 annähernd 100 Prozent. Dieses Ergebnis und die erreichten praktischen Erfolge bei der Grundbedürfnisbefriedigung veranlassten mehrere Länder, dieses Mikro-Kredit-Programm zu übernehmen. Es wird auch von UNDP, GTZ und zahlreichen NGO weltweit propagiert und praktiziert. Höchste Anerkennung und internationale Beachtung erfuhr die Grameen Bank mit der Verleihung des Friedensnobelpreises an ihren Gründer, Professor Dr. Mohamed Yunus, im Jahr 2006.

5.1.4 Kapital für Unternehmen

Die Armen verhelfen sich durch Ländliches Sparen und Kleinkredite zu dem benötigten Startkapital. Unternehmer und Staaten des Südens hingegen erhalten es von der Weltwirtschaft.

Im achten „Bericht zur Entwicklungspolitik der Bundesregierung" (1990) wird betont, dass an einer erfolgreichen Entwicklungspolitik auch die Wirtschaft beteiligt sein sollte. Dafür sind Marktöffnung und insbesondere Sicherheiten für Investitionen und Gewinne in den Ländern des Südens notwendig. Zwei Ziele werden damit verfolgt: Erstens soll das seit den 1980er-Jahren schwindende Interesse der Wirtschaft an den Entwicklungsländern wieder geweckt werden. Zweitens wird der Notwendigkeit entsprochen, die Privatwirtschaft (Unternehmen, Banken) stärker in die Entwicklungszusammenarbeit einzubinden. Als Instrument dazu bieten sich die Foreign Direct Investments (FDI, Ausländische Direktinvestitionen) an.

Die FDI gelten als Indikator für die Teilhabe eines Landes oder einer ganzen Region an der globalen Wirtschaft (vgl. S.68 M2). Sie werden mit dem Prozentanteil am BIP bemessen. Je größer dieser Anteil ist, desto stabiler und nachhaltiger wird eine Volkswirtschaft eingeschätzt. Dabei bestehen von Land zu Land und von Region zu Region ganz erhebliche Unterschiede. So spielen bei der Verteilung der FDI beispielsweise das gesamte Afrika und selbst die Länder des indischen Subkontinentes keine oder nur eine recht untergeordnete Rolle.

Entwicklungspolitisch werden mit den FDI die Erwartungen verbunden, Arbeitsplätze zu schaffen, die Produktivität zu erhöhen, den Export zu steigern sowie Ausbildungs- und Technologieniveau zu verbessern. Der Erfolg, der an diese Erwartungen für lokale Unternehmen geknüpft wird, ist jedoch nicht generell gegeben: zum einen sind sie häufig nicht in der Lage und erfahren genug, die sich bietenden Chancen zu nutzen; zum anderen überwiegt bei den ausländischen Partnern nicht immer der Hilfsgedanke, sondern die Nutzung der Gewinnmöglichkeiten. Auch sind die Maßnahmen meist nicht langfristig konzipiert, um strukturelle Mängel vor Ort bleibend beheben zu können. Trotzdem gelten die FDI als ein wirksamer Beitrag zur Entwicklung der Länder des Südens.

Public Private Partnership (PPP) ist ein vom BMZ eingeführtes Instrument, um die Kooperation zwischen öffentlicher Hand und Privatwirtschaft in der Entwicklungszusammenarbeit zu verstärken. Im Jahre 1999 eingerichtet, dient es zur staatlichen Förderung unternehmerischer Aktivitäten in Entwicklungsländern, die ohne öffentliche Finanzhilfen – wegen der Risiken und Gefahren für die Investitionen – nicht durchgeführt würden.

In der Praxis übernimmt die öffentliche Hand (Public-Beitrag) eine Vielzahl von Vorleistungen und Aufgaben, die es den privaten Unternehmen erleichtern sollen, in Entwicklungsländern tätig zu werden. Dazu zählen die Bereitstellung von Mitteln für materielle Infrastruktur, Fachberater, Experten, Investitionskredite (bis zu 75 % der Kosten) und den Betriebsstart. Die materielle Förderung umschließt auch Ausbildung, Logistik (Standortauswahl, Transport) und lokale Kontaktnahme. Der private PPP-Beitrag liegt bei 25 bis 50 Prozent. Für die Privatwirtschaft des Nordens entstehen durch PPP wegen der Risikominderung Anreize, um in den Ländern des Südens tätig zu werden. Und im Süden entstehen Arbeitsplätze, Infrastruktur, Steuereinnahmen und Anstöße zum Aufbau eigener Industrien.

FDI

Finanzielle Beteiligung eines Investors des Nordens, wie beispielsweise eines Transnationalen Konzerns, an einem neu zu gründenden (Zweigniederlassung) oder einem schon vorhandenen Unternehmen im Süden. Dabei kann es sich um den Erwerb von Geschäftsanteilen (Grundstücken, Gebäuden) an einem lokalen Unternehmen oder um gemeinsame Warenproduktion (Joint Venture) handeln. Die Auslands- und Inlandsanteile stehen im Verhältnis von maximal 49 zu 51 Prozent.

M 2: *Einrichtung einer Solarstromversorgung in einem Kloster in Mbinga, Tansania; PPP-Projekt von InWEnt und einem Kölner Energieunternehmen*

1. *Beschreiben Sie das Konzept der Mikro-Kredite und beurteilen Sie, inwieweit Arme damit wirklich ihr Dasein verbessern können.*
2. *„FDI und PPP sind eher wirtschaftliche Förderungsmassnahmen für die Unternehmen des Nordens." Überprüfen Sie diese These.*

5.1.5 Strukturanpassungsmaßnahmen

Für eine selbsttragende Entwicklung der Länder des Südens ist neben Kapital von außen vor allem Zahlungsfähigkeit erforderlich. Um Liquidität zu erreichen, setzen WB und IMF das Strukturanpassungsprogramm ein.

Länder, die über keine internationalen Zahlungsmittel (Devisen) mehr verfügen und daher zahlungsunfähig sind, können Hilfe beim International Monetary Fund (IMF) beantragen. Voraussetzung dafür ist die Durchführung eines Strukturanpassungsprogramms (SAP). Es dient in erster Linie zur Wiederherstellung einer soliden Zahlungsbilanz. Ziele sind dabei Preisstabilität und selbsttragendes wirtschaftliches Wachstum, die durch Deregulierung und Privatisierung angestrebt werden. Folgende außen- und binnenwirtschaftliche Einzelmaßnahmen finden dabei Anwendung:

Außenwirtschaftlich wichtig ist die Abwertung der jeweiligen Währung. Dadurch werden die Preise für die Exporterzeugnisse verbilligt und der Export angeregt (Exportdiversifizierung). Außerdem wird die Nachfrage nach Importen gesenkt, da sich die Importwaren verteuern. Daraus resultieren Anstöße für die heimische Industrie, zum Beispiel die bisherigen Importwaren durch eigene Produkte zu ersetzen (Importsubstituierung). Wirkungsvoll ist außerdem die Erhöhung des lokalen Zinsniveaus. Dadurch sind Zinsgewinne möglich, machen Investitionen „daheim“ Sinn und wird der Kapitalflucht entgegengewirkt. Nicht zuletzt regt die Zinserhöhung den Kapitalimport an und werden auswärtige Anleger und Unternehmen zu wirtschaftlichen Aktivitäten ermuntert.

M 1: *Logo des IMF*

Um einer erneuten Verschuldung vorzubeugen, wird die Aufnahme von Krediten im Ausland limitiert und der Import von (vor allem Luxus-)Gütern beschränkt. Eine binnenwirtschaftlich wichtige, aber stets problematische Maßnahme ist die Reduzierung der Staatsausgaben. Sie geschieht zuerst durch Abbau von Sozialleistungen und Subventionen. Dann werden die administrativen Preise (z. B. bei Lebensmitteln) auf- und die öffentlichen Tarife (z.B. bei Post, Bahn, für Wasser und Strom) angehoben. Ebenfalls binnenwirtschaftlich bedeutsam ist die Senkung des Lohnniveaus. Dadurch wird zwar einerseits die interne Nachfrage gedrosselt. Andererseits ziehen Billiglöhne aber auswärtige Unternehmen an. Diese Intention wird staatlicherseits durch die Einrichtung von Sonderwirtschafts- oder Exportproduktionszonen (EPZ) gefördert. Sie bieten aus- wie inländischen Unternehmen günstige finanzielle und technische Produktionsbedingungen mit geringen Umweltauflagen.

Nach Durchführung des SAP kommen die Länder in den Genuss des Strukturanpassungsdarlehens (Structural Adjustment Loan, SAL), das von der World Bank (Weltbank, WB) vergeben wird. Es dient in erster Linie zum Aufbau technischer und sozialer Infrastruktur sowie zur Verbesserung der industriellen und landwirtschaftlichen Produktionsbedingungen. All diese Maßnahmen von IMF und WB führen zur Öffnung der lokalen Märkte, wodurch die einheimischen Produzenten dem überlegenen Weltmarkt ausgesetzt werden, für den sie mehrheitlich nicht vorbereitet und dem sie damit geradezu schutzlos preisgegeben sind. Daher wird das noch immer gültige SAP heute kritisch bewertet und nicht als geeignet angesehen, Unterentwicklung zu überwinden oder Entwicklung zu initiieren.

M 2: *Logo der Internationalen Bank für Wiederaufbau und Entwicklung (Weltbank)*

5.1.6 Befreiung aus der Schuldenfalle

Über Schulden klagen die Entwicklungsländer seit ihrem Bestehen. Doch erst vor wenigen Jahren wurden Schulden erlassen. Welche Erwartungen sind damit verbunden?

Die Verschuldung aller Entwicklungsländer hat sich von 1980 bis heute mehr als verdreifacht. Im Mittel für alle Entwicklungsländer liegt das Verhältnis Schulden zu BIP heute bei annähernd 40 Prozent. Mit 112 Prozent noch weit ungünstiger ist die Schuldenquote. Von diesen Mittelwerten weichen Ostasien (74 %), Naher Osten (85 %), Südasien (142 %), Lateinamerika (167 %) und Afrika südlich der Sahara mit sogar (179 %) ab (M3). Viele Länder sind nicht mehr in der Lage, den notwendigen Schuldendienst selbst zu leisten. Ihnen bleibt keine andere Wahl, als die neuen Kredite zur Schuldentilgung aufzuwenden. Die Notwendigkeit, die Länder von dieser Schuldenlast zu befreien, damit sie ihre Mittel zur Landesentwicklung einsetzen können, lag nahe, ließ aber lange auf sich warten.

Schuldenquote
Schulden zu Exporterlösen

Schuldendienst
Tilgung und Zinsen; zu entrichten in US$

Erst Mitte der 1990er-Jahre begannen sich WB, IMF und die G7/8-Gipfel mit dem Schuldenerlass zu befassen. Im Jahr 1996 wurde die Last der am höchsten verschuldeten Länder reduziert. Der Entschluss zu einer generellen Entschuldungsinitiative fiel 1999 auf dem G7-Gipfel in Köln auf Betreiben der deutschen Bundesregierung: Mehr Schuldnerländer wurden einbezogen, die Schuldenentlastung wurde angehoben, die Maßnahmen sollten schneller erfolgen und mit Vor-Ort-Armutsbekämpfung verbunden werden. Drei Stufen von Bedingungen müssen dazu von den Schuldnerländern erfüllt werden oder gegeben sein:

1. Die Grundvoraussetzung ist erfüllt, wenn ein Land nach IMF/WB arm (Pro-Kopf-Einkommen unter 925 US$) und hoch verschuldet ist (Schuldenquote > 150 %; Schulden zu Staatseinnahmen > 250 %).
2. Länder, die der Stufe 1 genügen und akzeptierbare Konzepte für Good Governance und Armutsbekämpfung vorlegen, erreichen den „Entscheidungspunkt" und können Schuldendienstentlastung erhalten.
3. Setzt ein Land die Bedingungen von Stufe 2 erfolgreich um, erlangt es den „Vollendungspunkt" und kommt in den Genuss des Schuldenerlasses.

Das Ziel dieser Maßnahmen besteht entwicklungspolitisch in erster Linie darin, dass nur noch weniger als zehn Prozent der Exporterlöse jährlich für den Schuldendienst aufgewendet werden müssen. Der größte Teil der Deviseneinnahmen soll der Landesentwicklung zur Verfügung stehen.

Im Juli 2005 stellten die Mitgliedstaaten des G8-Gipfels in Gleneagles ausreichend Mittel zur Entschuldung aller HIPC (High Indebted Poor-Countries) zur Verfügung, die die oben genannten Kriterien erfüllen. Noch im gleichen Jahr meldete der IMF, dass ohne weitere Auflagen Anfang 2006 insgesamt 18 der ärmsten Länder (davon 14 in Afrika) alle Schulden – mit Ausnahme derjenigen bei privaten Banken – erlassen werden.

In dem Maße, in dem die Schuldenlast sinkt und die Forderungen nach Good Governance erfüllt werden, könnten – so die Erwartungen – sowohl lokal selbst erwirtschaftete Mittel als auch externe Fördergelder und Kredite vermehrt in der Landesentwicklung und Armutsbekämpfung investiert werden. Zwar wird daran auch Kritik geäußert, doch aus entwicklungspolitischer Sicht gibt es zum Schuldenerlass keine Alternative.

Land	Auslandsschulden zu BIP in % 2005
Mexiko	20,5
Brasilien	46,1
Chile	46,8
Argentinien	110,6
Nicaragua	338,3*
Nigeria	77,2*
Sambia	129,1*
Sudan	177,2*
Kongo	346,1*
Sao Tomé	753,0*
Korea	23,3
Thailand	31,7
Pakistan	37,1
Indien	54,6
China	77,3

* für 2004

Auslandsschulden des Südens 2005 (geschätzt): **2500 Mrd. US $**

13241E

M 3: *Länderbeispiele für Außenverschuldung*

1. *Erörtern Sie die entwicklungspraktischen Vor- und Nachteile des Strukturanpassungsprogramms.*
2. *Untersuchen Sie, ob sich zwischen Schuldenerlass und Globalisierung Verbindungen ableiten lassen.*

5.1.7 Fair Trade und Codes of Conduct

Ein wesentliches Mittel zur Überwindung von Unterentwicklung ist die Verbesserung der Arbeitsbedingungen und vor allem der Einkommen all jener, die für den Norden (Luxus-)Nahrungsmittel, Konsumgüter oder Billigkleidung produzieren. Denn an den riesigen Gewinnen, die damit erzielt werden, sind sie nicht beteiligt.

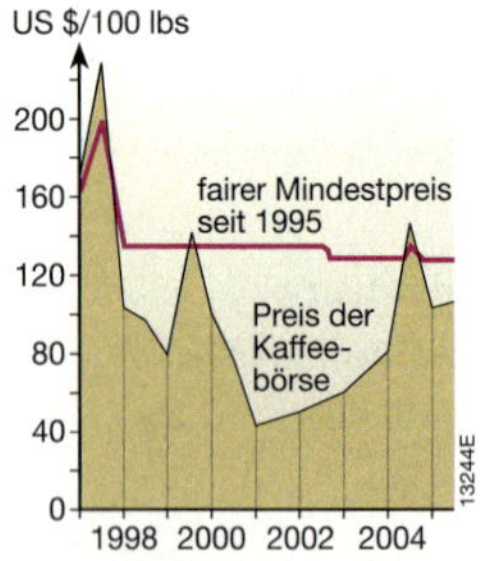

M 1: *Vergleich zwischen Weltmarkt- und „Fairem" Mindestpreis für Arabica-Kaffee*

Literaturhinweis:
Naomi Klein: No Logo!, 2002

FINE
FLO – Fair Trade Labelling Organizations international, IFAT – The International Fair Trade Association, NEWS – Network of European World Shops, EFTA – European Fair Trade Association

Nach der Theorie der komparativen Vorteile von Ricardo (1817) soll Handel so gestaltet sein, dass alle Beteiligten davon profitieren. „Doch davon ist in der Realität nichts zu erkennen", fanden Ende der 1960er-Jahre Jugendliche und Studierende des Nordens. Die aus dieser Einsicht erwachsende zivilgesellschaftliche Bewegung trat mit dem Slogan „Wandel durch Handel" an und forderte eine gerechtere Beteiligung der Länder des Südens am Welthandel. Dadurch sollen unter Beachtung ökologischer, sozialer und wirtschaftlicher Nachhaltigkeit die Lebens- und Arbeitsbedingungen der Menschen verbessert werden. Konkret geht es bei der Bewegung „Fairer Handel" (Fair Trade) darum, den Verbraucher im Norden zum Erwerb sozial- und umweltgerecht produzierter Waren zu bewegen und sein Bewusstsein für mehr Gerechtigkeit im internationalen Handel zu wecken. In den Ländern des Südens soll durch bessere Handelsbedingungen und die Sicherung sozialer Rechte für benachteiligte Produzenten ein Beitrag zu nachhaltiger Entwicklung geleistet werden.

Um das Anliegen weltweit zu vertreten, entstand das Netzwerk FINE aus vier internationalen Organisationen des Fairen Handels. In über 60 Ländern des Nordens und über 80 des Südens bemüht es sich um die Zertifizierung (Siegel, Labelling; z. B. bio & fair", Max Havelaar France; FLP, Rugmark, Blumesiegel), Standardisierung und Verbesserung der Produkte, die Erleichterung ihres Importes und einen effektiveren Zugang zum Markt (M 3). Welche Vorstellungen dabei verfolgt werden, sei an der Umgewichtung der Vermarktung für Kaffee beispielhaft dargestellt (M 4):

Beim konventionellen Handel ist der Erzeuger mit 0,19 Euro, der Zwischenhändler mit 0,06 Euro und der lokale Exporteur mit 0,14 Euro am Endverkaufspreis (1,80 bis 3 Euro / 250 g) beteiligt. Auf Seiten des Imports (Zwischenhändler, Importeure) und des Einzelhandels im Absatzland verbleiben hingegen 1,40 bis 2,60 Euro. Bei diesem Handel werden die Risi-

M 2: *Fair Trade Labels*

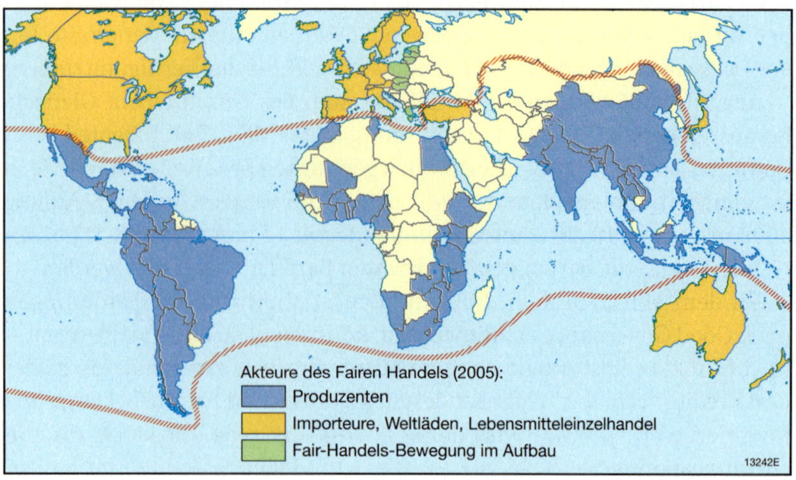

M 3: *Verbreitung der Aktivitäten des „Fairen Handels"*

ken jeweils nach unten und damit letztlich an den Produzenten weiter gegeben. Beim Fairen Handel fallen die Spekulanten des Ex- und Importes und der kommerzielle Einzelhandel im Absatzland aus. Daher erhalten die Produzenten vom leicht erhöhten Verkaufspreis (2,30 bis 3,35 Euro) 0,58 Euro. Der größere Rest (1,45 bis 2,50 Euro) entfällt zwar auch hier auf die Kosten für Import (Zölle), Aufbereitung, Verpackung, Verteilung und Endhandel. Doch da hier das Risiko am größten ist, erscheint dieser Betrag gerechtfertigt. Entscheidend jedoch ist die Tatsache, dass bei dem Fairen Handel dem Produzenten ein erheblich höherer Anteil am Endpreis garantiert und der Einkaufspreis weitgehend stabil ist (M 1). Um den Nutzen des Fairen Handels für die Erzeuger im Entwicklungsland zu erhöhen, bedarf es einer größeren Bekanntheit der Ziele dieser zivilgesellschaftlichen Aktivitäten im Norden. Mit dem Labelling für Fairen Handel wird in der Öffentlichkeit für diese unbestreitbar sinnvolle Hilfe für den Süden geworben.

Ein wesentlicher Grund für die Auslagerung der Produktion in den Süden sind die dortigen niedrigen Löhne, laschen Umweltauflagen und Massen an einfachen Arbeitern sowie das Fehlen von Gewerkschaften, Sozialstandards und fast allen sozialen Folgekosten. Die daraus resultierenden Arbeitsbedingungen wurden von NGO, Einzelpersonen und der International Labor Organisation (ILO) kritisiert sowie faire Löhne und humane Arbeitsbedingungen eingefordert. Die darauf 1995 von der WTO angekündigten besseren Handelsbedingungen sind auch dringend notwendig, denn durch die Einbindung in den Weltmarkt sind zwar Einkommensmöglichkeiten für die beteiligten Arbeitskräfte geschaffen worden, aber keine langfristigen Verbesserungen ihrer Lebenssituation erreicht worden. Viele beteiligte Unternehmen haben darauf reagiert; beispielsweise mit den Codes of Conduct (CoC).

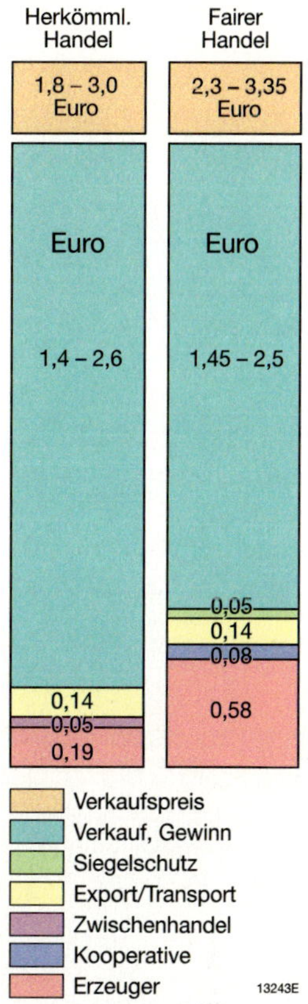

M 4: *Anteile am Verkaufspreis von 500 g Kaffee beim herkömmlichen und Fairen Handel*

Bei den CoC handelt es sich um unternehmenseigene Verhaltenskodizes zum Beispiel deutscher Unternehmen. Sie haben sich damit zu sozialer Verantwortung im globalen Handel verpflichtet. Dabei orientieren sie sich an den ILO-Standards, Social Accountability 8 000, und den Vorgaben der Außenhandelsvereinigung des Deutschen Einzelhandels. Sie basieren auf folgenden Prinzipien: „In the long term trading companies will only gain the confidence if their clients use their influence and if they contribute towards improving life conditions in the countries of production. Best by supporting suppliers in complying with social and environmental standards. Orders of production would then contribute both to social progress and to economical development. And clients could be sure that the products are in compliance with the criteria of quality and sustainability.

M 5: Quellentext zu den Codes of Conduct
Feuchte, B.: Billig Nähen für den Weltmarkt – Lebens- und Arbeitsbedingungen der Beschäftigten der Bangladeschischen Bekleidungsindustrie (2007)

Damit ist zwar ein Schritt in die richtige Richtung getan. Doch noch immer herrschen Bedingungen, die der Entwicklungspolitologe Franz Nuscheler folgendermaßen kennzeichnet: *„Wir haben zwar inzwischen mit der WTO (World Trade Organization) ein umfassendes Handelsregime, aber wir haben noch keine sozialen und ökologischen Leitplanken, die der Ausbeutung von Mensch und Natur ... Grenzen setzen könnten, keine internationale Wettbewerbsordnung, die die Belohnung eines solchen Verhaltens im internationalen Konkurrenzkampf verhindern könnte...“*

5.1.8 Nachhaltige Entwicklung

Der Begriff „nachhaltige Entwicklung" bestimmt heute die entwicklungspolitische Debatte. Die Forderung nach Nachhaltigkeit hat regelrecht den Rang einer Entwicklungsstrategie angenommen. Was steckt dahinter?

Spätestens seit dem Brundtland-Bericht (1987) ist das Thema „Nachhaltigkeit" entwicklungspolitisch hoffähig geworden. Darin wird zum einen der Anspruch des Südens auf nachholende Entwicklung anerkannt und zum anderen das Anliegen des Nordens nach Sicherung und Bewahrung der Umwelt unterstützt. Seither haben sich mehrere UN-Konferenzen mit diesem Thema befasst und Aufmerksamkeit für Nachhaltigkeit geweckt. Angesichts des raubbauartigen Natur- und Ressourcenumgangs insbesondere auch in den Newly Industrialising Countries (NIC) ist dabei zwar der inhaltliche Fokus auf das Mensch-Umwelt-Problem gerichtet. Doch es gibt auch ganz konkrete entwicklungspolitische Auswirkungen.

M 1: *Kohlekraftwerk in China, einem NIC*

Um den Hintergrund der Nachhaltigkeitsdebatte zu erhellen, sei darauf verwiesen, dass die Idee nachhaltiger Entwicklung bis ins 18. Jahrhundert zurückreicht und der physiokratischen Waldbewirtschaftung entstammt. Damals durfte der Holzeinschlag das Nachwachsen des Holzbestandes nicht übersteigen. Darauf basieren heute zwei Forderungen: Erstens darf die Nutzung einer Ressource nicht größer sein als deren Fähigkeit zur Regeneration oder Substitution durch technische Lösungen. Zweitens müssen Entwicklungsmaßnahmen auf Langfristigkeit angelegt sein. Ein nachhaltiges Gesamtkonzept ist dann gegeben, wenn sowohl lang- als auch mittelfristig keine Verschlechterung in den Bereichen Gesellschaft, Politik, Wirtschaft und Umwelt stattfindet.

Diese Nachhaltigkeitsüberlegungen haben Eingang in die entwicklungspolitische Praxis gefunden. Hier gilt seither die Forderung, dass alle Maßnahmen und Anstrengungen zur gesellschaftlichen und ökonomischen Entwicklung folgende Kriterien zu erfüllen haben: Erstens muss stets eine schonende Nutzung der natürlichen Ressourcen per se stattfinden. Zweitens sind alle Maßnahmen so auszulegen und durchzuführen, dass eine langfristige Nutzung der natürlichen Ressourcen garantiert ist. Und drittens sind alle Entwicklungsprojekte so zu konzipieren und abzuwickeln, dass sie über die Zeit ihrer externen Förderung und Finanzierung hinaus selbstständig fortbestehen, eben nachhaltig wirken.

Insbesondere in diesem dritten Kriterium findet eine für die Entwicklungspraxis wesentliche Einsicht Niederschlag: Entwicklungsprojekte sind erst dann nachhaltig, wenn sie über die Zeit der externen finanziellen, technischen und personellen Förderung fortbestehen. Dafür sind in erster Linie die Befähigung der lokalen Bevölkerung zu selbstverantwortlichem Handeln sowie die Einsicht erforderlich, dass die existenzielle Sicherheit des Menschen ein anstrebenswertes Gut per se ist. Damit ist Nachhaltigkeit nicht nur ein die Natur betreffendes Problem, sondern eine gesellschaftliche und individuelle Herausforderung.

5.1.9 Neue Weltwirtschaftsordnung

Forderungen nach einer neuen Form weltweiten wirtschaftlichen Austausches sind aus Sicht der Benachteiligten verständlich und berechtigt. Wer erhebt sie und worin bestehen sie?

Im Jahr 1964 hatte sich innerhalb der UN die „Gruppe der 77" gebildet. Sie war Ausdruck der Einsicht der Länder des Südens, innerhalb der UN stärker zusammenzuarbeiten (Collective Self-Reliance), um beispielsweise einen Fairen Handel für ihre Erzeugnisse (mehrheitlich mineralische und agrarische Rohstoffe) oder bessere Terms of Trade durchsetzen zu können. Zehn Jahre später fanden diese Vorstellungen Niederschlag in der Forderung nach einer Neuen Weltwirtschaftordnung (NWWO), die bis heute fortbesteht. Drei Ebenen gilt es dabei zu unterscheiden:

1) Internationale Ebene: Die Länder des Südens fordern gerechtere Austauschbeziehungen (Terms of Trade), die Bildung von Rohstoffkartellen mit Marktmacht und Preisautonomie (etwa der OPEC vergleichbar) sowie die Kontrolle und Verfügungsgewalt über die einheimischen natürlichen Ressourcen. Sie verlangen die Verstaatlichung ausländischer Unternehmen und die Verlagerung arbeits-, rohstoff- und energieintensiver Produktionen in ihre Länder, um nicht nur als Billiglohnanbieter ausgenutzt zu werden. Außerdem sollen ihre Waren beim Import in die Industrieländer begünstigt und ihnen ein höherer Anteil an den internationalen Dienstleistungen (Schifffahrt, Versicherungen) eingeräumt werden. Vor allem fordern sie aber mehr und gerechtere Mitsprache in den internationalen (Entwicklungs-)Agenturen (IMF, WB, UN, WTO).

Diese zweifellos berechtigten Forderungen nach einer NWWO können – und darüber ist sich zumindest die wissenschaftliche Diskussion einig – erst erfolgreich sein, wenn die Länder vollständige Kontrolle über ihre Binnenwirtschaft, eindeutige Verfügungsgewalt über ihre Ressourcen und die Möglichkeit zur Entwicklung eigener Technologien und ihrer Anwendung erlangt haben. Dafür aber ist Einsicht in die Notwendigkeit erforderlich, auf nationaler Ebene geeignete Veränderungen vornehmen zu müssen. Dieser Einsicht bedarf es nicht weniger in den Industrieländern.

2) Auf nationaler Ebene der Entwicklungsländer muss die Vorzugsstellung der sich selbstbereichernden Eliten abgebaut werden. Dazu gehören auch politische Pluralisierung, demokratische Machtregelung sowie Souveränität und Akzeptanz der Staatsgewalt. Diese muss auf dezentrale Entscheidungsfindung und Administration vertrauen und auf Gewaltwillkür und Machtmissbrauch verzichten. Ihre wichtigste politische Verpflichtung hat in Armutsbekämpfung und Grundbedürfnisbefriedigung zu bestehen.

3) Auf nationaler Ebene der Industrieländer ist eine generelle Umorientierung des Anspruchsdenkens nötig. Dafür wäre beispielsweise eine obere Grenze des Wohlstandes festzulegen, wodurch sich auch der Ressourcenverbrauch reduzieren ließe. Damit könnte im Sinne „Weniger Nehmen ist mehr Geben" den Ländern des Südens geholfen werden.

All diese Forderungen sind nachvollziehbar. Sie werden ernst genommen und diskutiert. Doch letztlich blieb es in der Vergangenheit bei verbalen Bekundungen. Und in Zeiten der Globalisierung dürfte die Forderung nach einer NWWO wohl kaum Zustimmung finden!

1. *Skizzieren Sie das Konzept des „Fairen Handels" am Beispiel Kaffee.*
2. *Untersuchen Sie, wie Codes of Conducts konkret aussehen können.*
3. *Erläutern Sie, warum die Forderung nach Nachhaltigkeit in letzter Zeit entwicklungspolitisch so eine wichtige Rolle spielt.*
4. *Beurteilen Sie, ob „Fairer Handel", Nachhaltigkeit und NWWO politisch ernst zu nehmende Maßnahmen gegen Unterentwicklung sind.*

5.2 Vielfalt der Entwicklungszusammenarbeit

Schätzungen gehen von weltweit mehreren hunderttausend Akteuren und weit über zehntausend Organisationen der Entwicklungszusammenarbeit und praktischen Entwicklungshilfe aus. Sind all diese Träger notwendig? Offensichtlich, denn im Süden werden sie wegen ihrer Hilfeleistungen willkommen geheißen und im Norden spielen sie als Arbeitgeber und als Ausdruck philanthropischer Gesinnung eine wichtige gesellschaftliche Rolle.

Entwicklungszusammenarbeit stellt heute einen Komplex unüberschaubar vieler Organisationen, Träger, Projekte und Maßnahmen dar. Sie wirken auf lokaler bis globaler Ebene, sind bi- und multilateral, national und international angelegt, staatlich und privat getragen oder als Lobbyisten und Mitteleinwerber (Fundraiser) tätig. Alle sind sie angetreten, um die weltweit existierende Not zu lindern und die Lebensbedingungen für die Mehrheit der Weltbevölkerung zu verbessern. Daher sind sie ständigen Veränderungen ausgesetzt. Auch bedarf es immer wieder völlig neuer Konzepte, Maßnahmen, Mittel und Akteure.

Dieser „Aufmarsch der Helfer" lässt sich nicht annäherungsweise erschöpfend darstellen. Die folgende Auswahl konzentriert sich auf die internationalen und nationalen (Deutschland) sowie die zivilgesellschaftlichen und privaten Aktivitäten, die sich um Armutsminderung und Grundbedürfnisbefriedigung bemühen.

1. Übertragen Sie die Informationen der Kapitel 3 und 4 in das Organisationsschema der Entwicklungszusammenarbeit (M 1).

2. Begründen Sie die Vielzahl der Entwicklungsorganisationen und -aktivitäten weltweit.

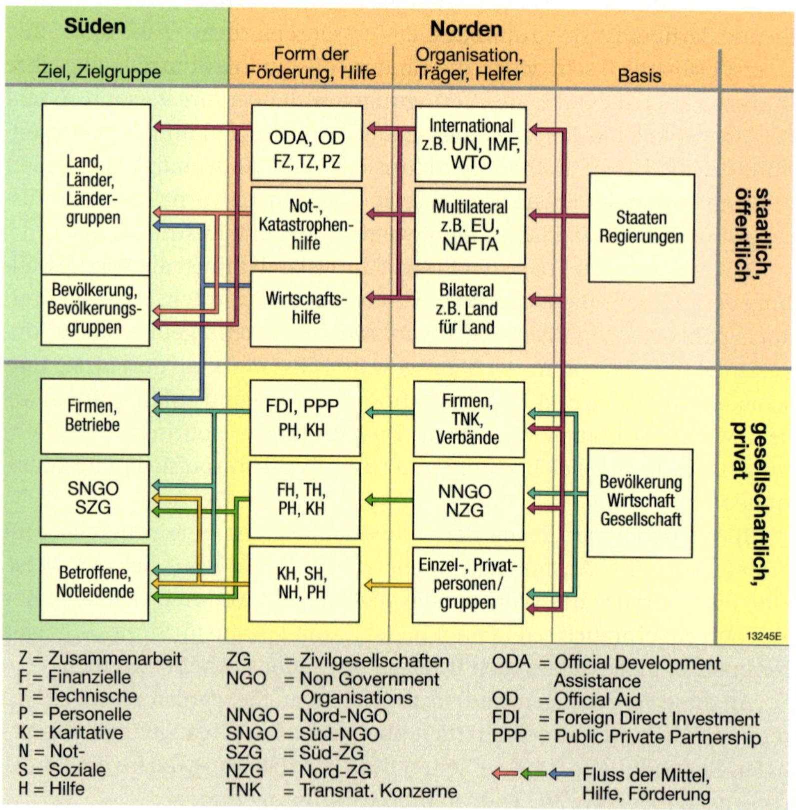

M 1: *Schematische Übersicht: Organisationen, Träger, Formen und Ziele der Entwicklungshilfe, -zusammenarbeit*

5.2.1 Internationale Organisationen

Die Weltorganisationen, die heute maßgeblich die Geschicke des Südens bestimmen, wurden gleich nach dem Zweiten Weltkrieg geschaffen. Es gibt sie noch immer. Doch inzwischen wird Kritik laut.

1. Die Bretton Woods Institutionen: Der International Monetary Fund (IMF, ggr. 1944; Internationaler Währungsfond, IWF) war als Hüter des Weltfinanzsystems sowie zu dessen Neuordnung und Stabilisierung gedacht. Dabei ging es um den Abbau von Devisenschranken sowie die Stützung der nationalen Währungen und ihre Konvertierbarkeit zu festen Wechselkursen. Mit stabilisierenden Zielen war 1944 auch die World Bank (WB, Weltbank), gegründet worden. Sie diente zur Wiederherstellung kriegszerstörter Länder und ihrer Wirtschaft und Industrie. Ihr fiel die Rolle eines Weltkreditinstitutes zu, das Darlehen auf Antrag der Regierungen zur Verfügung stellt. Das General Agreement on Tariffs and Trade (GATT; Zoll- und Handelsabkommen) wurde 1947 zur Förderung des Außenhandels der zusammengeschlossenen Staaten und zur Regelung ihrer Wirtschaftsbeziehungen geschaffen.

Die drei Bretton Woods-Organisationen waren somit nicht als Entwicklungsagenturen per se gegründet worden. Doch wuchs ihnen bald die Funktion zu, die Entwicklung von Ländern des Südens maßgeblich zu stützen und zu beeinflussen. Ein wichtiges Mittel dabei stellten insbesondere das Strukturanpassungsprogramm (SAP) und das Strukturanpassungsdarlehen (SAD) dar (vgl. 5.1 .5). Unterstützt wird die WB bei ihrem Einsatz von der International Bank for Reconstruction and Development (IBRD), die Darlehen zum Wirtschaftsaufbau an kreditwürdige Länder vergibt, und der International Development Association (IDA). Die IDA gewährt kostenlos oder zu ganz niederen Zinsen und geringen Rückzahlungsraten Kredite mit langen Laufzeiten. Sie dienen zum Aufbau des Erziehungs- und Gesundheitswesens sowie für Infrastruktur und Kommunikation armer Länder (M2).

Die Wirkung dieser Institutionen ist seit Jahren in die Kritik geraten: Zum einen bereitet das Instrument SAP den Ländern mehr Probleme als es Erleichterung zu schaffen vermag. Zum anderen haben viele Schuldner der WB in letzter Zeit ihre Kredite getilgt. Das schmälerte die Einnahmen

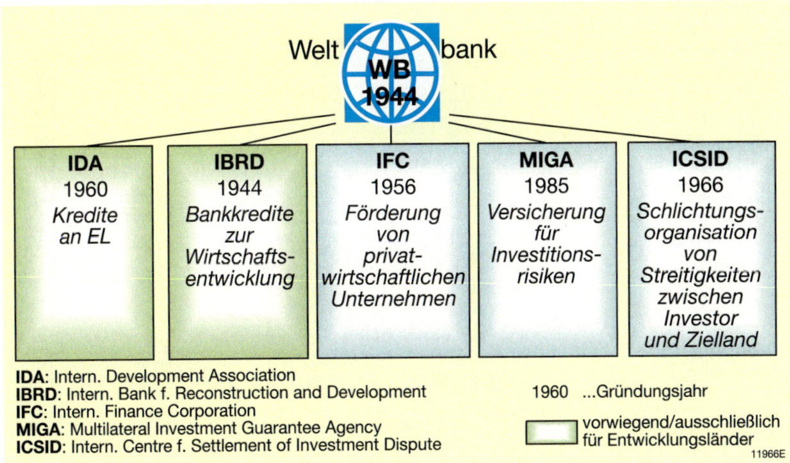

M 2: *Vereinfachter organisatorischer Aufbau der Weltbank*

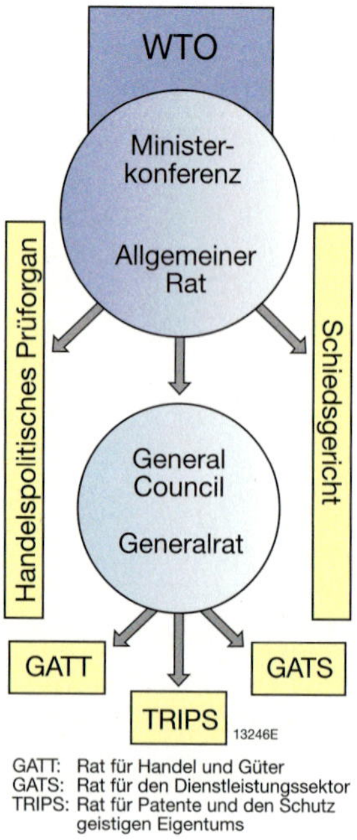

M 1: *Vereinfachter organisatorischer Aufbau der WTO*

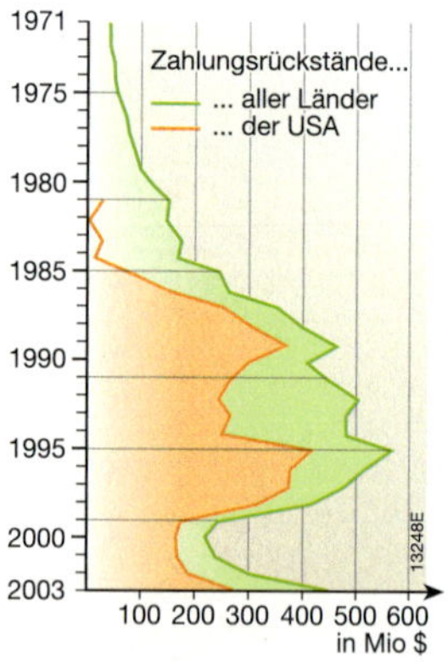

M 2: *Zahlungsmoral der UN-Mitglieder*

der Bank und engt ihre Zahlungsfähigkeit ein. Daher ist es nicht überraschend, wenn Kritik laut und nach neuen „Spielregeln" gerufen wird.

Das General Agreement on Tariffs and Trade (GATT) war zur Neugestaltung und Regelung des internationalen Handels mit dem Ziel der Anhebung des Lebensstandards, der Sicherung der Vollbeschäftigung und der ständigen Reallohnerhöhung geschaffen worden. Damit erlangte es bald Wichtigkeit für die Länder des Südens. Seit 1995 ist die WTO (M 1) als GATT-Nachfolgerin angetreten, um beispielsweise den Agrarhandel neu zu regeln. Dabei geht es um den weltweiten Abbau von Einfuhrbeschränkungen für Agrarprodukte und von Agrarsubventionen, mit denen insbesondere die Länder des Nordens ihre Landwirtschaften (Baumwoll-, Getreide-, Zuckerrübenanbau) schützen (vgl. 2.7).

Doch in der WTO können sich die Entwicklungsländer nicht durchsetzen. Faktisch profitiert bislang einzig die Landwirtschaft des Nordens und dessen Bevölkerung. Daher wirft der Süden dem Norden vor, den Welthandel in neokolonialistischer Manier zu seinen Zwecken zu nutzen. Nicht nur aus Sicht von NGO und den Ländern des Südens böte sich eine Lösung im wiederholt geforderten Fairen Handel (Fair Trade) oder gerechteren Terms of Trade. Auch nach Berechnungen der WB würden weltweite Erleichterungen und wirklich paritätische Regelungen des Handels das Einkommen der Bevölkerung des Südens erheblich steigern und damit die Grundlagen für selbstverantwortliche und selbtgestaltete Entwicklung bereiten.

2. United Nations (UN): Als Nachfolgeorganisation des Völkerbundes wurden 1945 die Vereinten Nationen gegründet. Auch sie stellen keine Organisation für Entwicklung an sich dar. Jedoch entstanden unter ihrem Dach in der Folgezeit mehrere autonome Special Agencies (Sonderorganisationen: z. B. FAO, IDA, ILO, WHO), Sonderprogramme und Funds (z. B. UNAIDS, UNFPA, UNDP, UNHCR) sowie regionale Wirtschaftskommissionen (z. B. UNECA, UNESCAP) (M 3). Sie haben sich der Bekämpfung von Unterentwicklung und Rückständigkeit angenommen. Aus UN-Warte konnten auf diese Weise beachtliche Ergebnisse erzielt werden, zum Beispiel bei der Bekämpfung von Armut, Analphabetismus, Krankheiten (AIDS) und Hunger. Heute ist die UN mit ihren verschiedenen Einrichtungen aus der internationalen EZ nicht mehr wegzudenken. Doch sie vermag ihre vielfältigen Aufgaben nicht in dem notwendigen und geplanten Umfang umsetzen. Ihr fehlen die Mittel. Das liegt daran, dass viele, selbst reiche Mitgliedsstaaten ihre Beiträge höchst unzureichend zahlen (M 2).

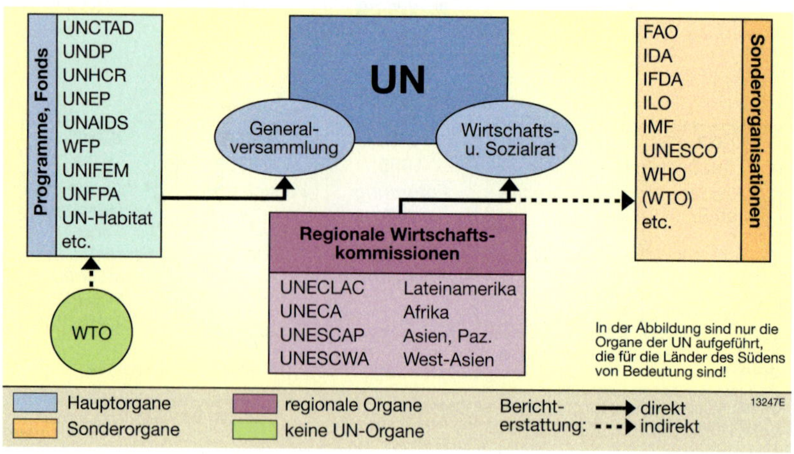

M 3: *Schematischer Organisationsaufbau der UN und die für den Süden wichtigen Einrichtungen*

5.2.2 Multilaterale Akteure

Auch staatliche Gemeinschaften wie EU, NAFTA (Nordamerikanisches Freihandelsabkommen) oder GCC (Golf-Kooperationsrat) sind mit eigenen Programmen entwicklungspolitisch tätig. Sie fördern dabei einzelne Länder oder Ländergruppen. Die EU sei als Beispiel näher betrachtet.

Praktisches Ausführungsorgan der EU-Entwicklungszusammenarbeit ist der Europäische Entwicklungsfond (EEF). Mit 25,1 Mrd. Euro (incl. Kredite) im Zeitraum 2000 bis 2007 fungiert er weltweit als der größte Geber von Entwicklungshilfe. Er vergibt seine Mittel, die aus vertraglich vereinbarten Beiträgen der Mitgliedstaaten stammen, überwiegend als nicht-rückzahlbare Zuschüsse. Übergeordnetes entwicklungspolitisches Ziel bildet auch bei der EU die Bekämpfung von Armut unter Einbezug nichtstaatlicher Akteure.

Die Aktivitäten (auf allen entwicklungspraktischen Bereichen) waren ursprünglich auf Afrika gerichtet. Ein ganz wichtiges entwicklungspolitisches Ziel bildete die Schaffung eines geregelten Zuganges afrikanischer Produkte zum europäischen Markt. Diese außenhandelspolitische Maßnahme wurde von finanzieller und technischer Hilfe begleitet. Dadurch sollten die Länder in die Lage versetzt werden, ihre Erzeugnisse absetzen und Devisen für den Landesausbau erwirtschaften zu können. Auch sollten dadurch Anreize zum Aufbau eigenständiger Industrie und zur Verbesserung der landwirtschaftlichen Produktion gegeben werden.

Dank des Lomé-Abkommen (1975) waren anfangs für 46, später für 77 Staaten aus Afrika, der Karibik und dem Pazifik (AKP-Staaten, M4) die Voraussetzungen geschaffen worden, ihre Agrarprodukte und Rohstoffe zu gesicherten Preisen in der EG absetzen zu können. Später wurde mit der Initiative „Everything but arms" für 50 dieser Staaten der zoll- und quotenfreie Zugang für alle Waren außer Waffen in die EU ermöglicht. Doch diese Initiative widersprach den WTO-Forderungen nach Rücknahme und Beseitigung von Freihandelsregelungen. Ihnen wurde mit den EPA zwischen den AKP-Staaten und der EU nachgekommen. Daraus erwachsen jedoch für diese Staaten, ausnahmslos Rohstofflieferanten, im wettbewerbsbestimmten Welthandel nicht einzig Vorteile.

EPA
Economic Partnership Agreement; „Wirtschaftspartnerschaftsabkommen" zwischen EU und AKP-Staaten nach WTO-Regeln (Aufhebung von Handelsvorteilen), gültig wahrscheinlich ab 2008

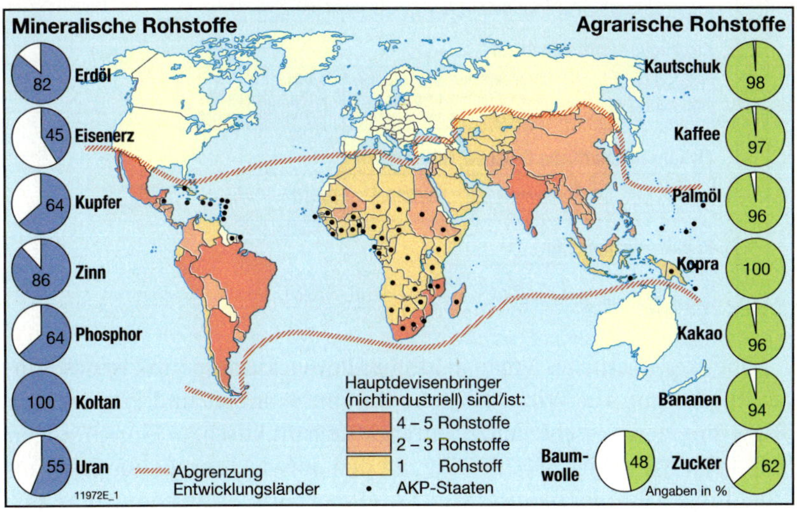

M 4: *Rohstoffländer des Südens und ihr Anteil am Rohstoffwelthandel*

5.2.3 Bilaterale Hilfe, nationale Träger

Ursprünglich herrschte in der Entwicklungszusammenarbeit bilaterale, Land zu Land-Hilfe vor. Auch heute wird sie noch praktiziert. Als gezielte Förderung einzelner Entwicklungsvorhaben dient sie vor allem der Herstellung und Sicherung zwischenstaatlicher Beziehungen und politischem Goodwill.

DFID = *Department for International Development*

DEZA = *Direktion für Entwicklung und Zusammenarbeit*

SIDA = *Swedish International Development Cooperation Agency*

Alle Länder des Nordens verfügen über Ministerien oder staatliche Organisationen für die Entwicklungszusammenarbeit. Genannt seien hier beispielsweise DFID für Großbritannien, DEZA für die Schweiz, US-Aid für die USA oder SIDA für Schweden. In Deutschland begannen entwicklungspolitische Aktivitäten im Jahr 1956 und fanden 1961 mit der Einrichtung des Bundesministeriums für Wirtschaftliche Zusammenarbeit und Entwicklung (BMZ) Eingang in die Bundespolitik.

Die deutsche Entwicklungspolitik war von Anbeginn durch das Primat der außenwirtschafts-, außenhandels- und außenpolitischen Interessensicherung bestimmt. Ende der 1960er-Jahre kamen vereinzelt und nach 1980 vermehrt sozial-, umwelt- und friedenspolitische sowie nachhaltigkeitssichernde Forderungen auf und setzten sich humanitäre Grundpositionen durch. Spätestens seit 2001 führten sicherheitspolitische Überlegungen zu Maßnahmen wie Konfliktprävention, Friedenssicherung sowie internationale Terrorbekämpfung (vgl. 1.1).

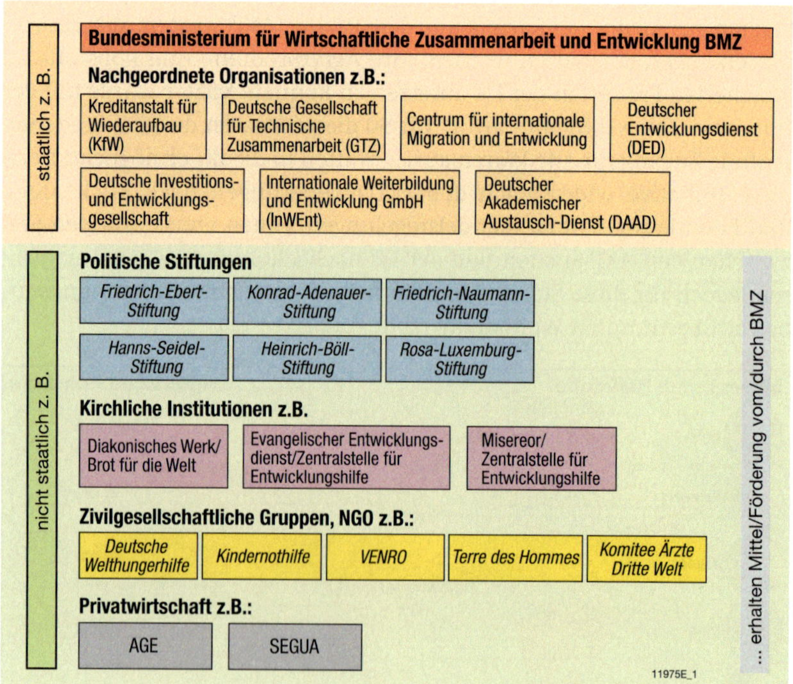

M 1: *Wichtige staatliche und private Akteure der deutschen Entwicklungszusammenarbeit*

Oberstes staatliches Organ deutscher Entwicklungspolitik ist das Bundesministerium für Wirtschaftliche Zusammenarbeit und Entwicklung (BMZ) mit den verschiedenen entwicklungspraktischen Einrichtungen (z. B. KfW, GTZ, DED; M1). Beteiligt an den entwicklungspolitischen Entscheidungen und deren Ausführung sind aber beispielsweise auch das Auswärtige Amt, das Bundesgesundheits- und das Bundeswirtschaftsministerium sowie die Bundesländer und sogar die Kommunen. Zu den privaten Trägern zählen verschiedene zivilgesellschaftliche Gruppen und Gruppierungen. Dabei handelt es sich um die politischen Stiftungen, kirchlichen Einrichtungen, die große Zahl an Nicht-Regierungs-Organisationen (NRO = NGO/Non-Governmental-Organizations) und nicht zuletzt um die deutsche Wirtschaft.

M2: *Staudammprojekt in Zhob, Belutschistan*

Das BMZ sorgt für die Durchsetzung ihrer Mittelforderungen am Bundesetat und ist für die Verteilung und Auszahlung dieser Mittel verantwortlich (M3). In seine Zuständigkeit gehören Formulierung und praktische Umsetzung der entwicklungspolitischen Ziele der Bundesregierung. Ihm unterstehen mehrere Durchführungsinstitutionen mit unterschiedlicher Aufgabenstellung:

Die Kreditanstalt für Wiederaufbau (KfW) wickelt mehrheitlich großvolumige Projekte der finanziellen Zusammenarbeit (FZ) ab. Die Gesellschaft für Technische Zusammenarbeit und Entwicklung (GTZ) führt in erster Linie alle basisorientierten und technischen Maßnahmen (Technische Zusammenarbeit; TZ) durch, beispielsweise die Ländliche Regionalentwicklung (LRE). Der deutsche Entwicklungsdienst (DED) ist für die Ausbildung und Entsendung deutscher Fachkräften (Personelle Zusammenarbeit; PZ) zuständig. Zu seinem Aufgabenbereich gehört auch der Zivile Friedensdienst (ZFD). Als Träger der personellen Zusammenarbeit, insbesondere der Aus- und Fortbildung von Fach- und Führungskräften aus dem Süden, fungiert auch InWEnt (Internationale Weiterbildung und Entwicklung).

Zur Vereinfachung und Verschlankung der Organisationsstruktur der deutschen Entwicklungszusammenarbeit wird in jüngerer Zeit an die Zusammenführung von KfW und InWEnt gedacht. Auch könnten durch die Zusammenlegung der Aufgaben von KfW und GTZ Kosten eingespart und Überschneidung beim Maßnahmeneinsatz vermieden werden. – Es bleibt abzuwarten, ob überhaupt und in welcher Richtung sich Veränderungen einstellen werden.

Jahr	1990	1997	1999	2001	2003	2004
BMZ-Haushalt	4.067	4.010	3.997	3.790	3.768	3.800
BMZ in % an Bundesetat	1,8	1,8	1,62	1,56	1,46	1,51
Rückflüsse, Schuldendienst	595	1.118	891	796	717	–
Für Personal im BMZ abs. / %	541 13,3%	556 13,8%	551 13,8%	555,8 14,7%	590,8 15,7%	591,5 15,6%
ODA-Leistung insgesamt	5.222	5.193	5.177	5.571	–	–
ODA-Leistung in % am BSP (DAC-Zie=0,7%)	0,41	0,28	0,26	0,27	0,28	0,33

M3: *Zusammensetzung der Mittel der öffentlichen deutschen Entwicklungszusammenarbeit (absolut in Mio. und in Prozent)*

5.2.4 Private Organisationen

Nicht-staatliche Organisationen und Akteure, wozu neben NGO und ZG in Deutschland auch Kirchen, Wirtschaft und politische Stiftungen gehören, spielen seit Mitte der 1980er-Jahre im Norden wie im Süden eine immer wichtiger werdende Rolle.

An der deutschen Entwicklungszusammenarbeit sind zahlreiche zivilgesellschaftliche Gruppen (ZG) und Nicht-Regierungs-Organisationen (NGO) beteiligt. Sie finanzieren sich aus Spenden, Beiträgen, Stiftungen und auch aus Mitteln des BMZ-Haushalts (M 1).

ZG oder auch Bürgergesellschaft sowie NGO stehen für Handlungskonzepte autonomer, vom Staat rechtlich getrennter Organisationen. Sie agieren im öffentlichen Raum und vertreten freiwillig und selbstentscheidend Interessen von allgemeiner politischer, ökonomischer, ökologischer und/oder kultureller Relevanz im Sinne ihrer Mitglieder. Es handelt sich um Einzelne oder um Zusammenschlüsse von Menschen, die sich für gerechte soziale, wirtschaftliche und ökologische Lösungen einsetzen.

Die entwicklungspolitisch tätigen ZG und NGO werben beispielsweise Mittel ein (Fundraising; z.B. Brot für die Welt; CARE = Cooperative for American Remittances to Europe), die zur Finanzierung von eigenen Projekten oder Aktivitäten der NGO des Südens (SNGO) verwendet werden. Andere leisten entwicklungspolitische Lobby-Arbeit (z. B. VENRO). Wieder andere wirken im Norden vorherrschend entwicklungspolitisch aufklärend und kritisierend. So versuchen sie beispielsweise mit Kampagnen auf global herrschende ökonomische Ungerechtigkeit, politische Ungleichheit oder nationale Entwicklungsdefizite aufmerksam zu machen (z. B. ATTAC).

Im Süden sind die NGO inzwischen zu den Hauptträgern der praktischen Entwicklungshilfe geworden. Wegen ihrer Basisnähe und Vertrautheit mit den individuellen Bedürfnissen und den lokalen sozio-ökonomischen, politischen, kulturellen und ökologischen Verhältnissen vermögen sie in der Regel Hilfsmaßnahmen direkter, bedarfskonformer und kostengünstiger umzusetzen. Mit ganz eigenen Strategien, die den Alltagserfahrungen Rechnung tragen, bereichern sie die Entwicklungspraxis. Als Beispiele seien hier genannt: die Grameen Bank (Bangladesch) mit ihrer Mikro-Kredit-Vergabe, das Aga Khan Rural Support Programme (AKRSP; Pakistan) mit dem ganzheitlichen Ansatz der ländlichen Entwicklung und Chipko Andolan (Indien), eine Bewegung der Frauen zur Unterbindung der Vernichtung von Wäldern.

1. Erörtern Sie, welche Argumente für einen vermehrten Einsatz von NGO und Zivilgesellschaften in der Entwicklungszusammenarbeit sprechen.

Ausgabenbereiche	1998	2000	2002	2004
Entwicklungspol. Bildung	0,52	0,75	1,25	1,89
Ziviler Friedensdienst	0	1,37	2,62	3,11
Sozialstruktur	4,93	4,43	5,45	6,46
Politische Stiftungen	38,37	37,86	39,39	39,41
Private Träger	4,12	4,27	5,59	6,31
Deutsche Wirtschaft	2,02	2,09	8,60	7,73
Kirchen	36,27	35,91	37,10	35,09
Insgesamt	403.204	391.554	417.756	459.266

M 1: *Ausgezahlte Mittel des BMZ an Nichtregierungsorganisationen (Prozent und absolut in 1 000 Euro)*

6 Unterentwicklung und Entwicklung: Positionen

Mittels struktureller Zusammenhänge sowie konkreter Situationen und Fälle wurden in diesem Buch Kenntnisse von der und Einsichten in die Problematik und Wirklichkeit von Unterentwicklung und Entwicklung vermittelt. Abschließend fordern drei Fragen den Leser zur eigenen Positionsfindung heraus. Als Anregung und Orientierung werden die Meinungen von vier Fachleuten angeführt, die sich aus unterschiedlicher Perspektive, Erfahrung und Funktion fast ein ganzes Berufsleben lang mit der Entwicklungsthematik beschäftigt haben. Im letzten Kapitel fasst auch der Autor seine Sichtweise zusammen.

Diplomgeograph Frank Krämer
GTZ-Experte (Lateinamerika, Afrika)

Dr. Claudia Warning
Vorsitzende der VENRO

Prof. Dr. Rainer Tetzlaff
Politologe, Afrikaspezialist

Prof. Dr. Dieter Weiss
Ökonom, Orientspezialist

6.1 Unterentwicklung ohne Ende?

Frage 1: Worin sehen Sie die Ursachen dafür, dass bei den beträchtlichen Aufwendungen für Entwicklung in der Vergangenheit die Grundprobleme Armut, Krankheiten, Unterdrückung für die Mehrheit der Menschen des Südens noch immer nicht befriedigend gelöst sind?

DAC
Development Assistance Committee, Entwicklungsausschuss der Organisation für wirtschaftliche Zusammenarbeit und Entwicklung (OECD)

Krämer: *2005 lagen die weltweiten Ausgaben für Entwicklungszusammenarbeit bei gut 106 Mrd. US$. Gemessen an der Aufgabe, die Grundprobleme für die Mehrheit der Menschen des Südens zu lösen, ist dies jedoch kein großer Betrag. Im Schnitt wendeten die DAC-Staaten 2005 nur 0,33 Prozent des Bruttonationaleinkommens für Entwicklungszusammenarbeit auf; sie erreichen damit nicht einmal die Hälfte des UN- oder ODA-Zieles von 0,7 Prozent.*

Jedoch können auch umfangreiche finanzielle Aufwendungen die Probleme nicht beseitigen, wenn entscheidende Rahmenbedingungen eine nachhaltige Entwicklung der Länder des Südens behindern. Wichtige Faktoren sind einerseits die internationalen Handelsbeziehungen (M 1). Außerdem fehlt es oft an Demokratie und Rechtsstaatlichkeit. Auch sind schnelle Erfolge bei der Unterstützung von Prozessen der nachhaltigen Entwicklung in Ländern mit Konflikten und Kriegen, intransparentem Regierungsstil oder ohne klare Entwicklungsziele nicht zu erwarten. Hier ist den Problemen mit dem EZ-Instrumentarium nicht beizukommen.

Tetzlaff: Eine wesentliche *Ursache dieses unbefriedigenden, teilweise skandalösen Zustands liegt in der Ungleichheit und Ungerechtigkeit des internationalen Wirtschaftssystems; Ergebnis von Kolonialismus und Imperialismus: Während die Einen von dem internationalen Warenhandel profitierten, sind andere Regionen und Völker als Lieferanten von Rohstoffen zwangsverpflichtet worden. Sie hatten weniger Chancen, ihre inneren Entwicklungspotenziale zur Blüte zu bringen. Auch nach Erlangung der Unabhängigkeit war es für die Machteliten und Regierungen dieser Länder schwer, sich aus dieser Rolle des Lieferanten von Rohstoffen für die Industriezentren Europas und Nordamerikas zu lösen. Nur wenige Länder wie Südkorea, Singapur und Mexiko haben das bisher geschafft.*

Für die Misere der Länder des Südens gibt es auch zahlreiche „innere" Ursachen: oftmals inkompetente, korrupte Eliten, Militärputsche, unterdrückerische Präsidialregime. Sie kümmern sich nicht um die Nöte ihrer eigenen Bevölkerung und vergeuden Geld für Waffen und/oder Luxusprojekte. In vielen Ländern regieren Diktaturen, also Nicht-Demokratien, was bedeutet, dass Pressefreiheit, politische Parteien und gesellschaftliche Gruppen der Zivilgesellschaft nichts gelten. In solchen Gesellschaften werden Kreativität und Innovationsbereitschaft unterdrückt.

Es gibt aber auch aktuelle „äußere" Ursachen: Dazu zählt von außen aufgesetzte Modernisierung ohne (nachhaltige) Entwicklung. Während des Kalten Krieges wurden die Unrechtsregime des Südens von Ost und West aus Eigennutz unterstützt – zu Lasten der Bäuerinnen und Händlerinnen, der Angestellten und Arbeiter, der Lehrer und Studenten. All diesen Menschen wurden die Früchte der Modernisierung vorenthalten, und viele, die sich dagegen auflehnten, bezahlten ihren Widerstand mit Gefängnis, Exil oder Tod.

Weiss: *Ein einheitlicher „Süden" existiert nicht mehr. Es gibt erfolgreiche Schwellen- neben Armutsländern insbesondere in Subsahara-Afrika. In großen Flächenstaaten mit ländlicher und städtischer Armut haben sich hochtechnologische Wachstumsregionen herausgebildet, hinter denen der Rest des Landes zurückhängt.*

Entwicklungsfortschritte wurden auch vielfach durch das Bevölkerungswachstum aufgezehrt. Typische Fehler der Wirtschafts- und Sozialpolitiken in vielen Ländern waren Staatsdirigismus und entwicklungsfeindliche institutionelle Rahmenbedingungen, eine geringe Entwicklungsorientierung staatlichen Handelns, ausufernde Bürokratien, exorbitante Rüstungsetats, Vernachlässigung des Bildungswesens, der Wissenschaft und der Forschung sowie die Blockierung des kreativen Potenzials insbesondere der Frauen.

Kulturelle Prägungen haben einen nachhaltigen Einfluss auf die Entwicklungsergebnisse ausgeübt. So erweist sich in der heraufziehenden globalen Wissensgesellschaft die traditionell hohe Wertschätzung von Lernen und Wissen der indischen Brahmanen-Kaste als wichtige Triebfeder beim Aufbau der dortigen Computerindustrie. Konfuzianische Leistungsethik und soziale Disziplin sind wesentliche Quellen der chinesischen Wirtschaftserfolge. Andererseits haben die HDI-Berichte des UNDP für die Arabische Welt vier zentrale Kreativitätsblockaden benannt: Defizite a) in Bezug auf Freiheit, b) auf Wissen, c) bei der Aktivierung des kreativen Potenzials der Frauen und d) bei guter Regierungsführung („Good Governance"). Doch gewährten die Regierungen dieser Länder diese Freiräume, liefen sie Gefahr, ihre Machtposition zu verlieren.

Warning: *Natürliche Faktoren spielen dafür eine wichtige Rolle. Doch von erheblich größerer Bedeutung sind politische Faktoren: schlechte Regierungsführung, Korruption und massiver Entzug inländischer Finanzressourcen als Folge von Steuerflucht durch einheimische Eliten. Vielfach fehlt es an der Teilnahme großer Teile der Bevölkerung an politischen Entscheidungen und Teilhabe an wirtschaftlichem Wohlstand. Auch fehlt es vielerorts an den dafür notwendigen Grundvoraussetzungen: Bildungsstand, niedriges Bevölkerungswachstum, soziale und materielle Infrastruktur. Entwicklungszusammenarbeit kann hier nur einen Teilbeitrag leisten.*

Hinderlich ist, dass das, was die Geberländer mit der einen Hand als Entwicklungshilfe geben, oft durch Aktivitäten der anderen Hand konterkariert wird. Beispielsweise stehen den Anstrengungen zur Förderung der ländlichen Entwicklung Ausgaben der reichen Staaten zur Subventionierung und Exportförderung ihrer eigenen Landwirtschaft von derzeit etwa 350 Mrd. US-Dollar entgegen – ein Vielfaches der Ausgaben für Entwicklungszusammenarbeit!

Strukturanpassungsprogramme von Weltbank und IMF sorgten mit dafür, dass Sozialausgaben gekürzt, Staatsbetriebe privatisiert und die Märkte des Südens für den weltweiten Wettbewerb geöffnet wurden. Was für hoch entwickelte Volkswirtschaften vielleicht hilfreich ist, führte in den wenig entwickelten und nicht wettbewerbsfähigen Volkswirtschaften oft zu fatalen Folgen für heimische Unternehmen, Kleingewerbe bis hin in den informellen Sektor. Um ein Beispiel zu nennen: die Liberalisierung der Konsumgüterimporte kostete Ghana von 1985 bis 1993 50 000 Arbeitsplätze.

Jedoch ist auch richtig, dass sich einige Staaten und Volkswirtschaften sehr dynamisch entwickeln: China, Indien, Südafrika und Brasilien sind gern zitierte Beispiele. Trotzdem hapert es in diesen Ländern an der Teilhabe: bis zu 50 Prozent der Bevölkerung leben dort immer noch unter der Armutsgrenze.

M 1: *Existierender Welthandel: Kakao als Beispiel*

6.2 Wirkungsvolle Maßnahmen?

Frage 2: Welche Entwicklungsmaßnahmen sollten nach Ihrer Meinung ergriffen werden, um die Lebensbedingungen für die Menschen des Südens nachhaltig zu verbessern?

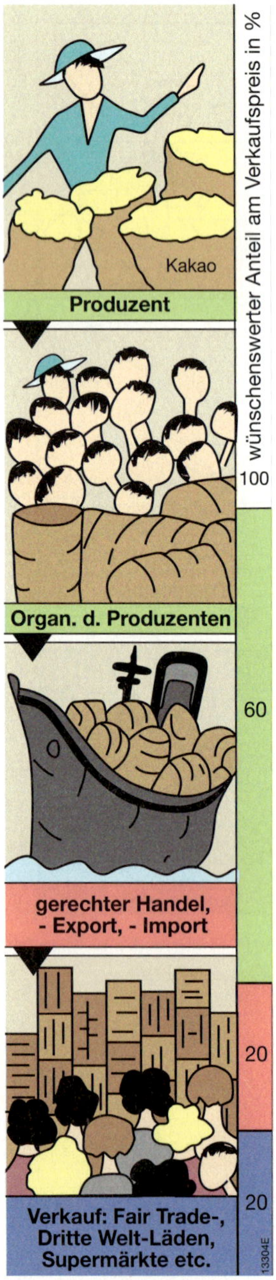

M 1: *Wünschenswerte, entwicklungsdienliche Handelsbeziehungen: Kakao als Beispiel*

Tetzlaff: *Das wichtigste Ziel der internationalen Zusammenarbeit zur Verbesserung der Lebensbedingungen im Süden muss in der Vergrößerung der wirtschaftlichen Chancen seiner Menschen bestehen. Es geht dabei um Chancen, durch eigene Arbeit und angemessenen Zugang zum Weltmarkt hinreichende Einkommen zu erzielen (M 1), um für sich und seine Kinder Zukunftsperspektiven zu haben.*

Je nach Kontinent und je nach Situation, müssen die zu ergreifenden Maßnahmen „maßgeschneidert" sein. Die Allerweltsrezepte der Weltbank – Liberalisierung und „Strukturanpassung" für alle – verfehlen meist ihr Ziel: sie bleiben den Menschen fremd.

Drei Dinge scheinen mir ganz wichtig: Erstens sollten die Länder der Europäischen Gemeinschaft und Nordamerikas ihre Märkte nicht weiter vor Importen aus dem Süden abschotten. Wie sollen diese Länder denn sonst Devisen für die eigene Entwicklung verdienen? Dieser kurzsichtige Handelsprotektionismus der Reichen wird seit Jahren kritisiert, aber geändert hat sich wenig. Die Agrarlobby und andere branchenmäßige Interessenvertretungen haben das zu verhindern gewusst.

Zweitens müssen Anstrengungen fortgesetzt und verstärkt werden, die grassierende Korruption bei Staatseliten zu unterbinden. Afrikas Volkswirtschaften gehen jährlich 148 Mrd. US-Dollar wegen Korruption verloren.

Drittens sollte die internationale Staatengemeinschaft alles Erdenkliche tun, um Bürgerkriege (ca. 30), Genozid, ethnisch-politische und religiöse Konflikte und den Staatszerfall in Ländern des Südens zu beenden bzw. zu unterbinden. Geeignet dazu wären nachhaltige Entwicklungsperspektiven, die Reformen und Umverteilung fördern und Putschen und Rebellionen vorbeugen.

Warning: *Um die Lebensbedingungen im Süden nachhaltig zu verbessern und wenigstens die Millenniumsziele zu verwirklichen, ist ein Bündel ineinander greifender Maßnahmen notwendig. Dazu gehören beispielsweise mehr und bessere Entwicklungszusammenarbeit, umfangreicherer Schuldenerlass, größere Gerechtigkeit im Welthandel. Vor mehr als 30 Jahren versprachen die Industrieländer, 0,7 Prozent ihres Bruttonationaleinkommens an ODA zur Verfügung zu stellen. Diese Zusage haben viele immer noch nicht eingelöst.*

Die Schuldenlast der armen Länder ist immer noch drückend. Sie wird auf 2 500 Mrd. US$ geschätzt. Die Schuldeninitiativen (1996, 1999, 2005) waren zwar Schritte in die richtige Richtung. Doch noch immer werden zu wenige Länder einbezogen und zu geringe Schuldenstände gestrichen. Auch fehlen verbindliche Regelungen dafür, dass die freiwerdenden Mittel der Bekämpfung von Armut zugute kommen sowie in Grundbildung und Basisgesundheitsdienste investiert werden. So setzte Tansania seinen Schuldenerlass von drei Mrd. US$ im Rahmen der HIPC-Initiative dafür ein, die Sozialausgaben anzuheben. Die öffentlichen Gesundheitsausgaben wurden mehr als verdoppelt (5,88 US$ pro Kopf) und Schulgeld abgeschafft. Die Anzahl der Kinder, die jetzt eine Grundschule besuchen, konnte so von 800 000 auf 1,6 Mio. erhöht werden.

Weiss: *Aus der bisherigen Entwicklungserfahrung ergeben sich mehrere vorrangige Entwicklungsaufgaben. Vor allem geht es insbesondere heute, in Zeiten der Globalisierung, um die Stärkung von Kreativität und Innovationsfähigkeit. Denn nur auf dieser Basis kann auf den schwer voraussehbaren technischen, ökonomischen, sozialen und ökologischen Wandel aus einer Position relativer Stärke reagiert werden. Denn Schaffung von Wohlstand bedeutet heute in erster Linie, international wettbewerbsfähige Güter und Dienstleistungen anbieten zu können. Doch wird der freie Warenaustausch seitens der Industrieländer immer noch durch protektionistische Praktiken vor allem im Agrarbereich behindert.*

Innovationen seitens qualifizierter Arbeitskräfte bedürfen eines politischen Umfeldes, das zum Ergreifen neuer Chancen ermutigt und nicht blockiert. Dazu gehören leistungsfähige Institutionen, die gesellschaftliche Veränderungen konzeptionell vorbereiten und umsetzen können. Dies schließt verlässliche Routinen des gewaltfreien Machtwechsels (Demokratie) ein.

Bei der Identifizierung vorrangiger sozio-ökonomischer Probleme und Lösungsansätze und der Herausbildung tragfähiger Konfliktlösungsmechanismen bedarf es der Mitwirkung eines breiten Spektrums zivilgesellschaftlicher Gruppen (NGO, Privatwirtschaft, Handelskammern, Berufsverbände etc.). Vorrangig ist der Aufbau staatlich wie nichtstaatlich organisatorischer Strukturen, die in der Lage sind, Projekte, Programme und Fachpolitiken zu formulieren und umzusetzen.

Eben dies ist vielen Entwicklungsländern trotz jahrzehntelanger Bemühungen auch seitens internationaler Geber nicht gelungen. Auch eine Verknüpfung von Entwicklungshilfe mit der Durchführung institutioneller Reformen („Konditionalität") erwies sich überwiegend als nicht durchsetzbar.

Auf der Ebene der einzelnen Entwicklungskontinente erscheint ein Erfahrungsaustausch über Reformpolitiken, regionale Krisenprävention und von Fall zu Fall auch über humanitäre Interventionen (Typus Ruanda, Burundi, Sierra Leone, Darfur) notwendig.

Zunehmend in den Blick geraten die akuten Gefährdungen durch den Klimawandel. Wie hat man sich den Umgang mit den zu erwartenden globalen Migrationsbewegungen vorzustellen? Wie viel Solidarität ist auch innerhalb der Dritten Welt zu erwarten?

Krämer: *Entscheidend für den Erfolg von Entwicklungsmaßnahmen ist zunächst einmal die Existenz einer entwicklungsorientierten Politik in den Partnerländern. Förderung von Good Governance sollte daher ein zentrales Anliegen der Entwicklungszusammenarbeit sein. Zur effizienten Umsetzung entwicklungsfördernder Politiken in den Partnerländern sind funktionierende Institutionen maßgeblich. Entsprechende Kapazitäten sollten daher in allen Sektoren und auf allen Ebenen (von der lokalen bis zur überregionalen und globalen Ebene) aufgebaut werden – sei es durch Organisationsentwicklung, Wissensaustausch und Training oder technische Ausstattung.*

Zur Frage der nötigen Entwicklungsmaßnahmen muss zunächst pauschal gesagt werden: in der Vielfalt liegt die Stärke. Das vielfältige Instrumentarium der EZ sollte – je nach Bedarf in der betreffenden Situation – flexibel eingesetzt werden. Verschiedene Ansätze und Instrumente (Stiftungen, Kirchen, NGOs, FZ, TZ) finanzielle und technische Zusammenarbeit) müssen dabei mit ihren jeweiligen Stärken ineinander greifen. Aber auch jenseits der klassischen EZ sind Maßnahmen wichtig, zum Beispiel im Bereich der Forschungs- und Hochschulkooperation oder Umweltkooperation.

1. *Geben Sie eigene Antworten auf die drei an die Experten gestellten Fragen und begründen Sie diese.*

Trickle-Down-Effekt
Durchsickerungseffekt, These, das der Wohlstand der Reichen zu den armen „durchsickert".

Frage 3: Welche Entwicklungschancen bietet nach Ihrer Einschätzung die Globalisierung den Ländern des Südens?

Warning: *Die Potenziale der Globalisierung werden in der Teilhabe am Welthandel gesehen. Damit ist von Wirtschaftswachstum und als Trickle-Down-Effekt von einer Reduzierung der Armut im Süden auszugehen. Aus Perspektive der NGO ist diese Position jedoch kritisch zu hinterfragen. Für viele Länder des Südens geht mit der Liberalisierung des Weltmarktes kein wirtschaftlicher Aufschwung zugunsten der armen Bevölkerungsschichten einher. Um zu einer wirklich armutsorientierten Entwicklung beizutragen, ist es erforderlich, dass sich die Gestaltung der Liberalisierung des Welthandels an den Interessen von Entwicklungsländern orientiert und von einer konkreten Armutsbekämpfungspolitik begleitet wird. Den armen Ländern muss eine besondere Behandlung bei der Liberalisierung des Welthandels zukommen, um beispielsweise den Zugang zu Patentrechten auf Medikamente oder auf Saatgut zu garantieren.*

Tetzlaff: *Die Globalisierung brachte bisher einige Gewinner und zahlreiche Verlierer hervor. Dabei entscheiden mindestens drei Faktoren, zu welcher Gruppe ein Land gehört: erstens die Qualität seiner politischen Führung und der sie unterstützenden sozialen Klassen; zweitens die Wettbewerbsfähigkeit der öffentlichen und privaten Institutionen; drittens das Vorhandensein von günstigen natürlichen und geopolitischen „Standorten", die Entwicklungschancen mitbestimmen (z. B. „koloniales Erbe", Rohstoffe, Verkehrslage, Klima etc.).*

Für einige asiatische Länder mit energischer politischer Führung haben sich die neuen Handelschancen der Globalisierung (sobald sie Mitglied der Welthandelsorganisation WTO geworden sind) als positiv ausgewirkt. Ob auf Dauer, wird sich noch zeigen müssen. Die große Mehrzahl der 48 afrikanischen Staaten südlich der Sahara hingegen muss als bisheriger Verlierer der Globalisierung bezeichnet werden, wie auch die meisten Länder Lateinamerikas.

Vielleicht gibt es zurzeit keine erkennbare Alternative zur Globalisierung, aber man sollte nicht übersehen, dass sie auch zu einer großen Verarmung an schöpferischen Möglichkeiten des Menschen führt. Wenn alle Aktivität daran gemessen wird, ob sie auf Weltmärkten in Dollar und Euro verwertbar ist, dann bleibt manch kulturelle Innovation auf der Strecke.

Weiss: *Es wird Gewinner und Verlierer der Globalisierung geben. Zu den Verlierern werden die meisten Länder Subsahara-Afrikas und Teile des Nahen und Mittleren Ostens gehören, deren Produktangebote technologisch, qualitativ und preislich auf den globalisierten Märkten nicht wettbewerbsfähig sind. Für die Globalisierungsverlierer sind gravierende Risiken für die soziale und innenpolitische Situation zu erwarten.*

Krämer: *Chancen und Risiken der Globalisierung verteilen sich unterschiedlich auf die verschiedenen Länder und vor allem auch ganz unterschiedlich innerhalb der Länder. Da hier nur nach den Chancen der Globalisierung für den Süden gefragt wird, sei festgestellt: Sie eröffnet zum einen neue Standortvorteile durch verbesserten Zugang zu Märkten und Kunden und zum anderen besseren Zugang zu Wissen, Technologien, Gütern und Dienstleistungen.*

6.4 Persönliches Resümee: Jeder ist gefordert!

Unterentwicklung und das damit verbundene Los von Milliarden Menschen müssen zwar als Fakten dargestellt, sollten aber nicht als solche neutral hingenommen werden. Um zur Milderung der elementaren Not dieser Menschen beizutragen, sind zwar zum einen Einsichten in Hintergründe und Zusammenhänge notwendig. Doch ist zum anderen auch ein jeder zur Stellungnahme und zum Handeln herausgefordert. Eine solche Herausforderung sei abschließend aus ganz persönlicher Erfahrung des Verfassers versucht.

Mein erstes Forschungsvorhaben im Ausland führte mich im Jahr 1967 nach Pakistan. Die erste Nacht dieser Reise verbrachte ich in Karachi im Al Farooq Hotel in der Elphinstone Street im Saddar Bazar. Als ich am folgenden Morgen früh aus dem Hotel trat, wurde dort, wo am Abend der Grillstand für das stadtweit berühmte Chiken-Tikka floriert, gerade ein Lumpenbündel von einem Eselkarren abgelegt. Als ich mich näherte, ertönte plötzlich aus diesem Bündel eine Kinderstimme im Bettelsingsang. Ich erschrak. Da lag einfach auf dem Boden ein in Lumpen gewickelter Körper ohne Gliedmaßen, und aus dem von langen Harren umzausten Kopf starrten aus tiefen Höhlen große dunkle Augen. Später erfuhr ich, dass zahlreiche verstümmelte Kinder im Saddar Bazar zum Betteln ausgelegt werden. Das war auch noch im Jahre 2004, mein letzter Aufenthalt in Karachi, nicht anders. Das Bündel lag jetzt jedoch auf gepflasterem Trottoir und der Grill war einem modernen Restaurant gewichen.

Dieses erschreckende Erlebnis steht für sich und mag auf den ersten Blick wenig mit Unterentwicklung zu tun haben. Doch seither befasse ich mich (wissenschaftlich) mit Entwicklungsländern. Dabei stand stets die Frage nach den strukturellen Hintergründen und Akteuren im Vordergrund, die solche Schrecknisse in Pakistan wie anderswo und vor allem auch die unzähligen strukturellen Mängel, unter denen Milliarden Menschen des Südens leiden, hervorbringen und zu verantworten haben. Sie sind, wie dieses Buch verdeutlicht, nicht einzig individuell und lokal zu verantworten, sondern auch national und international verursacht.

Das Karachi-Beispiel von 1967 und 2004 soll hier keineswegs als Zeichen dafür stehen, dass in den vergangenen fünf Jahrzehnten für die Menschen in den Entwicklungsländern nichts getan und versucht wurde. Unzählige nationale und internationale, private und staatliche Organisationen sind entstanden und sicher mehrere Hunderttausend Beamte und Experten daran beteiligt. Unzählige Entwicklungsprojekte wurden durchgeführt, Milliarden Dollar aufgewendet sowie unzählige Entwicklungskonzepte und -strategien entworfen und umgesetzt. Unzählig sind auch die Konferenzen, Tagungen, Forschungsprojekte und Schriften, die sich mit Unterentwicklung und Entwicklung befassen. Und unzählig sind die wohlmeinenden Menschen, die, von dem Leiden des Südens angesprochen, zu aktiver Hilfe oder zu Spenden bereit sind. Auch strengen sich die Regierungen des Nordens an, die Not des Südens zu mildern. Verwiesen sei hier nur auf die Millennium Development Goals, mit denen sich die

Weltgemeinschaft verpflichtet hat, bis 2015 die absolute Armut um die Hälfte zu reduzieren (vgl. 1.2).

Doch nicht weniger beeindruckend ist die Tatsache, dass die jährlichen Waffenexporte des Nordens die Beträge für Entwicklungshilfe um ein Vielfaches übersteigen. Diktatorische (Gewalt-)Regime und lokale Konflikte werden aus strategischen oder ökonomischen Erwägungen geduldet und aus Terrorverdacht neue Feindfronten geschaffen. Aus Gewinninteressen werden wichtige Medikamente (z. B. für AIDS) nicht zur Verfügung gestellt oder zur Befriedigung der eigenen Wählerschaft, Handelsregelungen durchgesetzt, die für die Bauern des Südens existenzbedrohend sind.

Die Auflistung kritischer Aspekte und kritikwürdiger Tatsachen ließe sich fast beliebig fortsetzen. Sie geschieht hier auch nicht aus moralischen Erwägungen. Vielmehr scheint in der gesamten Auflistung ein Widerspruch auf, der die Entwicklungszusammenarbeit generell betrifft. Er besteht zwischen a) dem (universal als gültig akzeptierten) humanistischen Anspruch, Not lindern und Leben menschenwürdig gestalten zu wollen sowie b) den eigeninduzierten oder systembedingten Zwängen von Politik und Wirtschaft, eigene Interessen wahren und Gewinne sichern zu müssen. All das ist nachvollziehbar. Doch stellt sich dennoch die Frage nach den Prioritäten ein. Die Antwort ergibt sich aus der Erfahrung von über fünf Jahrzehnten weltweiter Entwicklungszusammenarbeit: Die wirtschaftlichen und politischen Interessen haben in der Entwicklungszusammenarbeit Vorrang. Begleiteffekte von entwicklungsrelevanter Wirkung werden erwartet und, wenn sie eintreten, auch begrüßt. – Wenn hierbei die zahlreichen privaten, engagiert realisierten Hilfsaktionen nicht erwähnt werden, dann geschieht dies keineswegs aus Geringschätzung ihrer Leistungen.

Das Primat des Wirtschaftlichen gilt auch für die deutsche Entwicklungszusammenarbeit (M 3). Mehrere Hunderttausend Arbeitsplätze werden durch die Entwicklungshilfe in der Bundesrepublik gesichert. Nicht weniger eindrucksvoll sind die Auswirkungen für die öffentlichen Einnahmen, den Export und die Wirtschaft allgemein. Damit wird zwar den Beschäftigten und Wählern in Deutschland geholfen; und dazu sind Regierung, Parteien und Wirtschaft in erster Linie auch aufgerufen. Doch

M 1: *Bürgerkrieg in Angola mit Fahrzeugen und Waffen aus den Ländern des Nordens*

M 2: *Bewässerungsprojekt der US-Aid und der KfW in Pishin, Belutschistan*

*) BMZ, Forschungsbericht 124, 1999: „1DM Entwicklungshilfe bringt 2,80 DM volkswirtschaftlichen Ertrag für Deutschland."

M 3: *Ökonomische Effekte der Entwicklungszusammenarbeit: Deutschland als Beispiel*

die Milliarden Bedürftigen des Südens haben ebenfalls berechtigte Ansprüche, denen sich die Verantwortlichen in Deutschland (wie anderswo) und jeder einzelne seiner Bewohner nicht entziehen können. Um hierbei mehr als in der Vergangenheit zu erreichen, ist es notwendig, folgende Überlegungen nachzuvollziehen und sie politikfähig umzusetzen; und dazu ist jeder aufgerufen und befähigt:

Eine wirkliche Verbesserung für die Menschen des Südens kann nur erreicht werden, wenn sich der Norden bewusst wird, dass er (auch) auf Kosten des Südens lebt. Er nutzt seine billige Arbeitskraft, seine Rohstoffe und Nahrungsmittel für einen zum Teil überflüssigen und verschwenderischen Alltagskonsum. Er verursacht all jene Treibhauseffekte, die den Lebensraum des Südens gefährden und einengen sowie seine natürlichen Ressourcen dezimieren oder gar vernichten.

Um diesen Tatsachen entgegenzusteuern bedarf es weltweit einer anderen Entwicklungspolitik als bisher und in Deutschland eigentlich einzig der konsequenten Umsetzung der entwicklungspolitischen Ziele der Bundesregierung (vgl. S. 7 M 3). Eine solche Politik darf nicht mehr – wie oben herausgestellt – durch wirtschaftliche, strategische und politische Interessen majorisiert werden. Sie muss den Menschen in den Mittelpunkt allen Handelns, aller (Entwicklungs-) Maßnahmen und Strategien rücken. – Es ist im Interesse der Menschen des Südens zu wünschen, dass die Notwendigkeit für solche Strategien (vor allem) in Zeiten der Globalisierung nicht völlig in Vergessenheit gerät und sich Verantwortliche finden, die die Anwendung dieser Strategien fordern und realisieren.

1. *„Das Wohlergehen der Menschen des Nordens – also von uns allen – wird wesentlich durch die Menschen des Südens ermöglicht." Prüfen Sie diese These.*
2. *Beurteilen Sie die Ergebnisse des G8-Treffens von Heiligendamm (Juni 2007) vor dem Hintergrund der Expertenbefragung (S. 146 ff.).*

Anhang

Ausgewählte Literatur

Empfehlungen zur weiterführenden Beschäftigung mit dem Thema Entwicklungszusammenarbeit

Atlas der Globalisierung. Le Monde diplomatique (Hrsg.). Berlin: Taz 2006

Behrendt, R. F.: Lob des Westens. Zürich: Arche 1971

BMZ = Bundesministerium für Wirtschaftliche Zusammenarbeit und Entwicklung (Hrsg.): Fünfter Bericht zur Entwicklungspolitik der Bundesregierung. Bonn 1983

Brundtland, Gro Harlem (Hrsg.): World Commission on environment and development: Our common future. Greven (= Brundtland-Bericht). 1987

Gad, G.: Unternehmensethik, Transnationale Unternehmen, Entwicklungsländer. Berlin: WVB 2004

Heineberg, H.: Grundriß Allgemeine Geographie: Stadtgeographie. Paderborn: UTB 2006

Klein, N.: No logo. Der Kampf der Global Players um Marktmacht. Ein Spiel mit vielen Verlierern und wenigen Gewinnern. München: Riemann 2002

Kohlhepp, G.: Brasilien – Schwellenland und wirtschaftliche Führungsmacht in Lateinamerika. In: Kohlhepp, G. (Hrsg.): Brasilien. Entwicklungsland oder tropische Großmacht des 21. Jahrhunderts? Tübingen: Attempto 2003

Kreutzmann, H.: Die globale Entwicklungsschere – Retrospektive auf Wohlstand und Armut der Nationen. Peripherie, 85/86, 2002

Nuscheler, F.: Lern- und Arbeitsbuch Entwicklungspolitik. Bonn: Dietz 1995

Rauch, Th.; Bartels, M.; Engel, A.: Regional rural development. A regional response to rural poverty. Wiesbaden: GTZ 2001

Sachs, W.: Nach uns die Zukunft. Der globale Konflikt um Gerechtigkeit und Ökologie. Frankfurt a. M.: Brandes & Apsel 2002

Scholz, F.: Perspektiven des „Südens" im Zeitalter der Globalisierung. In: Geographische Zeitschrift 88, 1, 2000

Scholz, F. (2002): Die Theorie der „fragmentierenden Entwicklung". In: Geographische Rundschau 54, 10, 2002

Scholz, F.: Geographische Entwicklungsforschung. Methoden und Theorien. Berlin, Stuttgart: Gebrüder Borntraeger 2004

Scholz, F.: Entwicklungsländer. Entwicklungspolitische Grundlagen und regionale Beispiele. Das Geographische Seminar. Braunschweig: Westermann 2006

Senghaas, D.: Elemente einer Theorie des peripheren Kapitalismus. In: Senghaas, D. (Hrsg.): Peripherer Kapitalismus. Analysen über Abhängigkeit und Unterentwicklung. Frankfurt a.M. 1974

Tetzlaff, R.: Staats- und Zivilisationsverfall. Wird Afrika anschlussfähig an die globalisierte Welt? In: Küng, H.; Senghaas, D. (Hrsg.): Friedenspolitik. Ethische Grundlagen internationaler Beziehungen. München, Zürich: Piper 2003

Quellenverzeichnis

7 M2 BMZ, Materialien Entwicklungspolitik im Schaubild, Nr. 117, 2002

9 Robert Strange McNamara: Ansprache an die Gouverneure, Nairobi, 24.9.1973. Internationale Bank f. Wiederaufbau und Entwicklung

9 VENRO: Globale Armut – Europas Verantwortung. 2015 im Gespräch 3, 2002

13 M2 Zwölfter Bericht zur Entwicklungspolitik der Bundesregierung, 131, Bonn 2005

26 Elmar Altvater, Birgit Mahnkopf: Grenzen der Globalisierung. Ökonomie, Ökologie und Politik in der Weltgesellschaft. Münster: Westfälisches Dampfboot 1999

26 John Gray: Die falsche Verheißung. Der globale Kapitalismus und seine Folgen. Berlin: Fest 1999

26 Ulrich Beck: Was ist Globalisierung? Frankfurt/M.: Suhrkamp 1997

26 Elmar Rieger: Grundlagen der Globalisierung. Perspektiven des Wohlfahrtsstaates. Frankfurt/M.: Suhrkamp 2001

26 Die Gruppe von Lissabon: Grenzen des Wettbewerbs – Die Globalisierung der Wirtschaft und die Zukunft der Menschheit. München: Luchterhand Literaturverlag 1997

32 Klaus Gottwald und Hans-Rimbert Hemmer: Entwicklungsländer im Zeitalter der Globalisierung: Regionale Trends und wirtschaftliche Empfehlungen. Entwicklungsökonomische Diskussionsbeiträge, 26, 1998

33 Klaus Eßer: Neue Tendenzen der Exportförderung. Deutschen Institut für Entwicklungspolitik, Berichte und Gutachten 11/1995

34 Franz Nuscheler (Hrsg.): Entwicklung und Frieden im 21. Jahrhundert. Zur Wirkungsgeschichte des Brandt-Berichts. Bonn: Verlag J. H. W. Dietz 2000

34 Spiegel-Gespräch: „Wir sind alle Bastarde". Der Spiegel 12, 3.3.1998

34 Anett Keller: Was ein Schuh kostet. die tageszeitung, 6.5.2002

34 Harald Schumann: Der Gipfel der Heuchelei. Der Spiegel, 37, 8.9.2003

34 VENRO, 2015 im Gespräch 5, 2003

38 Asiens Erfolg ist gut für uns alle. Die Welt, 24.01.2007

38 Außenhandelsvereinigung des Deutschen Einzelhandels, ohne Jahr

44 M1 Scholz Reisetagebuch 1970

45 M4 UNITED, Amsterdam, Documentation on 21-11-2002

45 M5 Migration und Bevölkerung, Newsletter, 1, 2/2007, www.migration-info.de

45 UNHCR auf einen Blick, www.unhcr.de

49 M2 Scholz Reisetagebuch 2003

53 M2 Scholz Reisetagebuch 1978, 1996

57 M4 Scholz 2007

68 Annie Chéneau-Loquay: Afrika am Netz. Le Monde diplomatique, 1/2002

70 M1 Georg Brunold: Afrika gibt es nicht. Korrespondenzen aus drei Dutzend Ländern. Frankfurt/M.: Eichborn 1994

70 M1 Sammelbüchse der Welt, Spiegel, 43, 24.10.2005

70 Kappel, R.: Die anhaltende Unterentwicklung Afrikas. Internationale Politik und Gesellschaft, 1/1999

70 Christoph Link: Afrika – steht ein ganzer Kontinent auf verlorenem Posten? Stuttgarter Zeitung, 17.7.2004

70 Demba Moussa Dembélé: Gute Worte und Placebos für Afrika; Le Monde diplomatique, 11/2005

70 Rainer Tetzlaff: Afrika in der Armutsfalle: Big puch als Antwort auf Afrikas "big problems"? in: Take, M. (Hrsg.): Politik als Wissenschaft. Berlin : Duncker & Humblot 2006

75 Thilo Thielke: Pilgerfahrt nach Peking. Der Spiegel, 42, 17.10.2005

75 Auswärtiges Amt, Pressearchiv, 30.5.2002: Rede des Bundesministers des Auswärtigen Amtes Joschka Fischer aus Anlass des 39. Jahrestages der Organisation für Afrikanische Einheit am 24. Mai 2003 in Berlin

80 M1 Michael Stührenberg: Im Bauch der Finsternis, GEO, 3/2006

81 M3 Medica mondiale e.V.: Länderinformation – Demokratische Republik Kongo. www.medica-mondiale.org

86 Andre Gunder Frank: Die Entwicklung der Unterentwicklung; in: Krippendorf E. (Hrsg.): Internationale Beziehungen. Köln: Kiepenheuer & Witsch 1973

87 M2 Maurice Lemoine: Herrliche kleine Kriege. Lateinamerika: eine kurze Geschichte der US-Interventionen. Le Monde diplomatique 5/2003

91 M3 Maurice Lemoine: Kolumbien – eine Nation, zwei Staaten. Le Monde diplomatique, 5/2000

96 M3 Jan Christoph Wiechmann: Die Stadt der verschwundenen Frauen. Stern, 9/2007

112 M2 Scholz 2007

113 M4 Scholz 2007

113 M8 Scholz 2007

135 M5 Feuchte, B.: Billig Nähen für den Weltmarkt – Lebens- und Arbeitsbedingungen der Beschäftigten der bangladeshischen Bekleidungsindustrie. Berlin 2007

135 Franz Nuscheler (Hrsg.): Entwicklung und Frieden im 21. Jahrhundert. Zur Wirkungsgeschichte des Brandt-Berichts. Bonn: Verlag J. H. W. Dietz 2000

Register

Abhängigkeitstheorie 117
Absolute Armut 6, 9, 52f, 67, 91, 99, 107, 110f, 152
Afrikanische Union 75
Agenda 21 9
AGOA 83
Agrarländer 12, 23
Agrarsubventionen 72, 140
AIDS 9, 13, 18, 36, 48, 54, 58f, 72, 80, 152
AKP-Staaten 62, 74, 83, 141f
Altersaufbau 43
Analphabeten(rate) 17, 44, 54, 67, 88, 91
Arbeitslosigkeit 14, 23, 31, 35, 46, 82ff, 97ff
Armutsquote 82, 83f
Armutsviertel (Slum) 47, 50f, 90, 95
ASEAN 15
Asienkrise 15
Asylbewerber 45
Automobilindustrie 29f

Bad Governance 11, 120
Bananenhandel 62
Bandung-Konferenz 12, 101
Baumwollhandel 61
Berliner Konferenz 23, 71, 77
Beschneidung 54
Bevölkerungsdruck 10, 23, 40ff
Bevölkerungszunahme 10, 40ff, 46, 50, 110
Bewässerung 66, 107, 122, 127
Bildung 8f, 13, 17f, 33, 35f, 37, 42ff, 49, 52, 54, 59, 73, 87, 89, 122, 147ff
Billiglohnarbeitskräfte 15f, 27, 29, 31, 33, 35, 37, 47, 54, 56, 84, 86, 96, 104, 111, 132, 153
Billiglohnländer 15, 30, 83, 85, 104, 137
BMZ 7, 13, 131, 142ff
Boat People 45
Bolivarianisch 89
Bottom-up-Strategie 126f
Brain Drain 37, 48, 72
Bretton Woods 28, 139
Bürgerkriege 11, 46, 81, 92, 107, 120, 148

Cash-crops 63, 122
CENTO 101
Codes of Conduct 135
COMESA 83
Container 27
Cotonou-Abkommen 62, 74, 83, 142

DAC 146
Degradation 61, 63, 121
Delokalisierung 84
Demokratisierung 11, 13, 68, 103, 107, 120, 126
Devisen 24, 25, 33, 59, 60f, 69, 74, 110, 123, 132f, 139, 141, 148
Diktatur 68, 89, 104, 146
Disparität 14, 86, 100, 102, 126
Dominant-Head-Office-Unternehmen 29
Dreieckshandel 23, 86
Dritte Welt 12
Drogen / Drogenhandel 92ff, 107

Empowerment 54
Entwicklung, Definition 8
Entwicklungshilfe 6f, 13f, 24, 49, 101, 120, 122, 128, 138, 141, 144, 147ff
Entwicklungspolitik 6f, 12, 33, 70, 130, 142f, 153
Entwicklungsstufen 116
Entwicklungszusammenarbeit 6f, 13f, 51, 54, 127, 131, 138ff
Erdölländer 13ff, 16, 25, 47f, 73, 75, 100ff
Erste Welt 12
Europäischer Entwicklungsfond 141
Europäisierung 22, 27
Exportdiversifizierung 132
Exportproduktionszone 33, 35, 47, 82f, 89, 110, 132

Failing, failed State 72
Fairer Handel (Fair Trade) 38, 62, 64, 134f, 137, 140
FDI 33, 49, 68, **131**
FINE 134
Flüchtlinge 45ff, 64, 70, 74, 91, 95, 104
Fordismus 28, 31
Fragmentierung 20f, 32, 46, 90, 118
Frauendiskriminierung 10, 17f, 44, 54f, 58, 97, 120f
Freihandel 23
Freihandelszone 83, 96, 98
FRONTEX 45
FTAA 89

G8 / G8-Gipfel 70, 72f, 75, 133
Gated Communities 51
GATT 28, 61, 139f
Gebrauchtwaren 24, 35, 72, 118, 122f
Geburtenrate 40, 42, 72, 91
Gender Empowerment Index (GEM) 17, 55
Gender Equality Index 54
Gender-related Development Index (GDI) 17, 55
Genitalverstümmelung 54f
Gewerkschaften 28f, 33, 35, 37, 89, 120, 135
Global Player 32, 118f
Global Sourcing 31, 76
Globale Märkte 29, 32, 64, 111
Globale Orte 21, 118f
Globale Produktionskonzepte 30
Globale Produktionsnetze 29
Globalisierte Orte/Regionen 21, 36, 100, 104, 111f, 118f
Globalisierung 7f, 20f, 26ff, 43, 46, 64, 66, 70, 73, 81ff, 89, 96ff, 100, 118f, 137, 142, 149ff
Good Governance 133, 147, 149
Grameen-Bank 114, 128ff, 144
Green Card 48
Großgrundbesitzer 86f, 90, 92ff, 104
Grundbedürfnisbefriedigung 6, 127
Gruppe der 77 137
GTZ 130, 143
Guerilla 92ff

Hacienda-Wirtschaft 86
Heimarbeit 31, 111
Heiratsalter 10, 43f
Herodisierung 87
Hexagon der Entzivilisierung 11
Hexagon der Zivilität 8
HIPC 17, 133, 148
Hochwasser 110.114
Human Development Index (HDI) 10, 17f, 54, 68, 76, 103f, 110, 121, 147
Human Poverty Index 17f
Humanressourcen 11
Hungerkatastrophe 46, 60, 71, 121

ILO 10, 37, 47, 56, 135, 140
IMF 10, 17, 28, 32, 37, 90, 96, 120, 132f, 137, 139, 147
Imperialistischer Handel 23
Importsubstitution 87
Industrialisierung 15, 23, 33, 126
Informeller Sektor 46ff, 50, 56, 64, 99, 111, 147
Infrastruktur 6f, 11, 14, 22, 27f, 33, 36, 50, 70, 72, 78, 82, 90, 95, 100, 102f, 105, 107, 110f, 121, 126, 131f, 139
Internet 27, 36, 68, 73
IT-Infrastruktur, IT-Wirtschaft 14f, 27, 33, 36, 102, 104

Jirga 109
Joint Venture 30, 81, 131

Kapitalflucht 36, 103, 132
Kapitalismus 27, 31, 116f, 126
Kinderarbeit 10, 30, 56f
Kindersterblichkeit 10, 42, 91
Kleptokratie 78
Kolonialismus 22ff, 41, 43, 71ff, 77ff, 80, 87, 101, 105, 108, 117, 123f, 146, 150
Koltan 78
Korruption 11, 75, 78, 96, 110, 120, 147f

Ländliche Regionalentwicklung 6, 127f, 143
Ländliches Sparen 104, 128f
LDC 17, 36
Lean-Produktion 31
LIC 17
LLDC 17, 105, 1121
Lomé-Abkommen 62, 74, 83, 141
Malaria 9, 36, 49, 58f, 73, 80
Maquiladoras 96ff

Marshall-Plan 6
Megastädte (Megacities) 47, 50f, 99, 111
Mercosur 89
Merkantilistischer Handel 23
MIC 17
Migration 10, 26, 35, 43, 45ff, 72, 90, 149
Mikro-Kredite 104, 129f, 144
Militär, Militarismus 11, 46, 53, 68, 71, 74, 81, 87ff, 92ff, 104, 105, 109, 110, 107, 102, 123, 146
Millennium Development Goals 9, 11, 40, 52, 152
Modell des Demographischen Übergangs 40f
Modernisierungstheorie 116
Monroe-Doktrin 87
Multifaserabkommen 74, 83

Nachhaltigkeit 7, 9, 13, 30, 35, 49, 68, 73, 103, 119, 127f, 131, 134, 136, 142, 146ff
nachholende Entwicklung 6, 8f, 13, 20, 36, 116, 119, 126, 136
NAFTA 25, 96, 98
Naturausstattung 66, 100, 116
Naturkatastrophen 19, 46, 60, 63, 105
Naturressourcen 11, 72
NDC 18
Neokolonialismus 60, 62, 140
New Economy 28
NGO 34, 36f, 62, 112, 128, 130, 135, 140, 143f, 149f
NIC 25, 36, 136
No-Entrance-Area 51
No-Go-Area 51, 85

OAS 88
Obdachlosigkeit 10, 47, 52, 56, 90, 99
ODA 14, 24, 143, 146, 148
Orienthandel 23
Outsourcing 111f

Paramilitärs 74, 92 ff
Peripherie (Neue Peripherie) 21, 51, 64, 87, 100, 104, 117 ff, 126
Plantagenwirtschaft 23, 54, 56, 60 f, 81 ff, 86, 92
Prädestination 116
Private Military Companies 95
Produktdiversifizierung 84
Produktivität 59, 72 f, 131
Prostitution 47, 50, 56, 99
Public Private Partnership 131
Push-and-Pull-Modell 46, 51

Rentierstaat 16
Rohstoffländer 12, 23, 31 f, 141
Royalties 123
Rücküberweisungen 49, 101

SADC 83
SARS 58
Schadenskarte 19
Scheingewinner 47, 64, 118f
Schengener Abkommen 47
Schwellenländer 13, 36, 147
Schwerpunktpartnerländer 13 f, 36
SEATO 101
Selbsthilfe 6
Shifting Cultivation 60
SIDS 17
SILIC 17
SIMIC 17
Sklaverei 23, 47, 61, 70, 77, 81, 117
Söldner 46, 74
Sonderwirtschaftszone 33, 35, 47, 82 f, 89, 110, 132
Sozialstandards 38
Sterberate 40, 41
Strukturanpassungsdarlehen 132, 139
Strukturanpassungsmaßnahmen 28, 36, 90, 96, 120, 122, 132, 139, 147f
Sweatshops 35, 47, 48, 54

Tageszeitung 88
Taliban 106
Terms of Trade 24 f, 61, 72, 137, 140
Terrorismus, Terrorprävention 7, 9, 11, 27, 32, 46, 66, 95, 105 ff, 120, 124, 143, 152
Textilienproduktion 23, 31, 64, 69, 72, 81 ff, 104, 110 ff
Tigerstaaten, kleine Tiger 8, 13 f, 16
Toyotaismus 28 f, 31
Tourismus 16, 24, 36, 63, 82 ff, 102, 104
Transformationsländer 13, 103
Transnationale Konzerne 29 f, 32, 37, 46, 90, 96 f, 105, 131
Triade 25, 31
Trickle-Down-Effekt 150
Trinkwasser 10, 13, 17, 36, 41 f, 52 f, 63, 68, 80, 90, 121
Tuberkulose 36, 48, 58, 72, 80

Überflüssige 64
Überverstädterung 50
Umweltauflagen 29, 37, 96, 132
Umweltschutz 9, 37, 128, 136
Umweltverträglichkeit 7, 13, 33
Umweltzerstörung 27, 32, 35, 37, 63
UN 9 f, 17, 35, 54, 70, 75, 80 f, 93, 132, 136 f, 140, 146
Unabhängigkeit 23 f, 48, 71, 77, 87, 92, 101121, 124, 146
UNAIDS 59, 140
UNDP 17, 19, 82, 130, 140, 147
UNECA 74, 140
UNHCR 45, 140
UNICEF 56
Unterentwicklung 6, 10 f, 40, 52, 66, 70, 88, 90, 110, 116 f, 118 ff, 121, 124, 132, 134, 140, 146, 151

verlängerte Werkbank 31, 72, 100, 104
Verschuldung 15, 17, 24, 32, 72 f, 96 f, 121, 132 f
Verstädterung 10, 50 f, 90
Verstädterungsquote 50, 68
Verstädterungsrate 50, 68
Verwundbarkeit, Verwundbarkeitsindex 10, 17, 19f
Vierte Welt 12
Virtuelle Unternehmen 30

Wachstumstheorie 116
Wanderfeldbau 60
Warlord 11, 106f
Washington Consensus 28
Weltarbeitsteilung 24, 31
Weltbank 9 f, 17, 28, 32, 34, 52, 120, 122, 132 f, 137, 139, 147 f
Welthandel 22 ff, 24 f, 33, 60 ff, 66, 69, 99, 104, 131, 134, 140 ff, 147 f, 150
Weltwirtschaftsordnung 137
WHO 48, 54, 140
WTO 10, 32, 61 f, 83, 120, 135, 137, 140 ff, 150

Zivilgesellschaft 34, 37, 57, 134 f, 138, 143 f, 146, 149
Zuckerhandel 61, 82 ff
Zulieferbetriebe 29 f, 37, 97
Zwei-Kinder-Propaganda 41
Zweite Welt 12

fett – definierender oder erläuternder Text in Marginalspalte

Abkürzungen

AFDL: Alliance des Forces Démocratiques pour la Libération du Congo (Allianz demokratischer Kräfte für die Befreiung des Kongo)
AGOA: African Growth and Opportunity Act (Gesetz zur Förderung von Wachstum und Chancen in Afrika)
AIDS: Acquired Immune Deficiency Syndrome (erworbenes Immundefektsyndrom)
AKP: Afrika-Karibik-Pazifik-Staaten
AKRSP: Aga Khan Rural Support Programme
ALBA: Alternativa Bolivariana para los pueblos de Nuestra América (Bolivarianische Alternative für die Völker unseres Amerika)
ASEAN: Association of Southeast Asian Nations (Internationale Organisation südostasiatischer Staaten)
ATTAC: Association pour une taxation des Transactions Financières pour l'Aide aux Citoyennes (Verein für eine Besteuerung von Finanztransaktionen zum Wohle der Bürger)
AU: Afrikanische Union
AUC: Autodefensas Unidas de Colombia (Vereinigte Bürgerwehren Kolumbien)
BIP: Bruttoinlandsprodukt
BMZ: Bundesministerium für wirtschaftliche Zusammenarbeit und Entwicklung
BNE: Bruttonationaleinkommen
CARE: Cooperative for American Remittances to Europe (heute: Cooperative for Assistance and Relief Everywhere)
CENTO: Central Treaty Organisation („Bagdad-Pakt")

CoC: Codes of Conducts (Verhaltenskodex)
COMESA: Common Market for Eastern and Southern Africa (Gemeinsamer Markt für das Östliche und Südliche Afrika)
DAAD: Deutscher Akademischer Austauschdienst
DAC: Development Assistance Committee (Entwicklungsausschuss der OECD)
DED: Deutscher Entwicklungsdienst
DEZA: Direktion für Entwicklung und Zusammenarbeit
DFID: Department for International Development
DSW: Deutsche Stiftung Weltbevölkerung
EEF: Europäischer Entwicklungsfond
EG/EU: Europäische Gemeinschaft/Union
EH: Entwicklungshilfe
ELN: Ejército de Liberación Nacional (Nationale Befreiungsarmee, Kolumbien)
EP: Entwicklungspolitik
EPA: Economic Partnership Agreement (Wirtschaftspartnerschaftsabkommen)
EPZ: Exportproduktionszone
ER: Entwicklungsregion
EZ: Entwicklungszusammenarbeit
FAO: Food and Agriculture Organization (Welternährungsorganisation)
FARC: Fuerzas Armadas Revolucionarias de Colombia (Revolutionäre Streitkräfte Kolumbiens)
FDI: Foreign Direct Investments (Ausländische Direktinvestitionen, ADI)
FTAA: Free Trade Areas of the Americas (Amerikanische Freihandelszone)
FZ: Finanzielle Zusammenarbeit
G8: Gruppe der Acht (Industriestaaten Deutschland, Frankreich, Großbritannien, Kanada, Italien, Japan, USA, Russland)
GATS: General Agreement on Trade in Services (Allgemeine Abkommen über den Handel mit Dienstleistungen)
GATT: General Agreement on Tarifs and Trade (Allgemeine Zoll- und Handelsabkommen)
GCC: Gulf Cooperation Council (Golf-Kooperationsrat)
GDI: Gender-related Development Index (geschlechtsbezogener Entwicklungindex)
GEM: Gender Empowerment Measure (Maß für geschlechtsspezifische Ermächtigung)
GTZ: Gesellschaft für Technische Zusammenarbeit und Entwicklung
HDI: Human Development Index (Index der menschlichen Entwicklung)
HIPC: High Indebted Poor-Countries (Hochverschuldete arme Länder)
HIV: Human Immune Deficiency Virus (Menschliches Immunschwäche-Virus)
HPI: Human Poverty Index (Index für die menschliche Armut)
IBRD: International Bank for Reconstruction and Development (Internationale Bank für Wiederaufbau und Entwicklung)
ICSID: International Centre for Settlement of Investment Disputes (Internationales Zentrum für die Beilegung von Investitionsstreitigkeiten)
IDA: International Development Association (Internationale Entwicklungsorganisation)
IFC: International Finance Corporation (Internationale Finanz-Kooperation)
IFDA: International Foundation for Development Alternatives (Internationale Stiftung für Entwicklungsalternativen)
ILO: International Labour Organization (Internationale Arbeitsorganisation, IAO)
IMF: International Monetary Fund (Internationaler Währungsfond, IWF)
InWEnt: Internationale Weiterbildung und Entwicklung
IT: Informationstechnik
KfW: Kreditanstalt für Wiederaufbau
KZ: Karikative Zusammenarbeit
LDC: Least Developed Countries (Am wenigsten entwickelte Länder)
LIC: Low-Income-Countries (Länder mit niedrigen Einkommen)
LLDC: Landlocked Developing Countries (Entwicklungsländer ohne Meereszugang)
LRE: Ländliche Regionalentwicklung
MERCOSUR: Mercado Común del Sur (Gemeinsamer Markt des Südens)
MFA: Multifaser-Abkommen
MIC: Middle-Income-Countries (Länder mit mittleren Einkommen)
MIGA: Multilateral Investment Guarentee Agency (Multilaterale Investitions-Garantie-Agentur)
NAFTA: North American Free Trade Agreement (Nordamerikanisches Freihandelsabkommen)
NATO: North Atlantic Treaty Organisation (Nordatlantikvertrag-Organisation)
NEPAD: New Partnership for Africa's development (Neue Partnerschaft für Afrikas Entwicklung)
NGO: Non-Governmental Organization (Nicht-Regierungsorganisation, NRO)
NIC: Newly Industrializing Countries ("Schwellenländer")
NWWO: Neue Weltwirtschaftsordnung
OAS: Organization of American States (Organisation Amerikanischer Staaten)
ODA: Official Development Aid (Öffentliche Ausgaben für Entwicklungszusammenarbeit)
OECD: Organization for Economic Co-Operation and Development (Organisation für wirtschaftliche Zusammenarbeit und Entwicklung)
OPEC: Organization of the Petroleum Exporting Countries (Organisation erdölexportierender Länder)
PMC: Private Military Companies (Private Militärdienstleister)
PPP: Public Private Partnership (Öffentlich-Private Partnerschaft)
PZ: Personelle Zusammenarbeit
SADC: Southern African Development Community (Südafrikanische Entwicklungsgemeinschaft)
SAL: Structural Adjustment Loan (Strukturanpassungsdarlehen, SAD)
SAP: Structural Adjustment Program (Strukturanpassungsprogramm)
SEATO: Southeast Asia Treaty Organisation ("Südostasiatisches Verteidigungsbündnis)

SIDA: Swedish International Development Cooperation Agency (Internationale Schwedische Agentur für Entwicklungszusammenarbeit)
SIDS: Small Island Developing Countries (Inselentwicklungsländer)
SILIC: Severely Indebted Low Income Countries (Stark verschuldete Länder mit geringen Einkommen)
SIMIC: Severely Indebted Middle Income Countries (Stark verschuldete Länder mit mittleren Einkommen)
TNK: Transnationale Konzerne
TRIPS: Agreement on Trade-Related Aspects of Intellectual Property Rights (Übereinkommen über handelsbezogene Aspekte der Rechte am geistigen Eigentum)
TZ: Technische Zusammenarbeit
UN: United Nations (Vereinte Nationen)
UNCTAD: United Nations Conference on Trade and Development (Welthandels- und Entwicklungskonferenz)
UNDP: UN Development Programme (Entwicklungsprogramm der Vereinten Nationen)
UN/ECA: Economic Commission for Africa (UN-Wirtschaftskommission für Afrika)
UNECLAC: Economic Commission for Latin America and the Caribbean (Wirtschaftskommission für Lateinamerika und die Karibik)
UNEP: UN Environment Programme (Umweltprogramm der Vereinten Nationen)
UNESCAP: UN Economic and Social Commission for Asia and the Pacific (Wirtschafts- und Sozialkommission für Asien und den Pazifik)
UNESCWA: Economic and Social Commission for Western Asia (Wirtschafts- und Sozialkommission für Westasien).
UNFPA: UN Fund for Population Activities (UN-Fonds zur Finanzierung von Bevölkerungsprogrammen)
UNHCR: UN High Commissioner for Refugees (Hoher Flüchtlingskommissar der Vereinten Nationen)
UNICEF: UN Children's Fund (UN-Kinderhilfswerk)
UNIFEM: UN Development Fund for Women (UN Entwicklungsfond für Frauen)
VAE: Vereinigte Arabische Emirate
VENRO: Verband Entwicklungspolitik Deutscher Nichtregierungsorganisationen e.V.
WB: World Bank (Weltbank)
WFP: World Food Program (Welternährungsprogramm)
WHO: World Health Organization (Weltgesundheitsorganisation)
WTO: World Trade Organization (Welthandelsorganisation)
ZG: Zivilgesellschaft
ZFD: Ziviler Friedensdienst

Abbildungsverzeichnis

7 M3 Harter (Internetpublikation)
8 M1 Senghaas 1994
10 M1 Scholz 2007 nach versch. Quellen
11 M3 Tetzlaff 2003
12 M1 Scholz 2007
14 M1 Scholz nach Bohnet 2000, BMZ SE 2003
14 M2 Korea Newsreview, 1995/96, 2002
15 M3 Scholz 2007 nach Kleiner, J.: Korea. A century of change, 2002 und auch Atlas der Gloabalisierung, 2003
18 M1 Scholz 2007 nach UNDP: BME 2005
19 M2 Messerli, B.: Umwelt im Wandel, Geogr. Rdsch. 44, 121, 1992
20 M1 Bohle 1994; verändert u. ergänzt d. Scholz 2007
21 M2, 22 M1, 23 M2 Scholz 2007
24 M1 Scholz 2007 nach WTO – International Trade statistic 2005, UNCTAD Handbook Statistics 2002
25 M2 Scholz 2007 nach WTO – International Trade statistic 2005
30 M1 Gad, G.: Unternehmensethik, Transnationale Unternehmen, Entwicklungsländer, 2004
31 M2 Schamp 2007 verändert und ergänzt Scholz 2007
31 M3 Sako 1999, zit. b. Lung, Yannick 2005; ergänzt. d. Scholz 2007
35 M2 Klein 2002
36 M1 BP Statistical Review of World Energy 2006
40 M1 Scholz, F.: Entwicklungsländer, 2006
41 M2 Scholz 2007 nach Bähr, J.: Bevölkerungsgeographie. 1983, WB Bevölkerungsbericht, versch. Ausgaben.
41 M3 Scholz 2007 nach Hauser J. A.: Bevölkerungs- und Umweltprobleme der Dritten Welt, 1991
42 M3, 43 M4, 52 M1 Scholz 2007 nach Deutsche Stiftung Weltbevölkerung, versch. Jahre
44 M3 Scholz 2007 nach epd-Entwicklungspolitik, 19/20/99
46 M1, 47 M2 Scholz 2007
50 M1, 51 M5, M6 Scholz, F.: Die Megacity Karachi – ein „globalisierter Ort", Geogr. Rdsch, 55, 11, 2005
51 M4 DTV Jahrbuch, 2005
54 M1 www.maraba.de/gedseite/menschgs/frdrwelt.htm 2006
55 M2 Scholz 2006; ergänzt 2007
56 M1 Scholz 2006; ergänzt 2007 nach UNICEF-Statistics (Child Labour), 2005
58 M1 UNAIDS, Regional HIV-Statistics, 2006
59 M2 Scholz 2007 nach UNAIDS, Regional HIV/AIDS-Statistics, 2006
60 M2 Scholz 2007 nach Scholz 2006 u. versch. anderen Unterlagen
63 M2 Scholz 2007 nach UNEP 2005
63 M3 Scholz 2007 nach UNEP 2005; FAO 2006
67 M5 FAO: The state of food insecurity in the world, 2000
67 M6, 68 M1, 69 M3, M4, M5 UNDP: Human Development Report 2006; WB: Statistical Yearbook, 2006; WTO 2005; UNCTAD 2005; Scholz 2006
67 M7, 72 M1, 76 M1 UNDP: Human Development Report 2006
68 M2 Scholz 2007 nach Atlas der Globalisierung, 2006; Scholz 2004
69 M6 Scholz 2007
71 M2 Scholz 2007 nach versch. Quellen
73 M3 Scholz 2007 nach FAO-Statistics, 2005.
74 M1 Scholz 2007 nach UNECA, 2005 in: DIE, Analysen und Stellungnahmen 2, 2006
79 M4, 83 M3 Scholz 2007 nach versch. Quellen
83 Tab. Koop, K.: Globalisierung und Armutsentwicklung auf Mauritius. 2004
83M4 Scholz 2006

86 M 1 Scholz 2007
88 M 1, M 2 Scholz 2007 nach Unterlagen des Auswärtigen Amtes, Berlin; UNDP: Human Development Report 2004
89 M 3 Scholz 2007 nach UNDP: Human Development Report 2004
92 M 1 Scholz 2007 nach Ministerio de Defensa National; Policia Nacional – Conflicto armado interior, Bogota 2000
93 M 2 Scholz 2007
93 M 3 Scholz 2007 nach Atlas der Globalisierung, 2006; Der Fischer Weltalmanach 2007, 2006; versch. Ausgaben Le Monde diplomatique 2000–2006
93 M 4 Scholz 2007 nach versch. Unterlagen
95 M 2, 107 M 3, 108 M 1 Scholz 2007 nach Kreutzmann, H., Geographische Rundschau. International Edition 1, 2, 2005
96 M 1 Scholz 2007 nach versch. Unterlagen
96 M 2 Scholz 2007
97 M 5 Scholz 2007 nach CIA – The World Factbook - Mexiko; Der Fischer Weltalmanach 2001, 2007
98 M 1 Scholz 2007 nach versch. Quellen
101 M 3 Scholz 2007
102 M 3 Scholz 2007 nach Scholz, F: Energiesicherung oder neue politisch-globale Strategie?, Geographische Rundschau, 54, 12, 2002
106 M 2 Scholz 2007 nach Scholz, F.: Belutschistan, 1974
108 M 2, M 3 Scholz, F.: Afghanistan – Hintergrundinformationen zu einem aktuellen Konfliktherd; Geogr. Rundschau, 54, 1, 2001
109 M 6 Scholz 2007 nach versch. Unterlagen.
110 M 1, M 2 Scholz 2007 nach Geogr. Institut, Universität Bern
111 M 4 Scholz 2007 nach Export Promotion Bureau, Dhaka 2006.
113 M 5, 114 M 3 Erhebung Scholz 2003
116 M 1 Scholz 2007 nach Scholz, F.: Geographische Entwicklungsforschung, 2004
116 M 2 Scholz 2007 nach Kreutzmann, H.: Die globale Entwicklungsschere – Retrospektive auf Wohlstand und Armut der Nationen; in: Peripherie, 85/86, 2002
117 M 3 Scholz 2007 nach Davis 2004
118 M 1, 119 M 2 Scholz 2004
121 M 2 Scholz 2007 nach Atlas du Niger
122 M 1 Scholz 2007
123 M 3 Scholz 2006
124 M 1 Scholz 2007
126 M 1 Scholz 2006
133 M 3 Fischer Weltalmanach 2007, 2006
134 M 1, M 3 Fricke, V.: Fairer Handel in Berlin. Weltläden als entwicklungspolitische Bildungsarbeit, 2006
135 M 4 Scholz 2006
138 M 1 Scholz 2007
139 M 2, 140 M 1 Scholz 2006
140 M 2 Scholz 2007 nach UN, Global Policy Forum, 2004
140 M 3 Scholz 2007 nach UNDP 2004; Le Monde diplomatique, 6, 2005
141 M 4 Scholz 2006
142 M 1 Scholz 2007 nach BMZ-Materialien – Entwicklungspolitik im Schaubild, 2002
143 M 3 www.bmz.de/de/zahlen/im Detail/index.html, 2005
144 M 1 Materialien Entwicklungspolitik. BMZ, Nr. 117, 6, 2002
147 M 1, 148 M 1 Scholz 2007 nach Artisan du Monde. Le Commerce équitable, 2003
153 M 3 Scholz 2007 nach Forschungsberichte des BMZ, Bd. 124, 1999

Bildnachweis

Avenue Images, Berlin: 102 M1 (Bibikow)
BRIDGEMANART, Berlin: 77 M2
Caro Fotoagentur, Berlin: 16 M1 (Frank Sorge)
Corbis, Düsseldorf: 74 M 2, 104 M 1
Das Fotoarchiv, Essen: 42 M 2, 62 M 1, 65 Mitte (Lineair)
Deutsche Afrikalinien, Hamburg: 75 M 3
Deutsche Gesellschaft für Technische Zusammenarbeit (GTZ) GmbH, Eschborn: 6 M 1 (Walter Keller)
Eisele, R., München: 60 M 1
Energiebau Solarstromsysteme GmbH: 131 M 2
Fotoagentur VISUM, Hamburg: 56 M 2 (Püschner)
Heineberg H., Münster: 97 M 4
Janzen, J., Berlin: 103 M 4
Kneffel, M., Essen: 34 M 1
Krämer, F., Eschborn 145
laif, Köln: 90 M 2, 136 M 1 (Contrasto)
Mauritius, Mittenwald: 65 rechts (mm-images), 102 M 2 (Mattes)
Norbert Nordmann/pan-images, Fuldabrueck: 100 M 2
Picture-Alliance/dpa, Frankfurt/Main: 15 M 4, 27 M 1 (epa/Bradshaw), 45 M 5, 67 M 4 (Filho), 90 M 1 (epa/Aguilar), 103 M 5, 105 M 2, 120 M 1 (epa/Taherkenareh), 129 M 3 (Maxppp/Luca), 153 M 1 (epa)
Picture-Alliance/HB Verlag, Frankfurt/Main: 67 M 3 (Emmler)
Picture-Alliance/maxppp, Frankfurt/Main: 33 M 2 (Li Jiangsong)
Picture-Alliance/newscom, Frankfurt/Main: 99 M 2 (Jaramillo)
Picture-Alliance/Photoshot, Frankfurt/Main: 29 M 2 (Bandphoto)
Robert J. Ross/Peter Arnold: 80 M 1;
Scholz, F., Berlin: 5, 8 M 2, 10 M 2, 35 M 3, 36 M 2,39 M 2, 41 M 4, 42 M 1, 43 M 5, 44 M 2, 49 M 3,50 M 2, 53 M 3, 55 M 3, 57 M 3, 59 M 3, 61 M 3, 66 M 1, 66 M 2, 82 M 1, 82 M 2, 84 M 1, 85 M 2, 85 M 3, 106 M 1, 108 M 4, 109 M 5, 111 M 3, 112 M 1, 112 M 3, 113 M 6, 113 M 7, 114 M 1, 114 M 2, 115, 122 M 2, 123 M 4, 123 M 4, 123 M 4, 125, 128 M 1, 129 M 2, 130 M 1, 137 M 2, 143 M 2, 153 M 2
Stark, F., Dortmund: 65 links
Still Pictures, Berlin: 48 M 1 (Jorgen Schytte), 72 M 2 (Sean Sprague)
Taraschewski, T., Berlin: 94 M 1
Tetzlaff, R., Hamburg: 145
Tielmann, F.-U., Köln: 100 M 1
ullstein bild, Berlin: 78 M 2, 94 M 2
Warning, C., Bonn: 145
Weiss, D., Berlin: 145
Westerkamp, D., Hamburg: 79 M 3
World Economic Forum, CH-Genf: 32 M 1.